普通高等教育"十二五"规划教材

C++程序设计
（第二版）

主　编　杨长兴　刘卫国

副主编　曹岳辉　李利明

中国水利水电出版社
www.waterpub.com.cn

内 容 提 要

本书以程序设计零基础为起点，全面介绍包括面向过程和面向对象的 C++程序设计方法。全书共 10 章，包括 C++基础知识、程序控制结构、函数与编译预处理、数组与指针、自定义数据类型、类与对象、重载与模板、继承与派生、多态性与虚函数、输入输出流。各章节内容由浅入深、相互衔接、前后呼应、循序渐进。

为了提高读者对程序设计思想方法的理解，本书将程序设计语言模型与人类自然语言模型相比较，让读者对程序设计语言模型及其内容的理解有了完整的参照对象。全书各章节选用大量程序设计经典实例来讲解基本概念和程序设计方法，同时配有大量习题供读者练习。本书的配套教材《C++程序设计实践教程》（第二版）提供了本课程的实践内容、上机指导及习题参考答案。

本书语言表达严谨，文字流畅，内容通俗易懂、重点突出、实例丰富。适合作为高等院校各专业程序设计课程的教材，还适合作为广大计算机爱好者的自学参考用书。

本书配有免费电子教案，读者可以从中国水利水电出版社网站以及万水书苑下载，网址为：http://www.waterpub.com.cn/softdown/或 http://www.wsbookshow.com。

图书在版编目（CIP）数据

C++程序设计 / 杨长兴，刘卫国主编. -- 2版. -- 北京：中国水利水电出版社，2012.1（2021.8 重印）
 普通高等教育"十二五"规划教材
 ISBN 978-7-5084-9364-0

Ⅰ. ①C… Ⅱ. ①杨… ②刘… Ⅲ. ①C语言－程序设计－高等学校－教材 Ⅳ. ①TP312

中国版本图书馆CIP数据核字(2011)第281393号

策划编辑：雷顺加　　责任编辑：李 炎　　封面设计：李 佳

书　名	普通高等教育"十二五"规划教材 C++程序设计（第二版）
作　者	主　编　杨长兴　刘卫国　副主编　曹岳辉　李利明
出版发行	中国水利水电出版社 （北京市海淀区玉渊潭南路1号D座　100038） 网址：www.waterpub.com.cn E-mail：mchannel@263.net（万水） 　　　　sales@waterpub.com.cn 电话：（010）68367658（营销中心）、82562819（万水）
经　售	全国各地新华书店和相关出版物销售网点
排　版	北京万水电子信息有限公司
印　刷	三河市鑫金马印装有限公司
规　格	184mm×260mm　16 开本　19.75 印张　480 千字
版　次	2008 年 1 月第 1 版　2008 年 1 月第 1 次印刷 2012 年 1 月第 2 版　2021 年 8 月第 8 次印刷
印　数	22001—23000 册
定　价	35.00 元

凡购买我社图书，如有缺页、倒页、脱页的，本社营销中心负责调换

版权所有·侵权必究

前　　言

目前，随着计算机技术的普及与提高，高校计算机基础教学的内容也在不断改革与发展。程序设计课程是大学生必须掌握的计算机基本知识。选用某种程序设计语言作为高校大学生程序设计课程的语言环境，是各校计算机基础教学工作者改革研究的课题之一。过去很长一段时间，许多高校选用 C 语言作为程序设计课程的语言。但随着软件工程技术的不断发展，面向对象的程序设计方法已成为当今软件开发的重要手段之一，尤其是 Visual C++的出现，进一步推动了面向对象与可视化编程技术的发展与应用。因此，掌握面向对象的程序设计方法已经成为大学生计算机应用与软件开发能力的要求之一。由于 C++兼容了 C 语言的功能强、效率高、风格简洁，满足包括系统程序设计和应用程序设计的大多数任务的特点，又扩充了面向对象部分，即支持类、继承、派生、多态性等，解决了其代码的重用问题，C++实际上是既支持面向过程的结构化程序设计又支持面向对象的程序设计的语言。所以，我们根据多年的实际教学经验，在程序设计课程教学改革研究时，选用 C++作为程序设计课程的语言环境。对于本书内容的选择，我们力求面向读者，以程序设计零基础为起点，全面介绍了包括面向过程和面向对象的 C++程序设计方法。让读者首先接受面向对象的程序设计的思想方法，并理解面向对象的程序设计是需要以面向过程的程序设计方法作为基础的。

全书共分为 10 章，第 1 章介绍 C++的基础知识；第 2 章介绍程序控制结构；第 3 章介绍函数；第 4 章介绍数组与指针；第 5 章介绍自定义数据类型；第 6 章介绍类与对象；第 7 章介绍重载与模板；第 8 章介绍继承与派生；第 9 章介绍多态性与虚函数；第 10 章介绍输入输出流。从全书组织结构来看，首先定位 C++是兼顾面向过程和面向对象的程序设计语言，面向对象的程序设计是以面向过程的程序设计为基础的。因此，在第 1~5 章以介绍面向过程的程序设计为主；在第 6~10 章以介绍面向对象的基本思想与方法为主。

本书编者长期从事程序设计课程的教学工作，并利用 C/C++/Visual C++开发了许多软件项目，具有丰富的教学经验和较强的科学研究能力。编者本着加强基础、注重实践、突出应用、勇于创新的原则，力求使本书达到有较强的可读性、适用性和先进性。我们的教学理念是：教学是教思想、教方法，真正做到"授人以鱼，不如授人以渔"。为了加强读者对程序设计思想方法的理解，本书将程序设计语言模型与人类自然语言模型相比较，让读者对程序设计语言模型及其内容的理解有了完整的参照对象。为了提高读者的编程技巧，选用了大量的经典例题，这些例题与相应章节的基本内容是完全吻合的，而且读者对这些例题的自然解法是相当熟悉的。例题还备有多种可能的解答，以期拓展读者的解题思路。为了便于读者自学，在全书的内容组织、编排上注重由浅入深、深入浅出、循序渐进。因此，本书适合作为高等院校各专业程序设计课程的教材，也适合作广大计算机爱好者的自学参考用书。如教师选用本书作为大学生程序设计课程的教材，可根据实际教学课时数调整或取舍内容。

本书所给出的程序示例均在 Visual C++ 6.0 环境下进行了调试和运行。为了帮助读者更好地学习 C++，编者还编写了配套教材《C++程序设计实践教程》（第二版）一书，该配套教材提供了本课程的实践内容、上机指导及习题参考答案。

本书由杨长兴、刘卫国任主编，负责全书的总体策划、统稿和定稿工作。曹岳辉、李利明任副主编，协助主编完成统稿、定稿工作。各章编写工作分工如下：第1章由杨长兴编写，第2章由周春艳编写，第3章由朱从旭编写，第4章由周欣然编写，第5章由李小兰编写，第6章由刘卫国编写，第7章由曹岳辉编写，第8章由吕格莉编写，第9章由李利明编写，第10章由蔡旭晖编写。

本书的编写得到了中南大学信息科学与工程学院施荣华等教授的大力支持与帮助，在此表示衷心的感谢。在本书的编写过程中，王小玲、严晖、周肆清、舒卫真、田琪、邵自然、罗芳、杨莉军等老师参与了大纲的讨论和文稿校对工作，本书吸收了他（她）们许多宝贵的意见，在此一并表示感谢。编者在编写本书的过程中参考了大量的文献资料，在此也向这些文献资料的作者表示衷心感谢。

由于本书编者水平所限，成稿时间仓促，书中如有疏漏及不妥之处，敬请读者不吝赐教。

编 者

2011 年 12 月

目 录

前言

第1章 C++基础知识 ················ 1
  1.1 程序设计语言的基本概念 ·········· 1
  1.2 C++程序的基本结构 ············· 3
    1.2.1 C++程序结构 ················ 3
    1.2.2 C++程序的书写格式 ·········· 4
  1.3 一个应用程序的开发过程 ·········· 5
    1.3.1 Visual C++ 6.0 开发环境 ······ 5
    1.3.2 一个应用程序的开发过程 ······ 5
  1.4 C++的词法规则 ················· 9
    1.4.1 C++的字符集组成 ············ 9
    1.4.2 C++的单词及其构词规则 ······ 10
  1.5 C++基本数据类型 ··············· 11
  1.6 常量与变量 ······················ 12
    1.6.1 常量 ······················· 12
    1.6.2 变量 ······················· 15
  1.7 运算符与表达式 ················· 18
    1.7.1 算术运算符与算术表达式 ······ 18
    1.7.2 关系运算符与关系表达式 ······ 20
    1.7.3 逻辑运算符与逻辑表达式 ······ 21
    1.7.4 位运算符与位运算表达式 ······ 22
    1.7.5 赋值运算符与赋值表达式 ······ 23
    1.7.6 三目运算符与三目条件表达式 ··· 25
    1.7.7 逗号运算符与逗号表达式 ······ 26
    1.7.8 指针运算 ··················· 26
    1.7.9 运算符的优先级和结合性 ······ 27
    1.7.10 类型转换 ·················· 29
  习题 1 ······························ 30

第2章 程序控制结构 ················ 33
  2.1 顺序结构 ························ 33
    2.1.1 定义语句 ··················· 33
    2.1.2 表达式语句 ················· 34
    2.1.3 复合语句 ··················· 34
    2.1.4 空语句 ····················· 34
    2.1.5 基本输入输出 ··············· 34
  2.2 选择结构 ························ 37
    2.2.1 if 语句 ····················· 38
    2.2.2 switch 语句 ················· 43
  2.3 循环结构 ························ 45
    2.3.1 while 语句 ·················· 45
    2.3.2 do…while 语句 ·············· 47
    2.3.3 for 语句 ···················· 49
    2.3.4 多重循环 ··················· 51
  2.4 控制转向语句 ···················· 53
    2.4.1 break 语句 ·················· 53
    2.4.2 continue 语句 ··············· 54
    2.4.3 goto 语句 ·················· 55
  2.5 程序实例 ························ 56
  习题 2 ······························ 61

第3章 函数与编译预处理 ············ 64
  3.1 函数的概念 ······················ 64
  3.2 函数的定义与调用 ··············· 67
    3.2.1 函数的定义 ················· 67
    3.2.2 函数的声明 ················· 67
    3.2.3 函数的返回值 ··············· 69
    3.2.4 函数的调用 ················· 70
  3.3 函数的参数传递 ················· 71
    3.3.1 参数的值传递 ··············· 72
    3.3.2 参数的地址传递 ············· 73
    3.3.3 带默认值的参数 ············· 74
  3.4 函数的嵌套调用与递归调用 ········ 75
    3.4.1 函数的嵌套调用 ············· 75
    3.4.2 函数的递归调用 ············· 76
  3.5 内置函数 ························ 81
  3.6 变量和函数的属性 ··············· 83
    3.6.1 变量的作用域 ··············· 83
    3.6.2 变量的生存期 ··············· 87

3.6.3 内部函数和外部函数 91
3.7 编译预处理 93
　3.7.1 宏定义 93
　3.7.2 文件包含 95
　3.7.3 条件编译 96
习题 3 98

第 4 章 数组与指针 102
4.1 数组及其应用 102
　4.1.1 数组的概念 102
　4.1.2 一维数组 103
　4.1.3 二维数组 107
　4.1.4 数组作为函数的参数 110
4.2 指针及其应用 113
　4.2.1 指针的概念 113
　4.2.2 指针变量的定义及初始化 114
　4.2.3 指针的运算 115
　4.2.4 指针作函数参数 116
　4.2.5 返回指针值的函数 118
　4.2.6 指向函数的指针 119
4.3 指针与数组 121
　4.3.1 指针与一维数组 121
　4.3.2 一维数组名和指针作函数参数的进一步讨论 123
　4.3.3 指针与二维数组 123
4.4 字符串 125
　4.4.1 字符串的概念 126
　4.4.2 字符串的存储表示法 126
　4.4.3 字符串的输入与输出 128
　4.4.4 字符串处理处理函数 128
　4.4.5 字符串的简单应用举例 130
4.5 指针数组与多级指针 132
　4.5.1 指针数组 132
　4.5.2 多级指针 133
　4.5.3 带形参的 main 函数 134
4.6 引用 135
　4.6.1 变量的引用 135
　4.6.2 引用作函数参数 136
　4.6.3 引用作函数返回值 137
习题 4 137

第 5 章 自定义数据类型 141
5.1 结构体类型 141
　5.1.1 结构体类型的定义 141
　5.1.2 结构体变量的定义 142
　5.1.3 结构体变量的引用与初始化 143
　5.1.4 结构体数组 145
　5.1.5 结构体与函数 147
　5.1.6 链表 149
5.2 共用体类型 154
　5.2.1 共用体类型与变量的定义 154
　5.2.2 共用体变量的引用 155
　5.2.3 共用体与结构体的联合使用 156
5.3 枚举类型 158
5.4 自定义类型 159
　思考与扩充 160
5.5 位段结构 160
习题 5 164

第 6 章 类与对象 167
6.1 面向对象程序设计的基本概念 167
6.2 类与对象的定义 169
　6.2.1 C++面向对象程序的结构 170
　6.2.2 类的定义 171
　6.2.3 对象的定义与使用 174
　6.2.4 类与结构体的区别 175
6.3 对象的初始化 176
　6.3.1 构造函数 176
　6.3.2 析构函数 179
　6.3.3 复制构造函数 181
6.4 对象数组与对象指针 184
　6.4.1 对象数组 184
　6.4.2 对象指针 185
　6.4.3 指向类成员的指针 186
　6.4.4 this 指针 188
6.5 友元 189
　6.5.1 友元函数 189
　6.5.2 友元类 190
6.6 类成员的共享与保护 191
　6.6.1 静态成员 192
　6.6.2 常对象和常成员 194

6.7 程序实例 197
习题 6 201
第 7 章 重载与模板 206
 7.1 重载 206
  7.1.1 函数重载 207
  7.1.2 运算符重载 211
 7.2 模板 227
  7.2.1 函数模板 227
  7.2.2 类模板 229
 7.3 应用实例 230
习题 7 239
第 8 章 继承和派生 241
 8.1 继承和派生的概念 241
  8.1.1 基类与派生类 241
  8.1.2 继承与派生的作用 242
  8.1.3 派生类的声明 243
 8.2 派生类成员的访问控制 244
  8.2.1 派生类成员访问控制简介 244
  8.2.2 private、protected 与 public 类成员 244
  8.2.3 三种派生方式的定义 246
  8.2.4 派生类成员访问控制规则 251
 8.3 派生类的构造函数和析构函数 251
  8.3.1 派生类的构造函数和析构函数的声明 251
  8.3.2 派生类的构造函数和析构函数的构造规则 253
  8.3.3 派生类的构造函数和析构函数的调用顺序 253
 8.4 多重继承 254
  8.4.1 多重继承的声明 254
  8.4.2 多重继承的几点说明 256
  8.4.3 虚基类 256
 8.5 基类和派生类的转换 260
  8.5.1 什么是基类和派生类的转换 260
  8.5.2 基类与派生类的转换方法 261
 8.6 继承与组合 261

习题 8 262
第 9 章 多态性与虚函数 264
 9.1 多态性的概念 264
  9.1.1 编译时的多态性 265
  9.1.2 运行时的多态性 267
 9.2 虚函数 268
  9.2.1 虚函数的作用 269
  9.2.2 虚函数的使用 271
  9.2.3 多重继承与虚函数 273
  9.2.4 虚析构函数 275
 9.3 纯虚函数与抽象类 277
  9.3.1 纯虚函数 277
  9.3.2 抽象类 278
 9.4 抽象类实例 278
习题 9 282
第 10 章 输入输出流 285
 10.1 C++的输入输出 285
  10.1.1 C++流的概念 285
  10.1.2 C++流类库 286
  10.1.3 与 iostream 类库有关的头文件 287
  10.1.4 插入与提取运算符的重载 287
 10.2 格式化输入输出 288
  10.2.1 标准输入输出流类 288
  10.2.2 数据输入输出成员函数 289
  10.2.3 格式控制成员函数 291
 10.3 文件输入输出 293
  10.3.1 文件的概念 293
  10.3.2 文本文件的读写 295
  10.3.3 二进制文件的读写 296
  10.3.4 文件的随机读写 299
 10.4 字符串流 301
  10.4.1 字符串流的概念 301
  10.4.2 字符串流的输出操作 301
  10.4.3 字符串流的输入操作 302
习题 10 303
参考文献 305

第 1 章 C++基础知识

教学目标

通过本章的学习,掌握计算机程序设计语言模型;掌握 C++程序设计语言集成开发环境;掌握 C++应用程序开发过程;掌握 C++数据类型、常量、变量、运算符与表达式的运用;掌握运算符的优先级和结合性、表达式的类型转换;掌握变量的存储类型、作用域与生存期的概念。

教学重点和难点

- 计算机程序设计语言模型;
- 各种表达式的运用;
- 变量的存储类型、作用域与生存期。

计算机程序是解决任何实际问题的基础。学习 C++语言程序设计的目的,就是要学会使用 C++语言编写出适合自己实际需要的程序。程序包括数据和施加于数据的操作两个方面的内容。数据是程序处理的对象,操作步骤反映了程序的功能。不同类型的数据有不同的操作方式和取值范围,程序设计需要考虑数据的表示以及操作步骤(即算法)。C++语言具有丰富的数据类型和相关运算。本章首先介绍程序设计的基本概念、C++程序的基本结构以及 C++程序的执行步骤,然后介绍 C++的数据类型和数据的运算,这些内容是以后学习的基础。

1.1 程序设计语言的基本概念

计算机程序设计语言是人类在计算机上解决实际问题的一种编码规则工具。当一个求解问题能够用数学模型表达时,人们会考虑用某种程序设计语言将该问题的数学模型表示成计算机可以接受的程序形式,再由计算机自动处理这个程序,生成人们所需要的结果。

程序设计语言随着计算机科学的发展而发展,它由最早的机器语言形式逐步发展成为现在的接近人类自然语言的形式。

20 世纪 50 年代的程序设计是使用机器语言或汇编语言编写的,用这样的程序设计语言设计的程序相当烦琐、复杂,不同机器使用的机器语言或汇编语言几乎完全不同。能够使用这类语言编写程序的人群极其有限,也就限制了这类计算机程序设计语言的普及和推广,必然影响了计算机的普及和应用。

20 世纪 50 年代中期研制出来的 FORTRAN 语言是计算机程序设计语言历史上的第一个高级程序设计语言。它在数值计算领域首次将程序设计语言以接近人类自然语言的形式呈现在人们的面前，它引入了许多目前仍在使用的程序设计概念，如变量、数组、分支、循环等。20世纪50年代后期研制的ALGOL语言进一步发展了高级程序设计语言，提出了块结构的程序设计概念。即一个问题的求解程序可以由多个程序块组成，块与块之间相对独立，不同块内的变量可以同名，但互不影响。

到了20世纪60年代后期，人们设计出来的程序越来越庞大，随之而来的问题是程序越庞大，程序的可靠性越差，错误越多，并且难以维护。程序设计人员难以控制程序的运行，这就是当时的"软件危机"问题。为了解决"软件危机"问题，荷兰科学家E.W.Dijkstra在1969年首次提出了结构化程序设计的概念，这种思想强调从程序结构和风格上研究程序设计方法。后来，瑞士科学家Niklans Wirth的"算法+数据结构=程序"思想进一步发展了结构化程序设计方法，将一个大型的程序分解成多个相互独立的部分（称为模块）。模块化能够有效分解大型、复杂的问题，同时每个模块相互独立，提高了程序的维护效率。这就是面向过程的结构化程序设计思想。所谓面向过程的结构化程序设计思想是人们在求解问题时，不仅要提出求解的问题，还要精确地给出求解问题的过程（将问题的求解过程分解成多个、多级相互独立的小模块）。20世纪70年代初面世的C语言就是典型的、面向过程的结构化程序设计语言。

面向过程的结构化程序设计是从求解问题的功能入手，按照工程的标准和严格的规范将求解问题分解为若干功能模块，求解问题是实现模块功能的函数和过程的集合。由于用户的需求和硬件、软件技术的不断发展变化，按照功能划分将求解问题分解出来的模块必然是易变和不稳定的。这样开发出来的模块可重用性不高。20世纪80年代提出的面向对象的程序设计方法即是为了解决面向过程的结构化程序设计所不能解决的代码重用问题。面向对象的程序设计方法是从所处理的数据入手，以数据为中心而不是以求解问题的功能为中心来描述求解问题。它把编程问题视为一个数据集合，数据相对于功能而言，具有更好的稳定性。这就是"对象+对象+……=程序"的理论。面向对象的程序设计与面向过程的结构化程序设计相比，最大的区别就在于：前者关心的是所要处理的数据，而后者关心的是求解问题的功能。面向对象的程序设计方法很好地解决了"软件危机"问题。

面向对象的程序设计语言有两类：一类是完全面向对象的语言，另一类是兼顾面向过程和面向对象的混合式语言。C++语言就是后一类的典型代表。

C++由AT&T公司贝尔实验室的Bjarne Stroustrup博士开发。它兼容了C语言的一切特征，以C语言为核心，扩充了面向对象部分。它保留了C语言功能强、效率高、风格简洁、满足包括系统程序设计和应用程序设计的大多数任务的特点。过去在C语言环境下编写的程序几乎无需改动就可以在C++环境下编译运行。另外，C++支持面向对象的程序设计，它支持类、继承、派生、多态性等，因此解决了代码的重用问题。所以C++是既支持面向过程的结构化程序设计又支持面向对象的程序设计的语言。

从20世纪80年代开始，C++逐步成为人们所喜爱的面向对象的程序设计语言开发工具。众多公司纷纷开发C++编译程序或开发环境。典型的开发环境有Borland公司开发的Turbo C++和Borland C++、Microsoft公司的Microsoft C/C++等。上面提到的C++语言版本都需要DOS环境的支持，或需要在Windows的DOS模式下运行。而Microsoft公司开发的Visual C++则是引进了Windows MFC（Microsoft Foundation Class）类库的基于Windows环境的可视化集成开发环境，它是将编辑、编译、链接、调试运行集成于一体的开发环境。软件版本有：1.X、2.0、4.0、5.0、6.0等。本教程使用的软件环境是Visual C++ 6.0。

1.2 C++程序的基本结构

学习一种语言之初了解其程序结构是必要的，本节的目的是让读者对 C++语言有一个整体的、框架性的认识。

读者可以了解一下一般程序设计语言的模型。通过图 1-1 来进行理解：学习 C++程序设计，主要是学习（见图 1-1）根据词法规则用 C++字符集中的字符构造单词；根据语法规则用单词构造语句；根据逻辑规则（任务内在的联系）用语句构成函数（程序）。读者可以根据图 1-1 自学其他程序设计语言。实际上，任何语言都遵从这种模式，包括自然语言（英语、汉语等）。对于自然语言，只是字符集中的字符多，构词规则复杂，语法规则更复杂，由若干语句组成的集合叫文章或文章段落而已。其实计算机程序设计语言就是从自然语言模型中简化出来的。理解了这个道理，对于学习程序设计语言是很有帮助的。

图 1-1 程序设计语言结构图

1.2.1 C++程序结构

一般来说，C++程序的结构包含声明区、函数区两个部分，在任何一个区内都可以随时插入程序的注释。下面通过一个简单的例子来认识 C++程序的基本结构。

【例 1.1】从键盘输入圆的半径，求圆的面积。

程序代码如下：

```cpp
//*****ex1_1.cpp*****
#define PI 3.14159
#include <iostream>
using namespace std;
float sum(float x);
void main()
{
    float r,s;
    cout<<"Input r:";
    cin>>r;
    s=sum(r);
    cout<<"r="<<r<<" "<<"s="<<" "<<s<<endl;
}
float sum(float x)
{
    return PI*x*x;
}
```

要说明的是，本章的例子中使用了标准输入输出流语句和其他语句。关于这些语句的详细使用方法，请参阅第 2 章的有关内容。

1. 声明区

声明区在函数之外。程序的声明区可能需要编写：

（1）宏定义，如例 1.1 中的#define PI 3.14159；

（2）包含文件，如例 1.1 中的#include <iostream>；

（3）函数声明，如例 1.1 中的 float sum(float x)；

（4）条件编译；

（5）全局变量声明；

（6）结构体等的定义；

（7）类的定义。

2. 函数区

一个程序由一个主函数 main()和多个（可以是 0 个）其他函数组成。每个函数都是由函数声明部分与函数体部分组成。程序的执行从 main()函数开始。

函数声明部分包括函数返回值类型、函数名、函数的形式参数。如在例 1.1 中，有两个函数：float sum()和 void main()，其中 main()的函数返回值类型是 void（没有返回值类型），函数名就是 main，函数没有形式参数；sum() 的函数返回值类型是 float，函数名为 sum，函数的形式参数是 float x。

函数体部分是用一对花括号{}括起来的完成该函数所表达的功能的语句的集合。语句可以是数据描述语句或数据操作语句。数据是操作的对象，操作的结果将会改变数据的状态。对于一个实际应用问题，首先要考虑用什么形式表达问题，也就是用什么数据结构表达问题。在具体程序中用数据描述语句表达数据结构，也就是用数据类型表达数据。有了数据结构，再考虑如何操作数据，也就是用数据操作语句实施为解决问题所提出的算法，产生所需要的结果。所以著名计算机科学家 Niklans Wirth 提出了如下公式：

程序=数据结构+算法

一个程序用来实现某项任务，一个任务可以分解为多个子任务，每个子任务还可以进一步分解成更小的子任务，每个子任务可以用一个函数或多个函数来表达。在 C++中，一个程序的某些函数可以存放在一个文件中，而另外一些函数可以存放在另一个文件中。所以一个C++程序的组装形式是：

函数→文件→程序

在 C++程序中，各函数之间只有调用关系，即组成 C++程序的若干函数之间是"平等"关系。在一个函数中不能定义另一个函数，即函数之间不存在嵌套关系。在一个 C++程序中，不被任何函数调用的函数是无用的。

函数体内有若干条语句用来实现函数的功能。每条语句由单词（常量、变量、关键字等）构成，而单词由字符构成。

1.2.2　C++程序的书写格式

C++程序的书写格式比较灵活，书写程序时可以任意换行，一行内可以书写多条语句，一条语句可以书写在多行上，只要每条语句以分号（;）结束即可。也因为如此，所以 C++程序可读性差，为了提高程序的可读性，C++程序的书写格式有如下约定：

（1）C++程序中，每行一般书写一条语句；语句较短时，多条语句可书写在一行内。语句较长时，一条语句可写在多行上。

（2）C++程序中，每条语句以分号结束，表示一条语句的结束，但函数说明行和声明区的多数语句后不用分号。语句前面没有标号，只有 goto 语句的转向目标语句前加标号。

（3）C++程序中，使用向右缩进方法表达程序中的层次结构，如花括号{}内的函数体、循环语句的循环体、if 语句的 if 体和 else 体一般都向右缩进几个字符。花括号是函数体或复合语句的定界符。

（4）C++程序中，可使用多行注释或单行注释以增强程序的可读性。多行注释以"/*"开始，以"*/"结束，占据多行。单行注释以"//"开始，占据一行。

1.3 一个应用程序的开发过程

对于初次学习程序语言的读者来说，了解和掌握某种程序设计语言的开发环境和应用程序开发过程是十分重要的。本节介绍 Visual C++ 6.0 开发环境及开发一个应用程序的过程。

1.3.1 Visual C++ 6.0 开发环境

Visual C++ 6.0 是 Microsoft 公司于 1998 年推出的基于 Windows 9.X 和 Windows NT 的可视化开发环境。它为用户提供一个集编辑、编译、链接、调试运行于一体的集成环境，即在一个程序的控制下可以分步或一次性地完成编辑、编译、链接、调试运行工作。

C++程序的实现与其他高级语言程序一样，也需要经历编辑、编译、链接、调试运行 4 个步骤。

编辑程序完成对 C++程序的输入、修改。以文件形式存储的 C++程序称为 C++源程序，文件的扩展名为.cpp。除了使用编译系统提供的编辑程序外，还可以使用如 Word、记事本等常规编辑程序编辑 C++源程序，但必须以.cpp 为扩展名存储。

编译程序把包括 C++源程序在内的项目翻译成目标程序，即生成与 C++源程序相对应的目标程序。目标程序的文件扩展名是.obj。编译程序一般会生成与源程序同名的目标程序。

链接程序把目标程序链接成可执行程序，可执行程序的文件扩展名是.exe，生成可执行程序时需要编译系统提供的库文件支持。链接程序一般会生成与源程序同名的可执行程序文件（exe 文件）。

上述三步无误时，即可直接调试运行可执行程序。

1.3.2 一个应用程序的开发过程

下面通过以 AppWizard（应用程序向导）创建一个控制台应用程序（基于 DOS 平台的应用程序）为例向读者介绍应用程序的开发过程。有关 Visual C++ 6.0 开发环境和 Windows 应用程序的开发过程请参考配套的实践教程的相关章节。

1. 启动 Visual C++ 6.0 开发环境

在安装 Visual C++ 6.0 后，启动 Visual C++ 6.0，用户可以看到如图 1-2 所示的 Visual C++ 6.0 开发环境界面。

2. 创建工程项目

开发一个新的程序就是建立一个新的工程项目。所谓工程项目就是所开发的应用程序的一切资源的集合。它包含了应用程序的源程序代码、类、资源等。过程如下。

在图 1-2 的"文件"菜单下选择"新建"命令，弹出"新建"对话框，在"新建"对话框中选择"工程"标签,如图1-3所示。从图1-3可以看出,在"工程"选项卡中可以建立多种用途的工程项目,如选择"Win32 Console Application"选项可以建立一个基于控制台应用程序的项目文件,而选择"MFC AppWizard(exe)"选项可以建立一个基于Windows平台应用程序的项目文件,等等。为了建立一个名为"ex1_1.dsw"的项目文件,需要在图1-3中的"位置"文本框中设置项目文件存放的位置,在"工程名称"文本框中输入项目文件名。同时选择"平台"文本框中的"Win32"选项(指明开发的项目是Windows 32位环境)。图1-3是补充了上述信息的"工程"选项卡。

图1-2 Visual C++ 6.0开发环境界面

图1-3 "新建"对话框中"工程"选项卡

单击图1-3中的"确定"按钮,弹出如图1-4所示的创建"Win32 Console Application一步骤 1 共 1步"对话框。

图 1-4 "Win32 Console Application"对话框

在图 1-4 中,给出了针对 Win32 Console Application 的 4 种类型,Visual C++ 6.0 开发环境会根据不同的类型为所创建的项目文件自动增加相应的功能。如果选择"一个空工程"单选按钮,则生成一个空白的项目。单击"完成"按钮,即可完成新项目的创建,生成一个扩展名为.dsw 的项目文件。

3. 打开项目文件

打开一个已存在的项目文件,可以通过图 1-2 的"文件"菜单下的"打开工作区"命令实现。选择"打开工作区"命令,弹出如图 1-5 所示的"打开工作区"对话框,选择所需的文件即可打开项目文件。

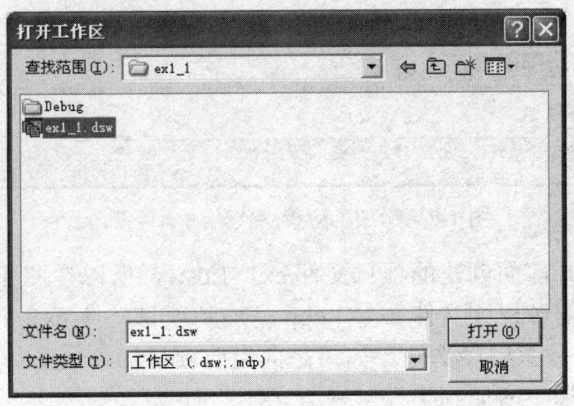

图 1-5 "打开工作区"对话框

当然,还可以使用"文件"菜单下的"打开"命令或工具栏上的"打开"按钮打开项目文件。这两种打开方式可以打开如 C++源程序文件、C++头文件、资源文件等任何类型的文件。

4. 创建 C++源程序文件

在图 1-2 的"文件"菜单下选择"新建"命令,弹出"新建"对话框,在"新建"对话框中选择"文件"标签,选择"C++ Source File"选项,并指出要创建的 C++源程序文件名及其所在的位置,选择"添加到工程"复选框。"新建"对话框中"文件"选项卡如图 1-6 所示。

单击"确定"按钮,在弹出的C++源程序文件编辑窗口即可以编辑源程序。我们将本章例1.1源程序代码以ex1_1.cpp文件形式保存,如图1-7所示。

图1-6 "新建"对话框中"文件"选项卡

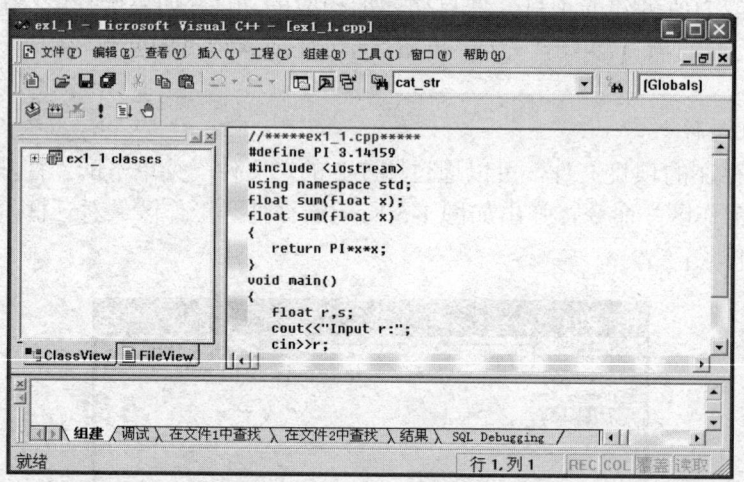

图1-7 添加了源程序代码的项目窗口

因为在此之前已打开前面创建的项目文件ex1_1.dsw,所以在图1-6中,只要选择"添加到工程"复选框,就表明源程序文件ex1_1.cpp是加到项目文件ex1_1.dsw中的。当然可以向项目文件再添加多个C++源程序文件。如果是向当前项目加入C++源程序文件,则在图1-2中的"工程"菜单下选择"增加到工程"→"文件"命令。

至此,项目文件ex1_1.dsw的创建完成。

5. 编译、链接与运行程序

在Visual C++ 6.0的开发环境中,编译、链接与运行3个步骤可以各自单独进行(按照编译、链接再运行的顺序),也可以将编译与链接合二为一进行,当然也可以将编译、链接运行一步完成。

在图1-7中,在"组建"菜单下选择"编译"进行编译,当然可以在工具栏单击"编译"按钮,或按下组合键Ctrl+F7。在"组建"菜单下选择"组建"进行编译与链接(在没有编译的情况下),或单击工具栏上的按钮■或按下 F7 键。在"组建"菜单下选择"执行"或单击工具栏上的按钮!或按下组合键 Ctrl+F5 进行编译、链接和运行(在没有编译、链接的情况下)。

图 1-8 即为编译、链接完成后的输出窗口。当编译或链接过程中出现错误时,会在输出窗口提示错误信息,用户可根据错误提示信息对源程序进行修改,直至没有错误信息提示。

图 1-8 编译链接完成后的输出窗口

例 1.1 程序所建立的项目的运行结果如图 1-9 所示。

图 1-9 例 1.1 程序运行结果

1.4 C++的词法规则

某种程序设计语言在定义常量、变量类型时,必须对常量、变量命名。常量、变量的名字就像自然语言英语的单词一样,这样的常量名、变量名实际上是这种程序设计语言中的一个个单词。常量名、变量名可以定义、理解成表示名字的标识符。除了常量、变量之外,某种程序设计语言还有关键字、运算符、分隔符等基本单词,这些单词的构成(书写规则或命名)都必须遵守该语言的词法规则。

本节介绍的就是 C++中各种单词的构词规则。请读者结合图 1-1 学习本节内容并思考本节内容属于图 1-1 的哪个环节。

由一种语言提供的字符集中的字符构造的单词必须遵守该语言的词法规则。在一种语言中,单词涉及标识符、关键字、运算符、常量、变量、注释符、分隔符等。C++也不例外。本节只讨论 C++中的基本词法规则。

1.4.1 C++的字符集组成

C++的字符集包括如下字符:

（1）26个小写字母：a～z。
（2）26个大写字母：A～Z。
（3）10个数字：0～9。
（4）标点和特殊字符：+、_、*、/、,、:、;、?、\、"、'、~、|、!、#、%、&、(、)、[、]、{、}、^、<、>空格。
（5）空字符：ASCII码为0的字符，用作字符串的结束符。

1.4.2 C++的单词及其构词规则

单词由若干个合法字符组成，下面介绍一些C++中的常用单词。

1. 标识符

标识符是由字母、下划线和数字组成的字符序列，第一个字母必须是字母或下划线，不能是数字。标识符中的字母大小写是不同的。标识符用来命名C++程序中的常量、变量、函数名、语句标号及类型定义符等。有一部分标识符是系统定义的，如前面学习过的cin、cout，有一部分是用户定义的。本小节关心的是用户定义的标识符。

在定义标识符时，要注意以下几点：

（1）要遵守上面的构成标识符的规则。

ABC、XYZ123、A_Y、ycx11、_name是合法标识符。而5xyz、m.x、!abc、x-y是非法标识符（数字"5"不能出现在标识符开头，"."、"!"、"-"不能出现在标识符中）。

（2）系统已经使用的关键字、函数名或其他已定义的单词不能再定义成标识符。

（3）定义标识符时尽可能让标识符有意义，便于阅读，即做到"见名知意"。

2. 关键字

关键字（又称保留字）是被系统定义了的已具有特定含义的标识符。下面给出了C++中的关键字。要说明的是：ANSI C规定了32个关键字，ANSI C++在此基础上增加了一些（黑体字部分），某个实现的版本可能还会增加一些关键字。

auto	break	case	char	const	continue
default	do	double	else	enum	extern
float	for	goto	if	int	long
register	return	short	signed	sizeof	static
struct	switch	typedef	union	unsigned	void
volatile	while	**bool**	**catch**	**class**	**const_cast**
delete	**dynamic_cast**	**explicit**	**false**	**friend**	**inline**
mutable	**namespace**	**new**	**operator**	**private**	**protected**
public	**reinterpret_cast**	**static_cast**	**template**	**this**	**throw**
true	**try**	**typeid**	**typename**	**using**	**virtual**
_asm	_far	_fotran	_huge	_near	_pascal

3. 运算符

运算符与操作数连接组成表达式。连接一个操作数的运算符称为单目运算符，连接两个操作数的运算符称为双目运算符，连接三个操作数的运算符称为三目运算符。有关运算符的种类、功能、优先级和结合性等问题将在1.7节中详细介绍。

4. 常量

常量是在程序中不改变的量。C++程序中的常量有：整型常量、浮点型常量、字符常量和字符串常量 4 种。将在 1.6 节中详细介绍。

5. 变量

变量是在程序中可以改变的量。变量有三要素：名字、类型和值。某个变量的值被改变后，将一直保持到下一次被改变。变量是一种标识符，其命名完全与标识符相同。将在 1.6 节中详细介绍其特性。

6. 注释符

注释符的作用是在程序中标识注释信息。在 C++程序中，可使用多行注释或单行注释增强程序的可读性。多行注释以 "/*" 开始，以 "*/" 结束，占据多行。单行注释以 "//" 开始，占据一行。"/*"、"*/"、"//" 就是注释符。

7. 分隔符

分隔符有：空格符、换行符、水平制表符等，用作其他单词之间的分隔符；逗号（,）多作多个变量或多个参数之间的分隔符；分号（;）主要用于在 for 语句的 for 关键字后的圆括号内作分隔符；冒号（:）用来标识语句标号和用于开关语句 switch 的 case 关键字后。

1.5　C++基本数据类型

一个程序包含两个方面的主要内容：数据描述和数据操作。数据是操作的对象，数据的存储方式决定于该数据的数据类型，描述数据就是定义数据的类型。数据类型是针对常量和变量而言的。C++提供了丰富的数据类型，如图 1-10 所示。本章仅介绍 C++的基本数据类型，基本数据类型是 C++编译系统事先定义好的数据类型，用户直接使用即可。而构造类型、指针、类等为非基本数据类型，亦称用户自定义数据类型，它们将在后续章节中介绍。

图 1-10　C++数据类型

在 C++的基本数据类型中，有 5 个最基本的数据类型：int、char、float、double、空类型，其中 int、char、float、double 类型可以被修饰符 short、unsigned、signed、long 修饰，以扩展 4 个最基本的数据类型。但 short 只能修饰 int，扩展出 short int 类型，简记为 short；long 只能修饰 int 和 double，扩展出 long int（简记为 long）类型和 long double 类型；unsigned 只能修饰 int，扩展出 unsigned int 类型，分别与 short、long 共同扩展出 unsigned short int（简记为 unsigned short）类型、unsigned long int（简记为 unsigned long）类型；signed 类似 unsigned，可扩展出 signed int 类型、signed short int 类型、signed long int 类型。bool 类型视为一种特殊的整数类型。

数据类型的描述确定了数据在内存中所占空间的大小与数据表达范围。C++基本数据类型如表 1-1 所示。

表 1-1 C++基本数据类型

数据类型	占用字节数	数据表达范围
布尔型（bool）	1	1, 0 (true, false)
基本型（int）	4	-2 147 483 648～2 147 483 647
短整型（short）	2	-32 768～32 767
长整型（long）	4	-2 147 483 648～2 147 483 647
无符号整型（unsigned int）	4	0～4 294 967 295
无符号短整型（unsigned short int）	2	0～65 535
无符号长整型（unsigned long int）	4	0～4 294 967 295
有符号整型（signed int）	4	-2 147 483 648～2 147 483 647
有符号短整型（signed short int）	2	-32 768～32 767
有符号长整型（signed long int）	4	-2 147 483 648～2 147 483 647
字符型（char）	1	0～255
单精度浮点型（float）	4	-3.4×10^{38}～3.4×10^{38}
双精度浮点型（double）	8	-1.7×10^{308}～1.7×10^{308}
长双精度浮点型（long double）	8	-1.7×10^{308}～1.7×10^{308}

1.6 常量与变量

常量与变量是 C++中最基本的标识符。本节只介绍常量和变量的基本概念，包括 4 种常量和基本数据类型的变量。关于构造类型的变量将在后续章节中介绍。

1.6.1 常量

常量是在程序中不改变的量。C++程序中有 4 种常量：整型常量、浮点型常量、字符常量和字符串常量。

1. 整型常量

在 C++程序中，整型常量和浮点型常量统称数值常量。

整型常量有三种形式：十进制、八进制和十六进制。

十进制常量的写法就是算术表达方式，如 12、345 都是合法的十进制常量。

八进制常量在数值前要加上一个零（0），如011、077都是合法的八进制常量，分别等于十进制数9和63。

十六进制常量的写法是在数值前加上一个零（0）和一个字母X（大小写均可），如0X11、0xF都是合法的十六进制常量，分别等于十进制数17和15。

整型常量还可以分为短整型常量、长整型常量和无符号整型常量。短整型常量即前面讨论的形式。长整型常量表示占用4个字节内存，有效位数比短整型常量的有效位数（2字节）长（有的编译系统长短整型数据一样，如Visual C++ 6.0系统），书写时应在短整型常量后加上一个后缀字母L（大小写均可）。无符号整型常量占用的内存位数与短整型常量一样，书写时应在短整型常量后加上一个后缀字母U（大小写均可）。

2. 浮点型常量

浮点型常量又称实数型常量。分为十进制数形式和指数形式两种表示方法。

（1）十进制数形式的浮点型常量的书写格式：

<整数部分>.[<小数部分>]

其中小数点不能省略。如1.2345、1.0、1.、.12345均是合法的浮点型常量。

（2）指数形式的浮点型常量的书写格式：

<整数部分>.<小数部分>E<指数部分>

其中，指数形式表示符"E"大小写均可。<整数部分>.<小数部分>部分允许不含小数点的<整数部分>，或含小数点的<小数部分>，<指数部分>必须是整数。如12E-3、0.1E2、.12345E6、0E0等均是合法的。

【例1.2】浮点型常量的运用。

程序代码如下：

```
//*****ex1_2.cpp*****
#include <iostream>
#include <iomanip>
using namespace std;
void main()
{
    int x=77; float a; double b; long double c;
    a=88.12300000000000000000f;
    b=-1.69901234567890123456789e308;
    c=-1.69901234567890123456789e308;
    cout<<"x="<<x<<endl;
    cout<<"a="<<setprecision(7)<<a<<endl;
    cout<<"a="<<setiosflags(ios::scientific)<<a<<endl;
    cout<<setprecision(20)<<"b="<<b;
    cout<<"\tc="<<c<<endl;
}
```

程序的运行结果如下：

```
x=77
a=88.123
a=8.8123001e+001
b=-1.69901234567890130000e+308   c=-1.69901234567890130000e+308
```

在例1.2中，如果增加变量b、c的指数部分，如将"e308"变成"e309"，程序将出现错误，超出数据表达范围。可见 double 和 long double 类型在 VC++ 6.0 系统中具有同样的数据表达范围和有效数据位数。

3. 字符常量

字符常量是一个用单引号括起来的字符。单引号是字符常量的定界符，单引号本身表示成'\''。在 C++中，字符常量具有整数值，其值是该字符的 ASCII 码。一个字符常量可以与整数进行加减运算。下面的程序给出了字符与整数进行加减运算的实例。

【例 1.3】字符常量的运用。

程序代码如下：

```
//*****ex1_3.cpp*****
#include <iostream>
#include <iomanip>
using namespace std;
void main()
{
    char a,b,c,d;
    a='A';
    b='B';
    c=a+3;
    d='\'';
    cout<<a<<'\t'<<b<<'\t'<<c<<endl;
    cout<<hex<<int(a)<<'\t'<<int(b)<<'\t'<<int(c)<<endl;
    cout<<d<<endl;
}
```

程序的运行结果如下：

```
A       B       D
41      42      44
'
```

4. 字符串常量

字符串常量是用双引号括起来的若干个字符组成的字符序列。双引号是字符串常量的定界符，双引号本身表示成"\""。""是一个空字符串，空字符串中没有任何有效字符，只有一个字符串结束符。在 C++程序中，任何一个字符串常量都有一个结束符，该结束符是 ASCII 码值为 0 的空字符，表示为'\0'。

字符常量与字符串常量是不同的，表现在：

（1）表示形式不同。前者用单引号括起来，后者用双引号括起来。

（2）存放它们的对象不同。前者存放在字符变量中，后者存放在字符数组或字符指针指定的位置。如：char c='A', s[5]="ABCD";。

（3）存放字符串常量时要加一个结束符，而存放字符常量则不需要。所以'A'与"A"不同。且其占用的内存空间也不同，'A'占 1 个字节；"A"占 2 个字节，前一字节存放字符 A，后一字节存放结束符。

（4）对它们进行的运算也不同。字符与字符、字符与整数间可做加减运算；而字符串只能做连接运算。

【例 1.4】字符串常量的运用。

程序代码如下：

```cpp
//*****ex1_4.cpp*****
#include <iostream>
using namespace std;
void main()
{
    char s1[80],s2[80];
    cout<<"Input 2 Words, Please:";
    cin>>s1>>s2;
    cout<<s1<<'\t'<<s2<<endl;
}
```

程序的运行结果如下:

```
Input 2 Words, Please:China HunanChangsha
China    HunanChangsha
```

5. 符号常量

符号常量是一个用来替代常量（前面讨论的 4 种常量）的标识符。这个标识符当然叫符号常量。使用符号常量的好处体现在:

（1）增强程序的可读性。标识符可以定义得有意义，如用 PI 表示圆周率。

（2）书写简单，不易出错。有的常量直接书写很长，容易出错，如圆周率 3.141 592 6 用 PI 代之，既简单又不容易出错。

（3）修改程序方便。如在一个程序中，有一个常量出现了 5 次，如果定义了符号常量，程序员只要在定义符号常量的地方修改数据即可。若不定义符号常量，则要对 5 处常量进行修改。

定义符号常量的方法通常是用预处理功能宏定义完成。格式如下:

#define　　<符号常量名>　　<常量表达式>

其中，define 是宏定义关键字，"#" 是预处理功能的符号，<符号常量名>适用标识符的定义，一般用大写的字符串，以示与变量名相区别，<常量表达式>为前面讨论的 4 种常量之一或用常量、已定义的符号常量构成的表达式。C++处理符号常量是在正式编译源程序前将符号常量用被定义的常量值代替，这个过程称为宏替换。

例如:
#define PI 3.1415926
#define SIZE 100

注意: 预处理功能命令后无分号。

1.6.2 变量

变量是在程序中可以改变的量，变量有名字、类型和值三个要素。变量的类型包括存储类和数据类型两个方面。某个变量的值被改变后，将一直保持到下一次被改变。

1. 变量的定义

变量在使用前必须定义。格式如下:

[<存储类>]　　<数据类型>　　<变量名表>;

其中，<存储类>定义变量的有效性范围。有 4 类: 自动（存储）类、寄存器（存储）类、静态（存储）类和外部（存储）类，缺省时叫无存储类。无存储类时，在函数体内定义的变量的存储类为自动类，在函数体外定义的变量的存储类为外部类。

<数据类型>有基本类型和构造类型之分。所有变量的基本数据类型如1.5节所述，构造类型将在后续章节中讨论。

<变量名表>指出属于某一数据类型的变量列表。多个变量之间用逗号分隔。

一个变量被定义后，系统将为这个变量分配内存空间，并建立变量与内存地址值之间的关系。注意：分配给变量的内存空间的大小与该变量的数据类型有关，分配给变量的内存空间的位置与该变量的存储类有关。

例如：

```
int a,b,c;              //a、b、c为整型变量；缺省存储类，要看是定义在函数体内
                        //还是函数体外来确定是自动类还是外部类
static double x, y[10]; //x、y是静态双精度变量，y是数组
```

2. 变量的数据类型

变量的基本数据类型有：整型、浮点型和字符型。

变量的构造数据类型称自定义类型。构造数据类型是由若干个数据类型相同或不相同的变量所构成的类型。如数组、结构体、共用体、类都是构造数据类型。

3. 变量的存储类

变量的存储类定义变量的有效性范围，即作用域。C++中有4类：自动存储类（auto）、寄存器存储类（register）、静态存储类（static）和外部存储类（extern）。

（1）自动存储类。某一变量定义成自动存储类后，其作用域在定义它的函数体或分程序内，自动存储类变量只能定义在函数体或分程序内。变量的生存期在作用域内，即执行完定义它的函数后，该变量即被释放。这类变量的安全性最好，在不同的函数中可以定义相同名字的变量，互不影响。在函数体内定义自动存储类变量时可以省去说明符auto。前面程序中定义的变量都省去了存储类说明符auto，它们都是自动存储类变量。

（2）寄存器存储类。寄存器存储类的变量与自动存储类的变量有相同的作用域和生存期。定义这类变量必须加存储类说明符register，并且只能定义在函数体或分程序内。这类变量有可能被存放在CPU的空闲通用寄存器中，当CPU中没有空闲通用寄存器时，当作自动存储类变量。一旦变量存入CPU的寄存器中，则变量的访问效率将大大提高，这是因为访问内存比访问CPU寄存器花的时间长得多。

（3）静态存储类。静态存储类分为内部静态存储类和外部静态存储类。

内部静态存储类变量定义在函数体或分程序内，其作用域在定义它（们）的函数体或分程序内。而外部静态存储类变量定义在函数体或分程序外，其作用域在定义它（们）的文件内，可见两者的作用域是不同的。

内部静态存储类和外部静态存储类变量有相同的生存期，都被存放在内存的静态区域，静态变量在程序结束时才释放内存。

可见，对于一个内部静态存储类变量，在定义它的函数体或分程序内可以引用；在定义它的函数体或分程序外可以引用，但其值是无效的。对于一个外部静态存储类变量，在定义它的文件内均可引用，其值是有效的。内部静态存储类变量与自动存储类变量、寄存器存储类变量的区别在于其生存期不同。

要定义静态存储类变量，必须加存储类说明符static。

（4）外部存储类。外部存储类变量的作用域是整个程序，包含该程序的各个文件。生存期是整个程序，在程序结束时才释放内存。表1-2给出了各种存储类特性的比较。

表 1-2　各种存储类特性的比较

存储类别		作用域	生存期	其他
自动类		定义它的函数体或分程序内	离开定义体即消失	安全性好
寄存器类				存取速度快
静态类	内部静态类	同自动类	程序结束前有效	
	外部静态类	定义它的文件内		
外部类		程序的各个文件		安全性差

外部存储类变量可以定义在函数体内、外，定义在函数体外时可以不加存储类说明符，但在说明一个外部存储类变量时，必须加存储类说明符 extern。有如下两种情况要在引用外部存储类变量前，对其进行说明。

① 在一个文件中，在定义前引用外部存储类变量必须说明。

② 在多个文件的程序中，在一个文件中定义，在另一个文件中引用，引用前要说明。

【例 1.5】定义在前、引用在后的外部存储类变量（输出结果与例 1.4 类似）。

程序代码如下：

```
//*****ex1_5.cpp*****
#include <iostream>
using namespace std;
char s1[80], s2[80];
void main()
{
    cout<<"Input 2 Words, Please:";
    cin>>s1>>s2;
    cout<<s1<<'\t'<<s2<<endl;
}
```

【例 1.6】定义在后、引用在前的外部存储类变量（输出结果与例 1.4 类似）。

程序代码如下：

```
//*****ex1_6.cpp*****
#include <iostream>
using namespace std;
void main()
{
    extern char s1[80], s2[80];          //说明外部存储类变量
    cout<<"Input 2 Words, Please:";
    cin>>s1>>s2;
    cout<<s1<<'\t'<<s2<<endl;
}
char s1[80], s2[80];
```

4．变量的值

变量的值是变量三要素之一。可以在定义变量时对变量赋初值（变量初始化），也可以在引用变量时通过其他方法（赋值表达式、cin、scanf 函数等）对变量赋值。

变量初始化格式：

[<存储类>]<数据类型><变量名 1>=<初值 1>,<变量名 2>=<初值 2>,…;

任何类型的变量都可以进行初始化,也可以不进行初始化。

如果外部类和静态类变量不进行初始化,那么它们由编译程序赋以"零值"(数值型变量赋数值 0,字符型变量赋空字符)。如果自动类和寄存器类变量不进行初始化,那么它们不具有有意义的值,必须通过赋值后才能引用。

外部类和静态类变量初始化是在编译时给定的。即在第一次执行定义或说明时给定,以后进入所定义的函数体或分程序不再赋初值。而自动类和寄存器类变量的初始化是在每次进入函数体或分程序时重新定义初值。

可见,变量有定义和引用两个方面。变量的定义涉及变量名称、存储类和数据类型。引用即使用,通常先定义,后使用。例 1.6 是特例,但在使用前必须说明。引用一个变量,其值是否有意义是一个重要的问题。如在一个函数内定义内部静态存储类的变量,离开这个函数后,虽然变量仍然存在,但它的值可能无效了,所以不能引用。

下面是一些合法的定义:

```
int a=1, b=2, c=3;
static char xyz='A', buffer[10]="Hello";
double a[5]={1.12345,2.23456,3.34567,4.45678,5.56789};
float s=1+2+3;
int a=1,b=a+2;
```

从示例可以看出,初值可以是常量、常量表达式或表达式,其中的变量必须具有值。例如:

```
int a=1, b=a+1;
```

关于在引用变量时通过赋值表达式、cin、scanf 函数等方式对变量赋值,在前面的实例中已大量使用。值得一提的是赋值表达式,在下面的程序段中:

```
{
    int a;
    a=12;
}
```

"a=12"是一个赋值表达式。C++允许表达式当作语句使用,其后要加分号,所以"a=12;"是赋值表达式语句。"a=12"这个表达式有双重意义:表达式"a=12"具有 12 的值,另外表达式"a=12"的副作用使变量 a 具有 12 的值。给变量赋值正是利用了这种副作用。这是 C++与其他高级程序设计语言不同的地方,其他语言称"a=12"是赋值语句。

1.7 运算符与表达式

C++的表达式包括算术表达式、关系表达式、逻辑表达式、赋值表达式、条件表达式和逗号表达式。任何表达式后加";"构成表达式语句。C++的类型转换包含隐含转换和强制转换两种方法。

1.7.1 算术运算符与算术表达式

1. 算术运算符

算术运算符有:

(1)单目运算符:-(取负)、++(增 1)、--(减 1)。

（2）双目运算符：+（加）、-（减）、*（乘）、/（除）、%（取余）。

单目运算符的优先级高于双目运算符的优先级，双目运算符中的*、/、%的优先级高于+、-的优先级。

++（增1）运算可写在变量前或变量后，分别称作前缀运算和后缀运算。如果定义一个变量i，前缀运算记为：++i，后缀运算记为：i++。这样形成了前缀运算表达式++i和后缀运算表达式i++，在C++中，两个表达式都对变量i进行增1运算，这是此两类表达式的副作用。但把两个表达式分别赋给变量a和b时，则a和b取不同的结果（见例1.7）。这说明前缀运算表达式将增1后的值赋给变量a，而后缀运算表达式只将i的没有增1前的值赋给变量b。减1运算有同样类似的结论。

【例1.7】前缀运算、后缀运算表达式的运用。

程序代码如下：

```cpp
//*****ex1_7.cpp*****
#include <iostream>
using namespace std;
void main()
{
    int i=10, a, b, j=i+10, x, y;       //初值可以是包含有值的变量的表达式
    a=++i;
    cout<<"a="<<a<<"\ti="<<i<<endl;      //注意本行语句与下行语句的位置
    b=i++;
    cout<<"b="<<b<<"\ti="<<i<<endl;
    x=--j;
    cout<<"x="<<x<<"\tj="<<j<<endl;
    y=j--;
    cout<<"y="<<y<<"\tj="<<j<<endl;
}
```

程序的运行结果如下：

a=11   i=11
b=11   i=12
x=19   j=19
y=19   j=18

取余运算只能用于两个整型数的运算。功能是求两个整型数相除的余数。用下面的公式：

余数=被除数-商×除数

注意：5%-3=2，而-5%3=-2。

【例1.8】取余运算。

程序代码如下：

```cpp
//*****ex1_8.cpp*****
#include <iostream>
using namespace std;
void main()
{
    int a,b;
    a=5%-3;
    b=-5%3;
    cout<<"a="<<a<<"\tb="<<b<<endl;
}
```

程序的运行结果如下：

a=2   b=-2

2. 算术表达式

算术表达式是把常量、变量、函数用算术运算符连接起来的有意义的式子。所谓有意义是指不能被 0 除等。算术表达式有整型和浮点型两类，由表达式中的常量、变量、函数共同确定。当表达式中这些参数类型不一致时，编译系统会自动转换类型或需要程序编写人员使用强制类型转换手段。

1.7.2 关系运算符与关系表达式

1. 关系运算符

在 C++中，关系运算符有：>（大于）、<（小于）、>=（大于等于）、<=（小于等于）、==（等于）、!=（不等于）。

前四个关系运算符的优先级高于后两个。

关系运算符是双目运算符。一个关系运算符的两边都需要操作数，操作数是算术表达式。

关系运算的结果在 C++中是整型值，关系成立时，结果为 1，否则为 0。在这一点上与其他程序语言不同，其他程序语言的关系表达式值是逻辑值。C++关系表达式的值可以参与整型运算。

关系运算的结合性是从左至右。

2. 关系表达式

关系表达式是由关系运算符把算术表达式连接起来的式子。它在 C++程序中通常用作条件。使用关系表达式应注意两个问题：

（1）关系表达式的值为整型数据。

（2）在数学中，y>0 时，表达式"x+y>x"是永真的。但在用计算机语言判断关系表达式"x+y>x"时，可能会得出不真的结论。这种情况往往出现在 x 和 y 两个数差别很大，一个很大，另一个则小到了语言表达精度以下，以致这个很小的数对相加结果不产生影响。例如：在例 1.9 中，从数学理论上讲，关系表达式"x+y>x"的结果是真值，即程序中变量 z 的值应该是 1，但因为变量 y 的值太小，超出了语言表达精度，变量 y 的值对关系表达式"x+y>x"没有影响，所以变量 z 的值是 0。

【例 1.9】关系表达式的运用。

程序代码如下：

```
//*****ex1_9.cpp*****
#define EPS 1.0E-16
#include <iostream>
using namespace std;
void main()
{
    double x, y;
    bool z;
    x=5.0;
    y=EPS;
    z=x+y>x;
    cout<<"x="<<x<<"\ty="<<y<<"\tz="<<z<<endl;
}
```

程序的运行结果如下:
```
x=5        y=1e-016           z=0
```

1.7.3 逻辑运算符与逻辑表达式

1. 逻辑运算符

在 C++中，逻辑运算符有以下几种：

!: 逻辑求反（又称逻辑非，单目运算符）。

&&: 逻辑与（双目运算符）。

||: 逻辑或（双目运算符）。

逻辑运算符的优先级从高到低依次是: !、&&、||。

逻辑运算符的结合性是从左至右（单目除外）。

2. 逻辑表达式

逻辑表达式是由逻辑运算符与操作数组成的式子。

C++规定：逻辑表达式中非 0 的操作数为真，0 操作数为假。这说明 C++的逻辑运算符的操作数可以是算术表达式、关系表达式、逻辑表达式等。这与其他程序语言不同。

逻辑运算的结果为真时用 1 表示，为假时用 0 表示。逻辑运算结果的类型也是整型或 bool 型。

【例 1.10】逻辑表达式的运用。

程序代码如下：

```cpp
//*****ex1_10.cpp*****
#include <iostream>
using namespace std;
void main()
{
    int a, b, c, d; bool e;
    a=5; b=0;
    c=!b;
    d=a&&b;
    e=a||b;
    cout<<a<<"\t"<<b<<"\t"<<c<<"\t"<<d<<"\t"<<e<<endl;
}
```

程序的运行结果如下：
```
5       0       1       0       1
```

C++在计算连续的逻辑与运算时，若有运算分量的值为 0，则不再计算后继的逻辑与运算分量，并以 0 作为逻辑与算式的结果；在计算连续的逻辑或运算时，若有运算分量的值为 1，则不再计算后继的逻辑或运算分量，并以 1 作为逻辑或算式的结果。也就是说，对于 a && b，仅当 a 为非 0 时，才计算 b；对于 a || b，仅当 a 为 0 时，才计算 b。

例如，有下面的定义语句和逻辑表达式：

```
int a=0,b=10,c=0,d=0;
a&&b&&(c=a+10,d=100)
```

因为 a 为 0，无论 b&&(c=a+10,d=100)值为 1 还是为 0，表达式 a&&b&&(c=a+10,d=100) 值一定为 0。所以，b&&(c=a+10,d=100)部分运算不需要计算。该表达式运算完成后，c 和 d

值都不变，保持原值 0。

1.7.4 位运算符与位运算表达式

位运算是二进制运算。C++有两类位运算符：逻辑位运算符和移位运算符。由位运算符与操作数组成的表达式称为位运算表达式。位运算表达式的值是整型。

1. 逻辑位运算符

逻辑位运算符有：

~：按位求反（单目运算符）。
&：按位与（双目运算符）。
^：按位异或（双目运算符）。
|：按位或（双目运算符）。

逻辑位运算符的优先级从高到低依次是：~、&、^、|（四级）。

按位求反是指将操作数变成二进制数（操作数所占二进制位数与操作数的类型有关），将该二进制数的每位由 1 变 0，由 0 变 1。如对于下面的 32 位二进制数整数：

~[0000 0000 0000 0000 0000 0000 0000 1010]
↓
[1111 1111 1111 1111 1111 1111 1111 0101]

按位与是指将两个操作数均化为二进制数，从低位开始，对应位相与。只有 4 种情况：1 与 1 取 1，1 与 0 取 0，0 与 1 取 0，0 与 0 取 0。例如：

```
 [0000 0000 0000 0000 0000 0000 0000 1010]
&[0000 0000 0000 0000 0000 0000 1111 1101]
 ─────────────────────────────────────────
 [0000 0000 0000 0000 0000 0000 0000 1000]
```

按位异或是指将两个操作数均化为二进制数，从低位开始，对应位相异或。只有 4 种情况：1 异或 1 取 0，1 异或 0 取 1，0 异或 1 取 1，0 异或 0 取 0。即不考虑进位的加法（对应位相同取 0，对应位不同取 1）。例如：

```
 [0000 0000 0000 0000 0000 0000 0000 1010]
^[0000 0000 0000 0000 0000 0000 1111 1101]
 ─────────────────────────────────────────
 [0000 0000 0000 0000 0000 0000 1111 0111]
```

按位或是指将两个操作数均化为二进制数，从低位开始，对应位相或。只有 4 种情况：1 或 1 取 1，1 或 0 取 1，0 或 1 取 1，0 或 0 取 0。例如：

```
 [0000 0000 0000 0000 0000 0000 0000 1010]
|[0000 0000 0000 0000 0000 0000 1111 1101]
 ─────────────────────────────────────────
 [0000 0000 0000 0000 0000 0000 1111 1111]
```

2. 移位运算符

移位运算符有：

\>\>：右移位运算符。

<<：左移位运算符。

它们都是双目运算符，优先级相同，高于逻辑位运算符优先级。移位运算符左边是要移位的操作数，右边是要移位的位数。移位运算表达式写为：

<操作数>>><位数>

或：

<操作数><<<位数>

右移位操作是将操作数化成二进制数，将操作数右移指定位数，移出的二进制位丢弃，左边补 0 或符号位（根据编译决定）。

左移位操作是将操作数化成二进制数，将操作数左移指定位数，移出的二进制位丢弃，右边补 0。

【例 1.11】逻辑位运算和移位运算。

程序代码如下：

```cpp
//*****ex1_11.cpp*****
#include <iostream>
using namespace std;
void main()
{
    int a, b;
    a=13; b=8;
    cout<<"a="<<a<<"\t~a="<<~a<<endl;
    cout<<"\"a&b\"="<<(a&b)<<endl;
    cout<<"\"a^b\"="<<(a^b)<<endl;
    cout<<"\"a|b\"="<<(a|b)<<endl;
    cout<<"\"a>>2\"="<<(a>>2)<<endl;
    cout<<"\"a<<2\"="<<(a<<2)<<endl;
    cout<<"\"b|a>>2\"="<<(b|a>>2)<<endl;
}
```

程序的运行结果如下：

```
a=13      ~a=-14
"a&b"=8
"a^b"=5
"a|b"=13
"a>>2"=3
"a<<2"=52
"b|a>>2"=11
```

1.7.5 赋值运算符与赋值表达式

1. 赋值运算符

赋值运算符有 11 种，均为双目运算符，优先级仅高于逗号运算符，结合性是从右至左。11 种赋值运算符中有 1 个基本赋值运算符，10 个复合赋值运算符，分别为：

（1）=：基本赋值运算符。

（2）+=：加赋值运算符。

（3）-=：减赋值运算符。

（4）*=：乘赋值运算符。

（5）/=：除赋值运算符。
（6）%=：取余赋值运算符。
（7）&=：位与赋值运算符。
（8）^=：位异或赋值运算符。
（9）|=：位或赋值运算符。
（10）<<=：位左移赋值运算符。
（11）>>=：位右移赋值运算符。

2. 赋值表达式

赋值表达式是由赋值运算符与操作数组成的式子。对应11种赋值运算符相应的有11种赋值表达式。

先介绍基本赋值表达式，书写为：

<变量名>=<表达式>

上句在 C++中称赋值表达式。在 C++中允许表达式构成语句，只要在赋值表达式后面加上";"，即：

<变量名>=<表达式>;

赋值表达式执行的结果使赋值表达式本身具有一个值，就是赋值运算符（=）右边表达式的值。还有一个副作用：使赋值运算符（=）左边的变量具有右边表达式的值。前面的所有实例中出现的赋值表达式正是利用这种副作用对变量赋值。可以通过下面的实例理解赋值表达式具有值这一概念。

其他复合赋值运算符组成复合赋值表达式的形式类似基本赋值表达式，表达形式如下：

<变量名>+=<表达式>	等价于	<变量名>=<变量名>+<表达式>
<变量名>-=<表达式>	等价于	<变量名>=<变量名>-<表达式>
<变量名>*=<表达式>	等价于	<变量名>=<变量名>*<表达式>
<变量名>/=<表达式>	等价于	<变量名>=<变量名>/<表达式>
<变量名>%=<表达式>	等价于	<变量名>=<变量名>%<表达式>
<变量名>&=<表达式>	等价于	<变量名>=<变量名>&<表达式>
<变量名>^=<表达式>	等价于	<变量名>=<变量名>^<表达式>
<变量名>|=<表达式>	等价于	<变量名>=<变量名>|<表达式>
<变量名><<=<表达式>	等价于	<变量名>=<变量名><<<表达式>
<变量名>>>=<表达式>	等价于	<变量名>=<变量名>>><表达式>

复合赋值表达式比基本赋值表达式书写简单、编译时生成的目标代码少，因而运行效率高。

使用赋值表达式应注意以下问题：

（1）可以使用赋值表达式连续赋值。例如：

```
int a, b, c;
a=b=c=1;
```

表达式 a=b=c=1 使3个变量均拥有值1。由于赋值运算符的结合性是从右至左，所以变量 c 和表达式 c=1 先拥有值1，然后变量 b 和表达式 b=c=1 拥有值1，最后才是变量 a 和表达式 a=b=c=1 拥有值1。

（2）使用赋值表达式多用来改变变量的值，赋值表达式本身的值用得少。在赋值表达式中，赋值运算符左边的变量称左值，右边的表达式称右值。计算时，先计算右值，再转换其类型为与左值相同的类型，将右值赋给左值，同时赋值表达式具有右值的值。右值类型转换过程是自动完成的，但转换时有数据精度损失。

【例 1.12】 赋值表达式的值及其副作用。

程序代码如下：

```cpp
//*****ex1_12.cpp*****
#include <iostream>
using namespace std;
void main()
{
    int c=1, a, b;
    cout<<"c="<<c<<endl;
    a=b=c=10;
    cout<<"a="<<a<<"\tb="<<b<<"\tc="<<c
        <<"\t\"a=b=c=10\"="<<(a=b=c=10)<<endl;
    cout<<"\"a+=2\"="<<(a+=2)<<endl;
    a+=a;
    cout<<"a="<<a<<endl;
}
```

程序的运行结果如下：

```
c=1
a=10    b=10    c=10    "a=b=c=10"=10
"a+=2"=12
a=24
```

1.7.6 三目运算符与三目条件表达式

在 C++中只有一个三目运算符?:，三目条件表达式格式如下：
<表达式 1>?<表达式 2>:<表达式 3>

先计算<表达式 1>，当<表达式 1>非 0 时，三目条件表达式取<表达式 2>的值，否则取<表达式 3>的值。三目条件表达式的功能可以解释成一个简单的条件语句（参见第 2 章）。

三目运算符 ?: 的结合性是从右至左。

【例 1.13】 三目条件表达式的运用。

程序代码如下：

```cpp
//*****ex1_13.cpp*****
#include <iostream>
using namespace std;
void main()
{
    int a=1,b=2,c=3;
    cout<<"[a<b?a:b] = "<<(a<b?a:b)<<endl;
    cout<<"[a>b?b--:++a] = "<<(a>b?b--:++a)<<endl;
    cout<<"[c+=a>b?++a:++b] = "<<(c+=a>b?++a:++b)<<endl;
    cout<<"[a>b?a:b>c?b:c] = "<<(a>b?a:b>c?b:c)<<endl;
}
```

程序的运行结果如下：

```
[a<b?a:b] = 1
[a>b?b--:++a] = 2
[c+=a>b?++a:++b] = 6
[a>b?a:b>c?b:c] = 6
```

程序中有 4 个 cout 语句，第 1 个 cout 语句输出三目条件表达式的值，显然是 1。

在第 2 个 cout 语句中，三目条件表达式的值取++a 的值，结果是 2。因为 a>b 为 0，b--并没有执行，故 b 的值仍然是 2。第 2 个 cout 语句已修改了变量 a 的值，使 a=2。

在第 3 个 cout 语句中，由于三目运算符的优先级高于赋值运算符，所以先计算三目条件表达式 a>b?++a:++b，由于 a>b 为 0，所以三目条件表达式取++b 的值，结果是 3；再计算赋值表达式 c+=3，结果是 6。此行 cout 语句修改了 b、c 两变量的值，使 b=3、c=6。

在第 4 个 cout 语句中，由于三目运算符是从右结合的，所以先计算 b>c?b:c，结果为 6；再计算 a>b?a:6，结果为 6。

注意：在例 1.13 中，因上一个语句的执行产生的副作用改变了变量的值，所以影响下一个语句的条件判断。例中引入多个三目条件表达式，要注意右结合性。例中还引入了赋值表达式与三目条件表达式的混用，这要注意两种运算符的优先级才能做出正确的判断。这个实例应引起读者的高度注意。

1.7.7 逗号运算符与逗号表达式

逗号在 C++中可以作为分隔符或运算符。

逗号运算符为双目运算符，它的优先级最低，结合性是从左至右。逗号运算符用来连接两个或两个以上的表达式，形成逗号表达式。

计算逗号表达式时，从左至右依次计算各个表达式，逗号表达式的值取最后一个表达式的值。多用在 for 循环语句的 for 关键字后的圆括号内，圆括号内由分号分隔的表达式可以是逗号表达式。

注意例 1.14 中倒数第二行的输出结果。

【例 1.14】逗号表达式的运用。

程序代码如下：

```
//*****ex1_14.cpp*****
#include <iostream>
using namespace std;
void main()
{
    int a=1, b=2, c=3;
    cout<<"a="<<a<<"\tb="<<b<<"\tc="<<c<<endl;
    c=(a=10, b=a*2, b*2);
    cout<<"a="<<a<<"\tb="<<b<<"\tc="<<c<<endl;
    cout<<"[a,b,c,c*3]= "<<(a,b,c,c*3)<<endl;
}
```

程序的运行结果如下：
```
a=1      b=2      c=3
a=10     b=20     c=40
[a,b,c,c*3]= 120
```

1.7.8 指针运算

指针运算实际上是地址运算。指针运算有两个运算符：

&：取地址运算。

*：取内容运算。

它们都是单目运算符,作用于操作数的左边,结合性是从右至左。

运算符&后跟变量名或数组元素,后面不能跟常量、表达式或数组名。功能是取变量的地址。&a、&b 分别表示取变量 a、b 的地址值。

运算符 * 后跟一个地址值(包括地址表达式值),表示取一个地址中存放的数据。

指针运算将在后续章节中详细介绍。

1.7.9 运算符的优先级和结合性

运算符的优先级和结合性是确定表达式计算顺序的重要依据。表 1-3 给出了 C++中常用运算符的功能、优先级和结合性。

表 1-3 常用运算符的功能、优先级和结合性

优先级	类别	运算符	名称	结合性
0		()	圆括号	从左至右
		[ ]	下标	
		.	点	
		->	箭头	
		::	类	
1	单目	!	逻辑非	从右至左
		-	求负值	
		~	按位取反	
		++	增 1	
		--	减 1	
		(<类型>)	强制类型	
		sizeof	占内存大小	
		*	取内容	
		&	取地址	
2	算术	*	乘	从左至右
		/	除	
		%	取余	
3		+	加	
		-	减	
4	移位	<<	左移	从左至右
		>>	右移	
5	关系	>	大于	从左至右
		>=	大于等于	
		<	小于	
		<=	小于等于	
6		==	等于	
		!=	不等于	
7	逻辑位	&	按位与	从左至右
8		^	按位异或	
9		|	按位或	

续表

优先级	类别	运算符	名称	结合性
10	逻辑	&&	逻辑与	从左至右
11		||	逻辑或	
12	三目	?:	条件	从右至左
13	赋值	=、+=、-=、*=、/=、%=、&=、^=、|=、<<=、>>=	赋值	从右至左
14	逗号	,	逗号	从左至右

表中绝大部分运算符已作过介绍，其他未作介绍的还有优先级定为 0 级（最高级）的 5 个运算符和 2 个单目运算符（强制类型运算符和 sizeof 运算符）。下面分别予以介绍。

（1）()：圆括号，用于改变优先级，圆括号内的部分首先计算。

（2）[]：数组元素的下标运算符或数组大小定义运算符，其内的部分首先计算。

（3）．和->：用于结构体、共用体变量。

（4）sizeof：计算一个数据类型或一个表达式占用内存的字节数。例如：

sizeof(int) 或 sizeof(<表达式>)

（5）强制类型：作用于表达式，使表达式的类型强制性转换为指定类型。例如：

(int)(a+b+1.234567)

C++的优先级和结合性比较复杂，通过下面的总结，可以记住：

除最高级和最低级外，其他运算符的优先级是"一二三赋值"。

最高级是圆括号、下标、点、箭头；最低级是逗号。"一二三赋值"分别指单目、双目、三目、赋值运算符，它们的优先级也是按此顺序。这样分出了 6 大类优先级。在双目运算符中，有 10 级，顺序是：算术（除求负值运算外分 2 级）、移位、关系（分 2 级）、逻辑位（除按位取反运算外分 3 级）、逻辑（除逻辑非运算外分 2 级）。

单目、三目、赋值运算符的结合性是从右至左，其他运算符的结合性是从左至右。

【例 1.15】运算符的优先级和结合性。

程序代码如下：

```
//*****ex1_15.cpp*****
#include <iostream>
using namespace std;
void main()
{
    int x,y,z;
    x=!-5+31>>2;
    y=x---(-1);
    cout<<"x="<<x<<"\ty="<<y<<endl;
    z=x<y?x<--y?x:y:x*y;
    cout<<"sizeof(int)="<<sizeof(int)
        <<"\tsizeof(z)="<<sizeof(z)<<endl;
    cout<<"x="<<x<<"\ty="<<y<<"\tz="<<z<<endl;
}
```

程序的运行结果如下：

```
x=6        y=8
sizeof(int)=4    sizeof(z)=4
x=6        y=7        z=6
```

在例 1.15 中，语句 x=!-5+31>>2;的计算顺序是：第一步先计算单目运算，单目运算有两个：! 和-，按从右至左的结合性，先计算-5，再计算 !(-5)，结果为 0；第二步计算算术运算 0+31；第三步计算右移运算，结果为 7，即 x=7。

语句 y=x---(-1);中间有三个---，前两个是减 1 单目运算，后一个是算术减运算。计算顺序是：第一步计算 x--，使 x=6，这是减 1 表达式的副作用，并不计算在 y=x---(-1);语句中，所以语句 y=x---(-1);变为 y=7-(-1)，结果使 y=8。这时要注意 x 的值因为副作用发生了变化，即 x=6。所以在第一条 cout 语句输出时 x=6、y=8。

语句 z=x<y?x<--y?x:y:x*y;中有单目运算，先计算之，--y 的结果为 7，故语句变成 z=x<y?x<7?x:y:x*y;，语句中有两个三目表达式，三目表达式中的"?"和":"分别相当于前圆括号"("和后圆括号")"，成对出现。按从右至左的结合性，先找最右边的"?"，再找与之最近匹配的":"，得其表达式为：x<7?x:y，结果取 x 的值 6。从而整个语句变成 z=x<y?6:x*y;，所以 z=6。在这条语句中，x 的值没改变，y 的值变为 7，故在第三条 cout 语句输出时 x=6、y=7、z=6。

1.7.10 类型转换

C++的数据类型转换灵活，表现在它的许多数据类型之间具有自动（隐含）转换功能，当然也可以使用强制类型转换功能。

（1）隐含自动转换，从低类型向高类型转换

char 型和 short 型自动转换为 int 型；unsigned char 型和 unsigned short 型自动转换为 unsigned 型；float 型自动转换为 double 型。

（2）在各类数值型数据进行混合运算时，系统自动将参与运算的各类数据类型转换为它们之间数据类型最高的类型。在 C++中，数据类型从低到高的类型顺序为：

int (short,char)→unsigned(unsigned short,unsigned char)→long→double(float)

（3）在赋值表达式中，系统自动将赋值运算符右边的表达式的数据类型转换为左边变量的类型。在这种转换中，从低类型向高类型的转换是保值的，从高类型向低类型的转换是不保值的（即转换有数据精度损失）。

（4）强制转换格式是：

(<数据类型说明符>)<表达式>

使表达式的类型强制转换成<数据类型说明符>说明的数据类型。强制转换可能是不保值的。强制转换是一次性的，例如：

```
int x=1,y=2,z=3;
cout<<sizeof((double)(x*y*z));
```

第二行语句中，表达式强制为 double 型，下次再出现表达式 x*y*z 时，又是整型。

【例 1.16】类型转换。

程序代码如下：
```
//*****ex1_16.cpp*****
#include <iostream>
using namespace std;
void main()
```

```
{
    int x=1,y=2,z=3;
    double x1=1.234567;
    double y1;
    cout<<"混合表达式占用字节数:"<<sizeof(x+y+z+x1)<<endl;
    cout<<"赋值表达式占用字节数:"<<sizeof(y1=x+y+z+'A')<<endl;
    cout<<"强制成 int 型占用字节数:"<<sizeof((int)(x1*2))<<endl;
    cout<<"x1*2= "<<x1*2<<endl;
    cout<<"sizeof(x1*2)="<<sizeof(x1*2)<<endl;
    cout<<"强制成 int 型后,x1*2="<<(int)(x1*2)<<endl;
}
```

程序的运行结果如下：
混合表达式占用字节数：8
赋值表达式占用字节数：8
强制成 int 型占用字节数：4
x1*2=2.46913
sizeof(x1*2)=8
强制成 int 型后,x1*2=2

习题 1

一、选择题

1. 以下叙述中正确的是（　　）。
   A．在对一个 C++程序进行编译的过程中，可发现注释中的拼写错误
   B．在 C++程序中，main 函数必须位于程序的最前面
   C．C++语言本身没有输入/输出语句
   D．C++程序的每行中只能写一条语句

2. 用 C++语言编写的代码程序（　　）。
   A．可立即执行   B．经过编译链接才能执行
   C．经过编译即可执行   D．经过编译解释才能执行

3. 以下选项中属于 C++语言基本数据类型的是（　　）。
   A．结构   B．指针   C．双精度型   D．自定义

4. 以下叙述中不正确的是（　　）。
   A．在 C++程序中，逗号运算符的优先级最低
   B．在 C++程序中，count 和 Count 是两个不同的变量
   C．在定义变量时，必须给变量赋初值
   D．表达式 1/3+1/3+1/3 的结果为 0

5. 下列关于 C++语言用户标识符的叙述中，正确的是（　　）。
   A．用户标识符中可以出现下划线和减号
   B．在 C++程序中，可定义 for 为用户标识符，但不能定义 define 为用户标识符
   C．用户标识符中可以出现下划线，但不能放在用户标识符的开头
   D．用户标识符中可以出现数字，但不能放在用户标识符的开头

6. 在 main()函数中定义变量 XYZ，则变量 XYZ 的作用域是（　　）。
   A．整个程序   B．main()函数   C．所在文件   D．main()函数及被调函数

7. 在函数外定义外部变量 XYZ，则变量 XYZ 的作用域是（　　）。
   A．整个程序　　　　B．main()函数　　　C．所在文件　　　　D．main()函数及被调函数
8. 外部静态存储类变量 XYZ 的作用域是（　　）。
   A．整个程序　　　　B．main()函数　　　C．所在文件　　　　D．main()函数及被调函数
9. 外部静态存储类变量 XYZ 的生存期是（　　）。
   A．程序执行期　　　　　　　　　　　　　B．main()函数执行期
   C．使用 XYZ 时　　　　　　　　　　　　D．不确定
10. 任何一种程序设计语言的任何一种基本数据类型都有数据表示范围和有效位数的限制，VC++6.0 中 double 类型有效位数是（　　），请用程序测试出来。
    A．1　　　　　　　B．16　　　　　　　C．308　　　　　　　D．7
11. 变量 a 是整型，f 是实型，i 是双精度型，则表达式 10+'a'+i*f 值的数据类型为（　　）。
    A．int　　　　　　B．float　　　　　　C．double　　　　　　D．不确定
12. 以下选项中，与 k=n++ 完全等价的表达式是（　　）。
    A．k=n,n=n+1　　B．n=n+1,k=n　　　C．k=++n　　　　　　D．k+=n+1
13. 设变量 n 为 float 类型，m 为 int 类型，则以下能实现将 n 中的数值保留小数点后两位，第 3 位进行四舍五入运算的表达式是（　　）。
    A．n=(n*100+0.5)/100.0　　　　　　　　B．m=n*100+0.5,n=m/100.0
    C．n=n*100+0.5/100.0　　　　　　　　D．n=(n/100+0.5)*100.0
14. 表达式(1,2,3,4)的结果是（　　）。
    A．1　　　　　　　B．2　　　　　　　C．3　　　　　　　D．4
15. 赋值表达式 "a=++a;" 的执行结果使变量 a 的值变为（　　）。
    A．1　　　　　　　B．a　　　　　　　C．不确定　　　　　　D．0

二、填空题

1. C++程序中的变量包括字母、数字、下划线，_____不能作为变量的开头。
2. 如果一个应用程序中只有一个函数，则这个函数的名称是_____。
3. C++程序的语句结束符是_____。
4. C++源程序文件的扩展名是_____；编译后生成目标程序文件，扩展名是_____；连接后生成可执行程序文件，扩展名是_____。
5. C++中的数据有常量和变量之分。用一个标识符代表一个常量，称为_____常量。对变量必须做到先_____，后使用。
6. 设有定义：
       int n=10;
   则 n++ 的结果是_____，n 的结果是_____。
7. 表达式 18/4*sqrt(4.0)/8 的值的数据类型是_____，其值是_____。
8. 执行下列语句后，a 的值是_____。
       int a=12;
       a+=a-=a*a;
9. 设有定义：
       int x,y;
   则执行 y=(x=1,++x,x+2); 语句后，y 的值是_____。
10. 与 m%n 等价的 C++表达式为_____。
11. 若 a、b 和 c 均是 int 型变量，则计算表达式 a=(b=4)+(c=2)后，a 的值为_____，b 的值为_____，c 的值为_____。

12. 若有定义：
     char c='\010';
则变量 c 中包含的字符个数为_____个。

三、问答题

1. 计算机程序设计语言模型与人类自然语言模型有何区别？
2. 简述 C++程序的结构特征。
3. Visual C++环境下的工程项目文件主要包含哪些文件？
4. 为什么要在程序中加注释？怎样在程序中加注释？加入注释对程序的编译和运行有没有影响？
5. C++语言中设置符号常量有何意义？符号常量和变量有何区别？
6. 字符常量和字符串常量有何区别？
7. 指出下列串中的合法常量并说明其类型。
     1.0   1.1E2   1L   '111'   65536
8. 指出下列串中哪些是合法的标识符？哪些不是？为什么？
     int   new   abc   a+b   0_abc   1xyz   a_0   Hello   !A   aaaaa   _a   d$a
9. 下列变量的定义是否合法？为什么？
     （1）int a,b,c;   （2）float a,b;double b;   （3）char a;b;c;
     （4）unsigned i,j,k   （5）char a=1.2;   （6）double h=1.2*5.0;
10. 下列串是不是 C++表达式？为什么？
     a>b>c   a++   a=a+1   100==1+99
     (a+b,a+c,a,b,c)   a=b=c=1   +++a   a||b
     a>>1   c+=a>b?++a:++b   sizeof(int)   x2+1
11. 指出下列语句中变量 a 和 b 的值。
     （1） i=1;a=++i;   （2）i=1;b=i--;
12. 求表达式的值。
     （1）设 a=5，b=-3，求 a%b 的值。
     （2）设 a=-5，b=3，求 a%b 的值。
     （3）设 a=1，b=2，c=3，分别求表达式 c+=a>b?++a:++b、a<<2、c=(a=10, b=a*2, b*2)、~b、b|c 的值。
13. 设有定义 int a=3,b=4,c=5;，求下列表达式的值。在表达式运行后，a、b、c 的值分别是多少？
     （1）a%b+b/a   （2）a/b+c++
     （3）-b++-c   （4）(a,b,c),a++,--c

第 2 章　程序控制结构

通过本章的学习，掌握 3 种基本程序结构，掌握各种流程控制语句的执行流程及基本用法，熟悉各种流程控制语句的嵌套使用，学会使用流程控制语句设计基本的应用程序。

- 常用的格式控制符
- 选择结构
- 循环结构
- 各种流程控制语句的嵌套使用

在程序设计语言中，程序控制结构用于指明程序的执行流程。C++支持结构化程序设计，这种程序设计方法使程序结构清晰、可读性好、程序质量高。结构化程序由三种基本结构组成，即顺序结构、选择结构和循环结构。每种基本结构可以包含一条或多条语句。本章主要介绍 C++语言中的 3 种流程控制结构及所使用的语句，包括 if 语句、while 语句、do…while 语句、for 语句、break 语句及 continue 语句等。

2.1　顺序结构

顺序结构是 C++程序中执行流程的默认结构。在一个没有选择结构和循环结构的程序中，程序是按照语句书写的先后顺序依次执行的。图 2-1 是一个顺序结构的流程图，它有一个入口、一个出口，依次执行语句 1 和语句 2。实现程序顺序结构的语句有定义语句、表达式语句、复合语句和空语句，标准输入输出流视为表达式语句。

图 2-1　顺序结构流程图

2.1.1　定义语句

定义语句又称为说明语句。在 C++程序中，一个标识符（变量名、常量名、函数名、对象名等）在使用之前必须先定义，通知编译器为其分配存储空间，或告诉编译器它的存在及其特征。

例如：

```
int x=1,y=2;              //在说明整型变量 x，y 时，分别给它们赋初值 1 和 2
const double PI=3.14159;  //说明 PI 是一个双精度型的 const 常量，其值为 3.14159
float score[30][3];       //定义一个二维数组
```

2.1.2 表达式语句

C++中所有对数据的操作和处理工作都是通过表达式语句来完成的。表达式语句由表达式加分号构成，其语法格式为：

<表达式>;

使用表达式语句可以进行的操作通常包括赋值操作，复合赋值操作，增量、减量操作，函数调用操作和输入/输出操作。

例如：

```
s=x+y;              //计算 x+y 的值，将结果赋给 s 变量
m=n=t;              //先将 t 的值赋给 n，再将 n 的值赋给 m
a=10,b=20;          //将 a，b 分别赋值为 10，20
z*=w;               //将 z*w 的值赋给 z
n++;                //将 n 增 1
--m;                //将 m 减 1
abs(x);             //调用函数 abs 求整数的绝对值
cin>>x>>y;          //输入数据到 x，y
cout<<x+y;          //输出 x+y 的值
```

2.1.3 复合语句

复合语句又称为块语句，它是用一对花括号将若干条语句括起来而组成的一条语句，其语法格式为：

```
{
    <语句 1>
    <语句 2>
    …
    <语句 n>
}
```

其中，<语句 i>（i=1，2，…，n）可以是定义语句、表达式语句、选择语句、循环语句或跳转语句等任何合法的 C++语句，当然也可以是一条复合语句。

当程序中某个位置在语法上只允许出现一条语句，而实际上要执行多条语句才能完成某个操作时，需要使用复合语句将多条语句组合为意义完整的一条语句。在选择结构和循环结构中经常使用复合语句。

2.1.4 空语句

空语句是一个只由分号组成的语句，其语法格式为：

;

当程序中某个位置在语法上需要一条语句，而在语义上又不要求执行任何操作时，可在此处使用一条空语句。

2.1.5 基本输入输出

数据的输入/输出是应用程序不可缺少的功能。没有输出，程序也就没有意义。在 C 语言中数据的输入/输出是通过调用函数实现的，主要有 scanf()、printf()、getchar()、putchar()等。C++程序的输入/输出操作是通过标准库中的输入/输出流对象来完成的。

在 C++中，将数据从一个对象到另一个对象的流动抽象为"流"。在 iostream 库中包含一个标准输入流对象 cin 和一个标准输出流对象 cout，分别用来实现从键盘读取数据以及将数据在屏幕上输出。

要使用 cin 和 cout，需要在 C++程序开头加上如下包含命令：
```
#include <iostream>           //新标准中的头文件名
using namespace std;          //引入 std 名字空间中的标识符
```

1. 标准输入流 cin

cin 负责从键盘读取数据，使用提取运算符">>"可以将键盘输入的数据读入到变量中。语法格式为：

cin>>变量 1>>变量 2>>…>>变量 n;

这是一条表达式语句。这些变量可以是任意数据类型，输入时各个数据之间用空格键、Tab 键或 Enter 键分隔。例如：

int x,y;

cin>>x>>y;

当从键盘上输入：5　8✓时，上述语句将从输入流中获取 5，赋值给变量 x；再获取 8，赋值给变量 y。

2. 标准输出流 cout

cout 负责将数据输出到屏幕上，使用插入运算符"<<"可以将数据显示在屏幕上当前光标所在的位置。语法格式为：

cout<<表达式 1<<表达式 2<<…<<表达式 n;

这是一条表达式语句。这些表达式可以是任意类型的，数据输出的格式由系统自动决定。

还可以使用格式控制符控制数据的输出格式，如设置数制、数据宽度、填充字符、精度、指数格式等，如表 2-1 所示。若要使用 setw()、setfill()、setprecision()、setiosflags(ios::fixed) 和 setiosflags(ios::scientific)，则在程序开头应写入包含命令：# include <iomanip>。

表 2-1　常用格式控制符

格式控制符	说明	示例	
		语句	结果
endl	输出换行符	cout<<123<<endl<<456;	123 456
dec	整数按十进制输出	cout<<dec<<18;	18
hex	整数按十六进制输出	cout<<hex<<18;	12
oct	整数按八进制输出	cout<<oct<<18;	22
setw(int n)	设置数据输出的宽度	cout<<'a'<<setw(3)<<'b';	a　b（中间有 2 个空格）
setfill(char c)	设置填充字符	cout<<setfill('#')<<setw(6)<<123;	###123
setprecision(int n)	设置浮点数的精度（有效数字位数或小数位数）	cout<<setprecision(5)<<63.3156;	63.316
setiosflags(ios::fixed)	定点格式输出	cout<<setiosflags(ios::fixed)<<32.1456789;	32.145679
setiosflags(ios::scientific)	指数格式输出	cout<<setiosflags(ios::scientific)<<72.3456789;	7.234568e+001

说明：在初始状态下，浮点数都按浮点格式输出，输出精度的含义是有效位的个数，小数点的相对位置随着数据的不同而浮动；可以改变设置，使浮点数按定点格式或指数格式输出。在这种情况下，输出精度的含义是小数位数，小数点的相对位置固定不变，必要时进行舍入处理或添加无效 0。

【例 2.1】cout 应用示例。

程序代码如下：

```cpp
//*****ex2_1.cpp*****
#include <iostream>
using namespace std;
int main()
{
    int x=12,y=83;
    double pai_1=3.14159265;
    float pai_2=3.141f;
    char ch1='a',ch2='b';
    bool ok=true;
    cout<<"x="<<x<<endl;
    cout<<"y="<<y<<endl;
    cout<<"pai_1="<<pai_1<<",pai_2="<<pai_2<<endl;
    cout<<"ch1="<<ch1<<",ch2="<<ch2<<endl;
    cout<<"ok="<<ok<<endl;
    cout<<"!ok="<<!ok<<endl;
    return 0;
}
```

程序的运行结果如下：

```
x=12
y=83
pai_1=3.14159,pai_2=3.141
ch1=a,ch2=b
ok=1
!ok=0
```

说明：

（1）整型变量 x、y 的值均是按原样输出，这是因为系统规定默认的输出整型数的域宽为 0，域宽小于输出数据项的位数，故应按该数据项的实际位数输出。

（2）双精度实型 pai_1 的输出值按系统规定在默认情况下显示 6 位有效数字，因此 pai_1 的原始初值 3.14159265 在输出时经四舍五入成为 3.14159，但在程序中 pai_1 仍保留 9 位有效数字。单精度实型 pai_2 的输出值按原始赋值 3.141 输出。

（3）字符变量 ch1、ch2 的输出值为 a、b。在输出字符值时，单引号对不输出。

（4）逻辑变量 ok 的值为 true，逻辑表达式!ok 的值为 false，在输出时分别为 1 和 0。

【例 2.2】使用格式控制符输出数据。

程序代码如下：

```cpp
//*****ex2_2.cpp*****
#include <iostream>
#include <iomanip>
```

```cpp
using namespace std;
int main()
{
    int a=35;
    double b=21.3456789;
    cout<<"1234567890123"<<endl;
    cout<<dec<<a<<' '<<hex<<a<<' '<<oct<<a<<endl;
    cout<<b<<endl;
    cout<<setprecision(4)<<b<<endl;
    cout<<setw(10)<<b<<endl;
    cout<<setw(10)<<setfill('*')<<b<<endl;
    cout<<setiosflags(ios::scientific)<<b<<endl;
    cout<<setprecision(3)<<b<<endl;
    cout<<setprecision(2)<<b<<endl;
    return 0;
}
```

程序的运行结果如下：

```
1234567890123
35 23 43
21.3457
21.35
     21.35
*****21.35
2.1346e+001
2.135e+001
2.13e+001
```

说明：

（1）当使用 cout 输出浮点数时，默认格式为十进制形式、6 个有效位，但单独使用 setprecision(int n) 可以控制显示浮点数的数字个数。使用 setiosflags(ios::scientific) 和 setprecision(int n) 可以设置浮点数以指数形式输出，这时 setprecision(int n) 用于设置小数位数，而不是有效位数。

（2）除了 setw(int n) 控制符外，其他控制符一旦设置就一直有效，直到重新设置才改变。而 setw(int n) 则仅仅是对其后输出的第一个数据有效，对其他数据没有影响。

（3）setw(int n) 的默认情式为 setw(0)，即按实际输出。如果数据占用的宽度超过设置的宽度，则按实际宽度输出，不会损失数据的精度。如果数据的实际宽度小于设置的宽度，系统自动在数据前填充空格。用控制符 setfill (char c) 可以设置非空格的其他填充字符。第 10 章将对输入输出流进行深入介绍。

2.2 选择结构

在顺序结构中，程序只能机械地从头运行到尾，要想使计算机变得更"智能"，就需要应用选择结构。所谓选择结构，就是按照给定条件有选择地执行程序中的语句。在 C++语言中，提供了两种实现程序选择结构的语句：if 语句和 switch 语句。

2.2.1 if 语句

if 语句又称为条件语句,有多种形式:单分支、双分支、多分支等。

1. if 语句(单分支)

语法格式:
if(表达式)
　　语句
其中:
(1)表达式是任意的数值、字符、关系或逻辑表达式,它表示条件,以 true(非 0)表示真,false(0)表示假。表达式必须用圆括号括起来。
(2)语句称为 if 语句的内嵌语句,可以是单条语句,也可以是复合语句。

执行顺序是:首先计算表达式的值,若表达式的值为 true 或非 0,则执行内嵌语句,否则不做任何操作。If 语句的流程图如图 2-2 所示。

【例 2.3】输入两个整数 a 和 b,按从小到大的顺序输出这两个数。

分析:若 a>b,则将 a、b 交换,否则不交换。两个数据相互交换是程序设计的一项基本方法,可采用借助于第三个变量间接交换的方法,如图 2-3 所示。先将 a 中的原始值放入 t 中保存起来,然后将 b 的值赋给 a,最后将 t 中保存的 a 的原始值赋给 b,这样就实现了 a 和 b 中数据的交换。

图 2-2　单分支 if 语句流程图

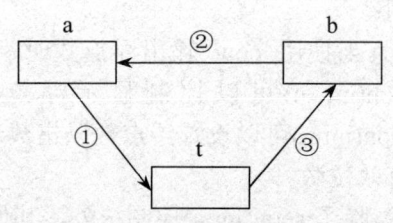

图 2-3　两数交换过程

程序代码如下:
```
//*****ex2_3.cpp*****
#include <iostream>
using namespace std;
int main()
{
    int a,b,t;
    cout<<"请输入两个整数 a,b:"<<endl;
    cin>>a>>b;
    if(a>b)
    {t=a;a=b;b=t;}                //a 与 b 交换
    cout<<a<<'<'<<b<<endl;
```

        return 0;
}
程序的运行结果如下：
请输入两个整数 a,b:
85 40
40<85

思考：若将程序中的 if(a>b) {t=a;a=b;b=t;} 语句改成 if(a>b) {a=a+b;b=a-b;a=a-b;}或者 if(a>b) {a=a^b;b=a^b;a=a^b;}，并去掉对变量 t 的定义，则程序的运行结果会有变化吗？

2. if…else 语句（双分支）

语法格式：
if(表达式)
    语句 1
else
    语句 2

执行顺序是：首先计算表达式的值，若表达式的值为 true 或非 0，则执行语句 1，否则执行语句 2。if…else 语句的流程图如图 2-4 所示。

图 2-4 双分支 if…else 语句流程图

【例 2.4】输入一个年份 year，判断是否为闰年。

分析：闰年的条件为：① 能被 4 整除但不能被 100 整除；② 能被 400 整除。
用逻辑表达式表示为
    (year%4==0 && year%100 !=0)||(year%400==0)
程序代码如下：
```
//*****ex2_4.cpp*****
#include <iostream>
using namespace std;
int main()
{
    int year;
    cout<<"请输入年份:";
    cin>>year;
    if((year%4==0 && year%100 !=0)||(year%400==0))
        cout<<year<<"年是闰年"<<endl;
```

```
        else
            cout<<year<<"年不是闰年"<<endl;
    return 0;
}
```
程序的运行结果如下：
请输入年份：2004
2004 年是闰年

3. if…else if 语句（多分支）

双分支结构只能根据条件的 true 和 false 决定处理两个分支中的一支。当实际处理的问题有多种条件时，就要用到多分支结构。

语法格式：
```
if(表达式 1)
    语句 1
else if(表达式 2)
    语句 2
        …
else if (表达式 n)
    语句 n
else
    语句 n+1
```

执行顺序是：首先计算表达式 1 的值，若其值为 true 或非 0，则执行语句 1；否则，继续计算表达式 2 的值，若其值为 true 或非 0，则执行语句 2；依此类推，若所有表达式的值都为 false，则执行语句 n+1，如图 2-5 所示。

图 2-5　多分支 if…else if 语句流程图

注意：
（1）不管有几个分支，程序执行了一个分支以后，其余分支不再执行。
（2）当多分支中有多个表达式同时满足条件，则只执行第一条与之匹配的语句。
（3）else if 不能写成 elseif，也就是 else 与 if 之间要有空格。

【例 2.5】 根据 x 的值，计算分段函数 y 的值。y 的计算公式如下：

$$y = \begin{cases} |x| & (x<0) \\ e^x \cos x & (0 \leq x < 15) \\ x^5 & (15 \leq x < 30) \\ (7+9x)\ln x & (x \geq 30) \end{cases}$$

程序代码如下：
```cpp
//*****ex2_5.cpp*****
#include <iostream>
#include <cmath>                    //数学函数在头文件<cmath>中被声明
using namespace std;
int main()
{
    double x,y;
    cout<<"请输入 x: ";
    cin>>x;
    if(x<0)
        y=fabs(x);                  //fabs(x)计算实数 x 的绝对值
    else if(x<15)
        y=exp(x)*cos(x);            //exp(x)计算 x 的指数函数
    else if(x<30)
        y=pow(x,5);                 //pow(x,5)计算 x 的 5 次幂
    else
        y=(7+9*x)*log(x);           //log(x)计算 x 的自然对数 lnx
    cout<<"y="<<y<<endl;
    return 0;
}
```

程序四次运行的结果如下：
请输入 x: -5
y=5
请输入 x: 10
y=-18481.8
请输入 x: 27
y=1.43489e+007
请输入 x: 38
y=1269.52

4. if 语句的嵌套形式

如果 if 或 else 后面的内嵌语句本身又是一个 if 语句，则称这种形式为 if 语句的嵌套形式。
例如：
```
if(表达式 1)
    if(表达式 2)   语句 1
    else    语句 2
else
    if(表达式 3)   语句 3
    else    语句 4
```
注意：

（1）在 if 语句的嵌套形式中，为了增强程序的可读性，建议采用锯齿型的书写形式。

（2）对于嵌套的 if 语句，因为 else 是可选的，为避免歧义，在 C++语言中规定 else 始终与同一层中前面最接近它的 if 语句配对，而这个 if 语句又没有其他的 else 与之匹配。

（3）if 要与 else 配对，如果省略某一个 else，便要用{}括起该层的 if 语句来确定层次关系。

例如，下面的程序段：
```
if(x>0)
    if(y>0)
        cout<<"x 与 y 均大于 0";
    else
        cout<<"x 大于 0，y 小于等于 0";
```

这里的 else 与 if(y>0)对应；若要使 else 与 if(x>0)对应，则应该增加花括号来改变逻辑关系：
```
if(x>0)
    {
    if(y>0)
        cout<<"x 与 y 均大于 0";
    }
else
    cout<<"x 小于等于 0，y 任意值";
```

【例 2.6】从键盘上输入两个字符，比较其大小，输出大于、等于和小于的判断结果。

程序代码如下：
```
//*****ex2_6.cpp*****
#include <iostream>
using namespace std;
int main()
{
    char ch1,ch2;
    cout<<"请输入两个字符：";
    cin>>ch1>>ch2;
    if(ch1!=ch2)
        if(ch1>ch2)
            cout<<ch1<<"大于"<<ch2<<endl;
        else
            cout<<ch1<<"小于"<<ch2<<endl;
    else
        cout<<ch1<<"等于"<<ch2<<endl;
    return 0;
}
```

程序三次运行的结果如下：
请输入两个字符：h d
h 大于 d
请输入两个字符：X Y
X 小于 Y
请输入两个字符：& &
&等于&

2.2.2 switch 语句

虽然用 if…else if 语句可以实现多分支选择，但当分支较多时，程序结构将会过于复杂，可读性降低。C++语言还提供了另外一种专门用于描述多分支选择结构的 switch 语句，又称为开关语句。

语法格式：
```
switch(表达式)
{
    case 常量表达式 1:语句 1
    case 常量表达式 2:语句 2
            …
    case 常量表达式 n:语句 n
    [default:语句序列 n+1]
}
```

执行顺序是：首先计算 switch 语句中表达式的值；然后在 case 子句中寻找值相等的常量表达式，并以此为入口标号，由此开始顺序执行；如果没有找到相等的常量表达式，则当带有 default 子句时，就执行该子句后的语句，否则不执行任何操作。其流程如图 2-6 所示。

图 2-6 switch 语句执行流程

当使用 switch 语句时,应注意以下几点:
(1) switch 后的表达式可以是整型、字符型或枚举型,case 后的常量表达式必须与之匹配,且各常量表达式的值不能相同。
(2) 每个 case 分支可以有多条语句,但不必用{}括起来。
(3) 每个 case 子句只是一个入口标号,并不能确定执行的终止点,因此每个 case 分支的最后应该加上 break 语句,用来结束整个 switch 结构,否则会从入口点开始一直执行到 switch 结构的终止点。
(4) 当若干分支需要执行相同的操作时,可以使多个 case 分支共用一组语句。

【例 2.7】 将输入的百分制成绩按以下规定转换成相应的等级。

成 绩	等 级
100~90	优 秀
89~80	良 好
79~70	中 等
69~60	及 格
59~0	不及格

分析:题目要求根据成绩的不同取值进行不同的等级输出,这和 switch 的语义是吻合的。由于 case 后必须为常量表达式,不能为关系或者逻辑表达式,即不可有如下形式:

```
switch(int(score))
{ case score>=90 && score<=100: cout<<score<<"分:优秀"<<endl;break;
…
}                          //score 为 float 的变量
```

在用 switch 结构实现多路分支选择结构时,其关键是设计一个合适的"表达式"。因为成绩的不同取值不是离散的常数,而是几个连续的取值范围,故将成绩(int(score))除以 10,即用舍入取整法就可以得到以下对应的列表:

成 绩	int(score)/10
100~90	10 或者 9
89~80	8
79~70	7
69~60	6
59~0	其他

经过这样的处理后,连续的取值范围就变成了互不相同的离散常量,可以用 switch 语句实现。"case 10:"和"case 9:"共用同一组语句,所以"case 10:"后面的语句可以省略。
程序代码如下:

```
//******ex2_7.cpp*****
#include <iostream>
using namespace std;
int main()
{
    float score;
    cout<<"请输入成绩:";
    cin>>score;
    if(score>=0 && score<=100)
        switch(int(score)/10)
        {
```

```
            case 10:
            case 9:cout<<score<<"分：优秀"<<endl;
                break;
            case 8:cout<<score<<"分：良好"<<endl;
                break;
            case 7:cout<<score<<"分：中等"<<endl;
                break;
            case 6:cout<<score<<"分：及格"<<endl;
                break;
            default:cout<<score<<"分：不及格"<<endl;
        }
    else
        cout<<"输入数据有误!"<<endl;
    return 0;
}
```
程序三次运行的结果如下：
请输入成绩：98
98 分：优秀
请输入成绩：75
75 分：中等
请输入成绩：55
55 分：不及格

思考：若省去程序中的所有 break 语句，该程序运行情况会怎样？

switch 语句在处理整型、字符型或枚举型单表达式多分支的选择时优势是很明显的。但当涉及多个表达式或表达式为其他数据类型或表达式的取值不能转换为离散的、确定的常量值时，switch 语句就显得力不从心了。相比较而言，if 语句的适用性更广泛一些。

2.3 循环结构

在程序设计中经常需要进行一些重复操作，例如：统计一个班学生的平均成绩、进行迭代求根、计算累加和等，这时就需要用到循环结构。所谓循环结构，就是按照给定规则重复地执行程序中的语句。实现程序循环结构的语句称为循环语句。C++中提供了 3 种循环语句：while 语句、do…while 语句和 for 语句。

2.3.1 while 语句

while 语句用于实现当型循环结构，其特点是：先判断，后执行。
语法格式：
while(表达式)
    语句
其中：
（1）表达式称为循环条件，可以是任何合法的表达式，其值为 true（非 0）、false（0），它用于控制循环是否继续进行。
（2）语句称为循环体，它是要被重复执行的代码行，可以是单条语句，也可以是复合语句。

执行顺序是:首先判断表达式的值,若为 true(非 0),则执行循环体(语句),继而再判断表达式,直至表达式的值为 false(0)时退出循环,如图 2-7 所示。

【例 2.8】求自然数 1~100 之和,即计算 sum=1+2+3+…+100。

分析:这是一个累加求和的问题,循环结构的算法是,定义两个 int 变量,i 表示加数,其初值为 1;sum 表示和,其初值为 0。首先将 sum 和 i 相加,然后 i 增 1,再与 sum 相加并存入 sum,直到 i 大于 100 为止。

程序代码如下:
```
//*****ex2_8.cpp*****
#include <iostream>
using namespace std;
int main()
{
    int i(1),sum(0);            //i 是循环控制变量,在进入循环之前它应有初值
    while(i<=100)               //当 i 小于等于 100 时执行循环体,大于 100 时结束循环
    {
        sum+=i;
        ++i;                    //在循环体中,修改循环控制变量 i 的值
    }
    cout<<"sum="<<sum<<endl;
    return 0;
}
```

图 2-7 while 语句流程图

程序的运行结果如下:
sum=5050

思考:若循环体中不用复合语句(即去掉花括号),程序是否正确?会发生什么情况?由此能够得出什么结论?

当应用 while 语句时,要注意以下几点:

(1)while 后的"条件表达式"一定要用一对圆括号"()"括起来。

(2)如果循环体中的语句多于一条时,应该用花括号"{}"括起来,即以复合语句形式出现。因为 while 语句的作用范围只能是 while 后面的第 1 条语句。

(3)在循环体中应该有改变循环条件表达式值的语句,否则将会造成无限循环(死循环)。例如,在例 2.8 的循环体中,若没有++i;语句,则 i 的值始终不会改变,循环也就永远不会终止。

(4)该循环结构是先判断后执行循环体,因此,若"表达式"的值一开始就为 false(0),则循环体一次也不执行,直接退出循环。

(5)要留心边界值(循环次数)。在设置循环条件时,要仔细分析边界值,以免多执行一次或少执行一次。特别是在使用"++"和"--"运算符时尤其要注意。

【例 2.9】求出满足不等式 $1+\frac{1}{2}+\frac{1}{3}+\cdots+\frac{1}{n} \geq 8$ 的最小 n 值。

分析:此不等式的左边是一个和式,该和式中的数据项个数是未知的,也正是要求出的。

对于和式中的每个数据项,对应的通式为 $\frac{1}{i}$ (i=1,2,…,n),所以可以采用循环累加的方法计算出和式的和。设循环变量为 i,它应从 1 开始取值,每次增加 1,直到和式的值不小于 8 为止,此时的 i 值就是所求的 n。设累加变量为 s,在循环体内应把 1/i 的值累加到 s。

程序代码如下:
```cpp
//*****ex2_9.cpp*****
#include <iostream>
using namespace std;
int main()
{
    int i=0;double s=0;
    while(s<8)
        s+=double(1)/++i;
    cout<<"n="<<i<<endl;
    return 0;
}
```
程序的运行结果如下:
n=1674

2.3.2 do…while 语句

do…while 语句用于实现直到型循环结构,其特点是:先执行,后判断。

语法格式:
do
　　语句
while(表达式);

执行顺序是:先执行循环体语句,再判断表达式的值,若为 true(非 0),则继续执行循环体,直到表达式的值为 false(0)时为止,do…while 语句的流程图如图 2-8 所示。

在 while 语句中要注意的地方同样也适用于 do…while 语句。此外,还要特别注意一点,在 do…while 语句中,while(表达式)后面有分号,而在 while 语句中该部分后面没有分号,因为在 C++语言中,分号是语句的结束标志。若在 while 语句中 while(表达式)后面出现分号,则代表空循环。

图 2-8 do…while 语句流程图

【例 2.10】 求自然数 1~100 之和,要求用 do…while 语句实现。

程序代码如下:
```cpp
//*****ex2_10.cpp*****
#include <iostream>
using namespace std;
int main()
{
    int i(1),sum(0);
    do
```

```
        {
            sum+=i;
            ++i;
        }while(i<=100);
        cout<<"sum="<<sum<<endl;
        return 0;
}
```

程序的运行结果如下:

sum=5050

do…while 与 while 语句都是用来实现循环结构的,两者的主要区别在于循环条件的判断与循环体的执行顺序不同。while 语句是先判断后执行,而 do…while 语句是先执行后判断。因此,while 语句中的循环体可以一次也不执行,而 do…while 语句中的循环体至少要执行一次。这一点正是在构造循环结构时决定使用 while 语句还是 do…while 语句的重要依据。

一般情况下,用 while 和 do-while 语句处理同一个问题时,如果两者的循环体和条件表达式都相同,则它们的结果也相同,如例 2.8 与例 2.10 的运行结果是相同的。但是,当 while 后面的条件表达式一开始就为 false 时,这两种循环的结果就不同了,例如,下面的 while 与 do…while 语句实现的功能是不同的。

```
while(1>2)
    cout<<"I like C++!"<<endl;          //相当于一个空操作语句
do
    cout<<"I like C++!"<<endl;
while(1>2);                             //输出一行文字信息
```

【例 2.11】输入一个自然数,将该数的每一位数字按反序输出。例如:输入 12345,输出 54321。

分析:本题的要点在于如何一位一位地读取一个整数中的各位数字。可以先用对 10 求模的方法取出该整数的个位数并输出,然后再用对 10 求商的方法取出该整数除个位以外的其余部分,作为进一步倒置输入的基数。

程序代码如下:

```
//*****ex2_11.cpp*****
#include <iostream>
using namespace std;
int main()
{
    unsigned long int num,dgt;
    cout<<"请输入一个自然数:";
    cin>>num;
    cout<<"倒置结果为：";
    do
    {
        dgt=num%10;             //求出个位数
        cout<<dgt;              //输出个位数
        num/=10;                //求出除掉最低位后的数
    }while(num>0);
```

        cout<<endl;
        return 0;
}
程序的运行结果如下:
请输入一个自然数:12345
倒置结果为:54321

2.3.3 for 语句

for 语句是一种使用最为灵活,并且使用得最多的循环控制语句,其特点是:已知循环次数后,再循环。

语法格式:
for (表达式 1;表达式 2;表达式 3)
　　语句

其中,表达式 1 是 for 循环的初始化部分,一般用来设置循环控制变量的初始值;表达式 2 是 for 循环的条件部分,它是用来判断循环是否继续进行的条件;表达式 3 是 for 循环的增量部分,它一般用于修改循环控制变量的值;语句为 for 循环的循环体,可以是单条语句或复合语句。

执行顺序是:
(1) 计算表达式 1 的值。
(2) 计算表达式 2 的值,若其值为 true (非 0),则转向步骤 (3);若其值为 false (0),则转向步骤 (5)。
(3) 执行一次循环体。
(4) 计算表达式 3 的值,然后转回到步骤 (2)。
(5) 结束 for 循环。

for 语句控制流程如图 2-9 所示。从其流程图和执行的过程可以看出,它与如下的 while 语句等效:
表达式 1;
while(表达式 2)
{
　　语句
　　表达式 3;
}

图 2-9 for 语句流程图

【例 2.12】求自然数 1~100 之和,要求用 for 语句实现。
程序代码如下:
//*****ex2_12.cpp*****
#include <iostream>
using namespace std;
int main()
{
    int i,sum(0);
    for(i=1;i<=100; ++i)

```
        sum+=i;
    cout<<"sum="<<sum<<endl;
    return 0;
}
```

【例 2.13】 一个小球从 100 米高处落下,每次落地后反弹回原高度的一半,再落下。求它在第 10 次落地时共经过多少米?第 10 次反弹多高?

分析:第 1 次落地后反弹高度为 h=100/2 米,第 2 次落地时经过的距离为 s=100+h*2 米;第 2 次落地后反弹高度为 h=h/2 米,第 3 次落地时经过的距离为 s=s+h*2 米;依此类推。

程序代码如下:
```
//*****ex2_13.cpp*****
#include <iostream>
#include <iomanip>
using namespace std;
int main()
{
    float s=100.0,h=s/2;
    for(int i=2;i<=10;i++)
    {
        s=s+h*2;
        h=h/2;
    }
    cout<<setiosflags(ios::fixed)<<setprecision(3);
    cout<<"第 10 次落地时,共经过"<<s<<"米; "<<"反弹的高度是"<<h<<"米"<<endl;
    return 0;
}
```

程序的运行结果如下:

第 10 次落地时,共经过 299.609 米;反弹的高度是 0.098 米

思考:该小球反弹多少次才能静止下来?可以人为设置一个判断小球静止的条件。例如,当小球反弹高度小于 1e-4 时,则认为它已处于静止状态。

for 语句使用十分灵活,可以有以下多种变化形式。

(1)表达式 1 可以是变量定义语句,即循环控制变量可在其中定义。例如:
```
int sum=0;
for(int i=1;i<=100; ++i)
    sum+=i;
```

(2)表达式 1 可以省略。这时,应在 for 语句之前给循环控制变量赋初值。例如:
```
int i=1,sum=0;
for(;i<=100;++i)                    //省略表达式 1,注意其后的分号不能省
    sum+=i;
```

执行上面 for 语句时,将省去"计算表达式 1 的值"这一步。

(3)表达式 2 可以省略。这时,for 语句将不再判断循环条件,循环将无终止地进行下去。在这种情况下,需要在循环体内有跳出循环的控制语句。例如:
```
int sum=0;
for(int i=1;;++i)                    //省略表达式 2,注意其后的分号不能省
{
```

```
        sum+=i;
        if(i>=100)break;                //break 语句用于跳出循环（参见 2.4.1 节）
}
```
（4）表达式 3 可以省略。这时，应在循环体中对循环控制变量进行递增或递减操作，以确保循环能够正常结束。例如：
```
int sum=0;
for(int i=1;i<=100;)                //省略表达式 3
    sum+=i++;                       //在循环体中对循环变量 i 递增
```
（5）表达式 1、表达式 3 可以同时省略。例如：
```
int i=1,sum=0;
for(;i<=100;)
    sum+=i++;
```
（6）三个表达式可以同时省略。例如：
```
int i=1,sum=0;
for(;;)
{
    sum+=i++;
    if(i>100)break;
}
```
（7）三个表达式都可以是任何类型的 C++表达式。例如：
```
int i,sum;
for(i=1,sum=0;i<=100;sum+=i,++i);
```
在这个 for 语句中，循环体为空语句，表达式 1 和表达式 3 都是逗号表达式。

但是，过于灵活的格式会降低 for 语句的可读性。建议初学者在书写 for 语句时，将对循环控制变量的初始化、判断和递增（或递减）分别放在三个表达式中，其他操作尽量放在循环体内去完成。

一般来说，for 语句用于循环次数确定的情况，while 和 do…while 语句用于循环次数事先不能确定的情况。

2.3.4 多重循环

多重循环又称为循环嵌套，是指在某个循环语句的循环体内还可以包含有循环语句。在实际应用中，三种循环语句不仅可以自身嵌套，还可以相互嵌套，嵌套的层数没有限制，呈现出多种复杂形式。在嵌套时，要注意在一个循环体内包含另一个完整的循环结构。在编程或阅读程序时要注意各层次上的控制变量的变化规律。

例如：
```
…
for(…)
{
    …
    while(…)
    {…}
    do
    {
        …
```

```
            }while(…);
            …
}
```

这是一个在 for 循环语句的循环体内嵌套了一个 while 循环语句和一个 do…while 循环语句的例子。

【例 2.14】编程显示输出九九乘法表，输出结果要求如图 2-10 所示。

```
             九 九 乘 法 表
             ------------------
1×1=1  1×2=2  1×3=3  1×4=4  1×5=5  1×6=6  1×7=7  1×8=8  1×9=9
2×1=2  2×2=4  2×3=6  2×4=8  2×5=10 2×6=12 2×7=14 2×8=16 2×9=18
3×1=3  3×2=6  3×3=9  3×4=12 3×5=15 3×6=18 3×7=21 3×8=24 3×9=27
4×1=4  4×2=8  4×3=12 4×4=16 4×5=20 4×6=24 4×7=28 4×8=32 4×9=36
5×1=5  5×2=10 5×3=15 5×4=20 5×5=25 5×6=30 5×7=35 5×8=40 5×9=45
6×1=6  6×2=12 6×3=18 6×4=24 6×5=30 6×6=36 6×7=42 6×8=48 6×9=54
7×1=7  7×2=14 7×3=21 7×4=28 7×5=35 7×6=42 7×7=49 7×8=56 7×9=63
8×1=8  8×2=16 8×3=24 8×4=32 8×5=40 8×6=48 8×7=56 8×8=64 8×9=72
9×1=9  9×2=18 9×3=27 9×4=36 9×5=45 9×6=54 9×7=63 9×8=72 9×9=81
Press any key to continue
```

图 2-10 九九乘法表运行界面

分析：显示输出九九乘法表，只要利用双重循环的循环控制变量作为乘数和被乘数就可以方便地解决，其执行的流程图如图 2-11 所示。

程序代码如下：

```cpp
//*****ex2_14.cpp*****
#include <iostream>
using namespace std;
int main()
{
    cout<<"\t\t\t九  九  乘  法  表"<<endl;
    cout<<"\t\t\t---------------"<<endl;
    for(int i=1;i<=9;i++)
    {
        for(int j=1;j<=9;j++)
            cout<<i<<"×"<<j<<'='<<i*j<<'\t';
        cout<<endl;
    }
    return 0;
}
```

图 2-11 九九乘法表执行流程图

程序说明：

（1）该程序中的'\t'是水平制表符，使用它可以将多项数据对齐到屏幕的不同区域（每个区域之间的距离通常为 8 个字符）。

（2）该程序中外层 for 循环体是一个复合语句，其中包含着内层的 for 语句和换行符输出语句。内层 for 循环体只包含一条语句，用于显示输出 i*j 表达式。

（3）通过九九乘法表执行流程图，可以清楚地看到多重循环执行时各循环控制变量的变化情况。外层 for 循环由变量 i 进行控制，外循环体执行 9 次，输出 9 行。内层 for 循环由变量 j 进行控制，内循环体执行 9 次，控制每行输出 9 个表达式。表 2-2 列出了该程序双层 for 循环中控制变量 i、j 的变化规律。

表 2-2 变量 i、j 的变化规律

变量 i 的变化	变量 j 的变化	变量 i 的变化	变量 j 的变化
i=1 ↓	j=1→2→…→9	i=6 ↓	j=1→2→…→9
i=2 ↓	j=1→2→…→9	i=7 ↓	j=1→2→…→9
i=3 ↓	j=1→2→…→9	i=8 ↓	j=1→2→…→9
i=4 ↓	j=1→2→…→9	i=9 ↓	j=1→2→…→9
i=5 ↓	j=1→2→…→9		

（4）多重循环的循环次数等于每一重循环次数的乘积。该程序中双重循环的循环次数为，9×9=81 次。

思考：若要分别显示输出如图 2-12 和图 2-13 所示的结果，该如何修改程序？

图 2-12　上三角的九九乘法表

图 2-13　下三角的九九乘法表

对于循环语句的使用，要注意以下事项：

（1）内循环控制变量与外循环控制变量不能同名。

（2）外循环必须完全包含内循环，不能交叉。

（3）若循环体内有 if 语句，或 if 语句内有循环语句，也不能交叉。

（4）使用 goto 语句（参见 2.4.3 节）可以从循环体内转向循环体外，但绝对不允许从循环体外转入循环体内。

（5）当嵌套使用多种循环语句时，特别需要严格按照缩进规则来书写程序。有时还应适当配以注释，以保持清晰易辨的结构特征。

2.4　控制转向语句

在前面介绍的三种循环结构中，都是以某个表达式的值作为循环结束条件。但在程序设计中，有时也希望能够直接控制程序流程的转移，这时就需要用到转向语句。

在 C++中提供了 3 个转向语句：跳转语句 break、继续语句 continue 和转移语句 goto。

2.4.1　break 语句

语法格式：

break;

该语句仅可用于以下两种情况：

（1）用于 switch 语句中，保证多分支情况的正确运行，当某个 case 子句执行完后，使程序流程立即跳出 switch 结构，而继续执行该 switch 语句的下一条语句（参见 2.2.2 节中的例 2.7）。

（2）用于循环语句中，以便在某一适当时刻及位置终止执行循环体中的语句，并使流程控制退出该循环控制结构，转去执行该循环语句的下一条语句。

【例 2.15】 break 语句应用示例。已知圆的半径为不大于 10 的正整数，要求输出所有不大于 100 的圆面积值。

分析：要计算半径为 1 到 10 的圆面积，可使用 for 循环语句来实现。但由于当半径大于 10 退出循环体时，圆面积早已超出 100，不符合题目要求。因此，在 for 循环体中，计算圆面积后增加判断其值是否大于 100 的 if 语句，如果判断结果为真，则执行 break 语句强行退出循环。

程序代码如下：
```
//*****ex2_15.cpp*****
#include <iostream>
using namespace std;
const float   PI=3.14159;
int main()
{
    int r;
    float area;
    cout<<"半径不大于 10 且面积不大于 100 的圆，其面积如下："<<endl;
    for(r=1;r<=10;r++)
    {
        area=PI*r*r;
        if(area>100)
            break;                    //如果面积大于 100，则跳出循环
        cout<<"圆半径="<<r<<", 面积="<<area<<endl;
    }
    return 0;
}
```

程序的运行结果如下：
半径不大于 10 且面积不大于 100 的圆，其面积如下：
圆半径=1，面积=3.14159
圆半径=2，面积=12.5664
圆半径=3，面积=28.2743
圆半径=4，面积=50.2654
圆半径=5，面积=78.5397

2.4.2　continue 语句

语法格式：
continue;

该语句仅用于循环语句中，它的功能是：结束本次循环，即跳过循环体中尚未执行的语句，接着进行下一次是否进行循环的条件判定。

在 while 和 do…while 循环结构中，continue 语句将使执行流程直接跳转到循环条件的判定部分，然后决定循环是否继续进行。在 for 循环结构中，当遇到 continue 语句时，执行流程将跳过循环体中余下的语句，而转去执行 for 语句中的表达式 3，然后根据表达式 2 进行循环

条件的判定以决定是否继续执行 for 循环体。

图 2-14 是以 while 循环结构为例，说明在执行含有 break 语句或 continue 语句的循环时流程变化的示意图。

图 2-14 break 和 continue 语句的区别

【例 2.16】continue 语句应用示例。请写出下列程序的运行结果。

程序代码如下：

```
//*****ex2_16.cpp*****
#include <iostream>
using namespace std;
int main()
{
    int i,s;
    for(i=1,s=0;i<=10;++i)
    {
        if(i%2==0)
            continue;           //如果 i 除以 2 余数为 0 则结束本次循环
        if(i%10==7)
            break;              //如果 i 除以 10 余数为 7 则跳出循环
        s+=i;
    }
    cout<<"s="<<s;
    return 0;
}
```

程序的运行结果如下：

s=9

程序运行结果分析：程序中当 i 是偶数，即 i%2==0 时，遇到 continue 语句，程序结束本次循环而转向 for 语句的表达式 3：++i 执行；当 i%10==7，即对 10 求余等于 7 时遇到 break 语句，程序将跳出循环输出 s；其他的数都会遇到 s+=i。所以可以看出，i 从 1 循环到 7，只有 1、3、5 这 3 个数累加到变量 s 中，所以最后 s 的值是 1+3+5 等于 9。

2.4.3 goto 语句

语法格式：

goto 标号；

其中，"标号"是一个由用户命名的标识符。在 goto 语句所处的函数体中必须同时存在一条由标号标记的语句，其格式为：

标号: 语句；

即在标号与语句之间使用一个冒号分隔,这种语法结构称为标号语句。标号语句中的标号应与 goto 语句中的标号相同,语句可以是任意类型的 C++语句(包括空语句)。

goto 语句的作用是将程序的执行流程转到标号所指定的标号语句处。

【例 2.17】利用 goto 语句实现求一个自然数的阶乘并输出结果。

程序代码如下:

```
//*****ex2_17.cpp*****
#include <iostream>
using namespace std;
int main()
{
    int i=1,m,s=1;
    cout<<"请输入一个自然数:";
    cin>>m;
    loop: s*=i;
          ++i;
          if(i<=m)
              goto loop;
    cout<<"s="<<s<<endl;
    return 0;
}
```

在该程序中,"loop"为语句标号。当 i<=m 时,反复执行累乘操作,直到 i>m 为止,然后输出阶乘。

注意:如果不加限制地使用 goto 语句转来转去,则会破坏程序自上而下顺序执行的次序,降低程序的可读性,不符合结构化程序设计的思想,所以要尽量避免使用 goto 语句。但在特殊的场合,例如:在多重循环程序中,要从最内层循环跳到最外层循环之外,如果使用 break 语句,需要使用多次,而且可读性不好,这时使用 goto 语句是简单可行的。例如,下面代码段在找到了乘积为 125 的三个小于 10 的整数之后,立即跳出多层循环并输出结果:

```
int i,j,k;
for(i=1;i<10;++i)
 for(j=1;j<10;++j)
  for(k=1;k<10;++k)
    if(i*j*k==125)
        goto End;
End:
    cout<<i<<'*'<<j<<'*'<<k<<"=125\n";
```

2.5 程序实例

本章介绍了 C++的控制语句和程序的三种基本结构:顺序、选择和循环结构,任何程序都是由这三种基本结构组合而成的,而各种结构的实现均由控制语句来完成,所以必须熟练掌握这些控制语句。

对于选择语句、循环语句都要掌握好条件表达式的书写。在 C++表达式中,增加了 bool 类型,条件表达式可以用非 0(或 true)表示真,0(或 false)表示假。

实现选择结构的语句有 if 和 switch 语句。if 语句有 if 单分支、if…else 双分支和 if…else if 多分支形式，可构成任意条件的表示。switch 语句用于多分支情况，但由于其常量表达式书写的单一，使用不是十分方便。注意使用 break 语句强制退出 switch 语句，以保证多路分支的正确实现。

实现循环的语句有 while、do…while 和 for 语句。一般已知循环次数时用 for 语句，未知循环次数时用 while、do…while 语句。for 和 while 语句是先判断后循环，do…while 语句是先执行后判断。要掌握循环语句的执行流程、循环次数的计算，学会分析形成死循环或不循环的原因。

为了提高读者的程序设计能力，加深对所学基本概念和各种语句的理解，本节给出一些程序实例，供读者自学、探索之用。

【例 2.18】求两个正整数的最大公约数和最小公倍数。

分析：设 m 为被除数，n 为除数，r 为余数，通常采用辗转相除的欧几里德算法来求最大公约数。将 m 除以 n 得余数 r，如果 r 不等于 0，则把 n 赋给 m，把 r 赋给 n，再继续求余数 r=m%n，如果 r 仍然不等于 0，则重复上述过程，直到余数 r 等于 0 为止。这时的 n 就是最大公约数。

最小公倍数的计算方法为：

$$m 与 n 的最小公倍数 = (m*n)/(m 与 n 的最大公约数)$$

程序代码如下：

```cpp
//*****ex2_18.cpp*****
#include <iostream>
using namespace std;
int main()
{
    int m,n,r,t;
    cout<<"请输入两个正整数：";
    cin>>m>>n;
    t=m*n;                      //将 m 和 n 的乘积保存在 t 中，以便求最小公倍数时用
    if(m<n)
        { r=m;m=n;n=r;}         //把大数放在 m 中，小数放在 n 中
    while((r=m%n)!=0)           //用辗转相除法求最大公约数
    {
        m=n;
        n=r;
    }
    cout<<"最大公约数："<<n<<endl;
    cout<<"最小公倍数："<<t/n<<endl;   //t 是原来两个整数的乘积
    return 0;
}
```

程序的运行结果如下：

请输入两个正整数：3584 432
最大公约数： 16
最小公倍数： 96768

思考：若程序中不对 m 和 n 进行大小的比较与交换，会影响程序运行结果吗？

【例 2.19】 顺序输出 3~100 之间的所有素数,并计算输出素数之和。

分析:

(1) 一个大于 1 的整数,如果除了它自身和 1 以外,不能被其他任何正整数所整除,那么这个数就称为素数。判别某数 m 是否为素数,最简单的方法是:用 i=2, 3, ..., m-1 逐个除,只要有一个能整除,m 就不是素数,可以用 break 语句提前结束循环;若都不能整除,则 m 是素数。

(2) 如果 m 不是素数,则必然能被分解为两个因子 a 和 b,并且其中之一必然小于等于 $\sqrt{m}$,另一个必然大于等于 $\sqrt{m}$。所以要判断 m 是否为素数,可简化为判断它能否被 2~$\sqrt{m}$ 之间的数整除即可。因为若 m 不能被 2~$\sqrt{m}$ 之间的数整除,则必然也不能被 $\sqrt{m}$~m-1 之间的数整除。

(3) 在退出循环以后,如果是因为找到了一个能整除 m 的数而通过 break 退出循环的,则 i<=$\sqrt{m}$;反之,如果是正常退出循环的,则 i=$\sqrt{m}$+1。因此,在循环结束后,只要判断 i 是否大于 $\sqrt{m}$,若是,则表明 m 是素数,输出并累加该素数。

(4) 要判断多个素数是否为素数,需要使用双重循环。外循环每循环一次提供一个数,由内循环通过多次除法判断其是否为素数。

程序代码如下:

```
//*****ex2_19.cpp*****
#include <iostream>
#include <cmath>
using namespace std;
int main()
{
    cout<<"3~100 之间的素数是: "<<endl;
    int m,i,s=0;
    for(m=3;m<100;m+=2)              //因为偶数不是素数,所以用 m+=2 跳过偶数
    {
        int k=int(sqrt(m));
        for(i=2;i<=k;i++)
            if(m%i==0)break;         //如果 m 能被 i 整除,则 m 不是素数,跳出此循环
        if(i>k)
        {                            //如果 i>k,则 m 是素数,输出并累加素数
            cout<<m<<'\t';
            s+=m;
        }
    }
    cout<<"\n3~100 之间的素数之和="<<s;
    cout<<endl;
    return 0;
}
```

程序的运行结果如下:
3~100 之间的素数是:
3   5   7   11   13   17   19   23   29   31
37   41   43   47   53   59   61   67   71   73
79   83   89   97
3~100 之间的素数之和=1058

【例 2.20】输入 x，计算 sin(x)。计算公式为：

$$\sin(x) = \frac{x}{1} - \frac{x^3}{3!} + \frac{x^5}{5!} - \frac{x^7}{7!} + \cdots + (-1)^{(n-1)} \frac{x^{2n-1}}{(2n-1)!}$$

当第 n 项的绝对值小于 10^{-6} 时结束，x 为弧度；并调用标准函数 sin(x)，比较结果。

分析：这是一个求部分级数和的问题，也就是将求和式中的每一项相加，直到某项的绝对值小于 10^{-6} 时为止。该题的关键是找出前后相邻两奇数项的关系，可以得到递推公式：

$$t_{n+2} = -\frac{x^2}{(n+1)(n+2)} t_n \quad (n=1, 3, 5, 7\cdots)$$

程序代码如下：

```
//*****ex2_20.cpp*****
#include <iostream>
#include <cmath>
using namespace std;
int main()
{
    int n=1;
    double x,t,sinx(0);           //变量 t 保存每一项的值；给 sinx 变量赋初值 0
    cout<<"请输入 x 的值：";
    cin>>x;
    t=x;                          //将求和式的第一项值 x 赋给 t
    while(fabs(t)>=0.000001)
    {
        sinx+=t;
        t=-t*x*x/((n+1)*(n+2));
        n+=2;
    }
    cout<<"编程求得的 sin("<<x<<")="<<sinx<<endl;
    cout<<"调用标准函数求得的 sin("<<x<<")="<<sin(x)<<endl;
    return 0;
}
```

程序的运行结果如下：

请输入 x 的值：1.326
编程求得的 sin(1.326)=0.970187
调用标准函数求得的 sin(1.326)=0.970187

【例 2.21】求"水仙花数"。所谓"水仙花数"是指一个三位正整数，其各位数字的立方和等于该数本身。例如，$153=1^3+5^3+3^3$。

分析：水仙花数是一个三位数。因此，令该数为 ijk，三个字母分别表示该数的百位、十位及个位数字，则有：

$i^3+j^3+k^3=100i+10j+k$

在所有的三位数中找出满足该条件的数，有两种方法。

方法 1：用三个循环变量 i、j 和 k，三重循环联合构造一个三位数，并用这三个循环变量来计算并判断是否满足上述条件，从而决定这三个循环变量是否为一个水仙花数的三个位。百位数 i 作为外循环变量，其取值范围应为 1～9，因为它不能是 0。十位数 j 和个位数 k 分别作为中层循环变量和内循环变量，其取值范围从 0～9。所有三重循环，一共循环 9×10×10 等于 900 次。

程序代码如下：

```cpp
//*****ex2_21.cpp*****
#include <iostream>
using namespace std;
int main()
{
    int i,j,k,m,n;
    cout<<"水仙花数：";
    for(i=1;i<=9;i++)
        for(j=0;j<=9;j++)
            for(k=0;k<=9;k++)
            {
                m=i*i*i+j*j*j+k*k*k;
                n=100*i+10*j+k;
                if(m==n)cout<<m<<' ';
            }
    cout<<endl;
    return 0;
}
```

程序的运行结果如下：

水仙花数：153 370 371 407

方法 2：循环变量 n 从 100（三位数的起点）循环到 999（三位数的终点），将 n 分离出 i、j、k 这 3 个位数，计算并判断其是否满足上述条件，以决定 n 是否为水仙化数。在第 n 次循环中，如何分解出 i、j、k 呢？n/100 是计算 n 除以 100 的商，即为 n 的百位数，将它赋给 i。n%10 是计算 n 除以 10 的余数，即为 n 的个位数，将它赋给 k。为了得到三位数的中间位 j，可以先将 n 整除 10 取得一个高二位数，再通过取余获得十位数，即 j=n/10%10。

程序代码如下：

```cpp
//*****ex2_21_2.cpp*****
#include <iostream>
using namespace std;
int main()
{
    int i,j,k,n;
    cout<<"水仙花数：";
    for(n=100;n<1000;n++)
    {
        i=n/100;              //i 为百位数字
        j=n/10%10;            //j 为十位数字
        k=n%10;               //k 为个位数字
        if(i*i*i+j*j*j+k*k*k==n)
            cout<<n<<' ';
    }
    cout<<endl;
    return 0;
}
```

【例 2.22】用"枚举法"求解百元买百鸡问题。假定公鸡 5 元 1 只，母鸡 3 元 1 只，小鸡 1 元 3 只，现在有 100 元钱要买 100 只鸡，且需包含公鸡、母鸡和小鸡，编程列出所有可能的购鸡方案。

分析："枚举法"也称为"穷举法"，即将可能出现的各种情况一一进行测试，判断是否满足条件，采用循环可方便地实现。设公鸡、母鸡、小鸡各有 x、y、z 只，根据题目要求，可列出方程：

$$\begin{cases} x+y+z=100 \\ 5x+3y+z/3=100 \end{cases}$$

这是一个不定方程组，有三个未知数，两个方程，此题有若干解。

若把所有购鸡情况都加以考虑，利用三重循环（x、y、z 都是从 1 循环到 100）表示三种鸡的只数，程序将执行 1 000 000 次循环，因此需要对循环进行优化。根据三种鸡的只数为 100 的关系，可减少一重循环，用二重循环实现。同时每种鸡的循环次数不必到 100，因为还要满足总价格为 100 元的条件，公鸡、母鸡最多分别买 19 只、31 只，故共执行 589 次循环。

程序代码如下：
```
//*****ex2_22.cpp*****
#include <iostream>
using namespace std;
int main()
{
    int x,y,z;
    cout<<"公鸡数\t"<<"母鸡数\t"<<"小鸡数\t"<<endl;
    for(x=1;x<=19;x++)              //公鸡最多买(100-3-1/3)/5 只
        for(y=1;y<=31;y++)          //母鸡最多买(100-5-1/3)/3 只
        {
            z=100-x-y;
            if(5*x+3*y+z/3.0==100)
                cout<<x<<'\t'<<y<<'\t'<<z<<endl;
        }
    return 0;
}
```

程序的运行结果如下：

公鸡数	母鸡数	小鸡数
4	18	78
8	11	81
12	4	84

注意：在多层循环中，为了提高运行的速度，对程序要进行优化。尽量利用已给出的条件，减少循环次数；合理地选择内、外层的循环次数，即将循环次数多的放在内循环。

一、选择题

1．C++语句中 while 循环和 do…while 循环的主要区别是（　　　）。

　　A．do…while 的循环体至少无条件的执行一次

　　B．while 的循环控制条件比 do…while 的循环控制条件严格

　　C．do…while　允许从外部转到循环体内

D．do…while 的循环体不允许是复合语句

2．已知 t 为 int 类型，进入下面的循环之前，t 的值为 0。对下面的语句
　　while (t=1) { ... }
则以下叙述中，正确的是（　　）。
　　A．循环控制表达式的值为 0　　　　　　B．循环控制表达式的值为 1
　　C．循环控制表达式不合法　　　　　　　D．其他说法都不对

3．与下面程序段等价的是（　　）。
```
while(a)
{
    if(b)continue;
    c;
}
```
　　A．while(a){if(!b)c;}　　　　　　　　　B．while(c){if(!b)break;c;}
　　C．while(c){if(b)c;}　　　　　　　　　D．while(a){if(b)break;c;}

4．下面 for 语句的循环次数为（　　）。
　　for(int i=0,x=0;!x&&i<=5;i++);
　　A．5　　　　　B．6　　　　　C．7　　　　　D．无穷次

5．在下面的循环语句中循环体执行的次数为（　　）。
　　for(int i=0;i<n;i++) if(i>n/2)break;
　　A．n/2　　　　B．n/2+1　　　C．n/2-1　　　D．n-1

二、填空题

1．在嵌套的 if 语句中，每个 else 关键字与它前面最接近的还没有配对过的_____关键字相配套。

2．_____语句的循环体至少被执行一次，_____和_____语句的循环体可能不会被执行。

3．for 语句中<表达式 2>是在每次执行_____之前被计算，而<表达式 3>是在每次执行_____之后被计算。

4．在 for 语句中，假定循环体被执行的次数为 n，则<表达式 1>共被计算_____次，<表达式 2>共被计算_____次，<表达式 3>共被计算_____次。

5．当执行完下列语句段后，i，j，k 的值分别为_____。
```
int a=10,b,c,d,i,j,k;
b=c=d=5;
i=j=k=0;
for(;a>b;++b)i++;
while(a>++c)j++;
do{k++;}while(a>d++);
```

三、程序阅读题

程序 1：
```
#include <iostream>
using namespace std;
int main()
{
    int s=0, i=0;
    while (++i<=4)
    {
        if (i==3) continue;
```

```
            switch(i)
            {
                case 1: s+=i; break;
                case 2: s+=i;
                case 3: s+=i; break;
                default: s+=i;
            }
        }
        cout<<s<<endl;
        return 0;
    }
```
程序 2：
```
    #include <iostream>
    #include <iomanip>
    using namespace std;
    int main()
    {
        int i,k;
        for(i=0;i<6;i++)
        {
            for(k=1;k<=i;k++)
                cout<<setfill(' ')<<" ";
            cout<<setw(6-i)<<setfill('*')<<" "<<endl;
        }
        return 0;
    }
```

四、程序设计题

1．请编写程序，根据输入的半径和高计算并输出圆锥的体积。

2．已知一个三角形中三条边的长度分别为 a、b 和 c，请利用下列公式求出三角形的面积（注意：构成三角形的条件是三角形任意两条边的长度之和大于第三条边）。

$$area=\sqrt{s(s-a)(s-b)(s-c)}，其中s=(a+b+c)/2$$

3．某百货公司为了促销，采用购物打折的优惠办法。每位顾客一次购物：

① 在 1 000 元以上者，按九五折优惠；
② 在 2 000 元以上者，按九折优惠；
③ 在 3 000 元以上者，按八五折优惠；
④ 在 4 000 元以上者，按八折优惠。

请编写程序，输入购物款数，计算并输出优惠价。

4．输入一个正整数，求该数的阶乘。

5．从键盘上输入若干个正整数，直到输入负整数为止，计算并输出已输入的正整数之和（输入的数不超过 20 个）。

6．计算并输出 100 以内能够被 7 整除的所有整数的个数。

7．计算π的近似值，直到最后一项的绝对值小于 10^{-8} 为止，近似公式为：

$$\frac{\pi}{4} \approx 1-\frac{1}{3}+\frac{1}{5}-\frac{1}{7}+\cdots$$

8．有 20 只猴子吃掉 50 个桃子。已知公猴每只吃 5 个，母猴每只吃 4 个，小猴每只吃 2 个。编程求出公猴、母猴和小猴各多少只。

第 3 章　函数与编译预处理

通过本章的学习，树立模块化程序设计的思想，从而理解函数的作用；掌握函数的定义与调用方法；理解变量作用域和生存期、内部函数和外部函数的概念，并能正确运用这些概念；了解函数的一些特殊调用形式和三种编译预处理方式。

- 模块化程序设计思想和函数概念；
- 函数的定义、声明与调用；
- 变量和函数的时空属性及其应用。

本章基于模块化程序设计思想介绍函数的概念及其使用方法，主要包括函数如何定义、如何声明以及如何调用；变量生存期和作用域概念，函数的跨文件调用问题。此外，也简单介绍了一些特殊的函数调用形式和编译预处理的基本知识。

要编好一个较大的程序，通常需要合理划分程序中的功能模块。功能模块在程序设计语言中被称为函数。虽然函数的表现形态各异，但共同的本质就是有一定的组织格式和被调用格式。要写好函数，必须清楚函数的组织格式（即函数如何定义）；要用好函数，则必须把握函数的调用机制。本章先介绍 C++函数的编程机制以及函数的应用，最后一节还将介绍编译预处理。

3.1　函数的概念

解决复杂实际问题的程序一般比较冗长而且包含许多不同类型的操作，这样的大程序不可能完全由一个人从头至尾地完成，更不能把所有的内容都放在一个主函数中。而通常是把这样的大程序分割成一些相对独立而且便于管理和阅读的小程序单位,甚至这些程序单位又可分成若干更小的程序单位，逐步细化。这就把原来大问题的求解分解为若干小问题的求解，带来的好处是同时方便了程序的编制人员和阅读人员。

把实现某一特定功能的相关语句按某种格式组织在一起形成一个程序单位，并给程序单位取一个相应的名称，这样的一个程序单位就叫函数（function）；函数有时也被称作例程或过程；而给程序单位所起的相应名称被称作函数名。

C++程序就是由许多函数组成的，这类似于一个大单位是由许多小部门单位组成的。一个函数被使用时就是指这个函数被调用的时候，函数调用通过调用语句实现，调用语句需要指定被调用函数的名字和调用该函数所需要的信息（参数）。调用语句所在的函数称为调用函数，简称为主调函数;被调用的函数简称为被调函数。一个 C++程序虽然可能包含许多函数;但是一个程序必须有且只有一个主函数,主函数名字固定为 main()且地位特殊。之所以说主函数地位特殊,是因为程序总是从主函数开始启动执行,然后主函数通过调用一系列其他函数来完成程序的整个任务。主函数不能被程序中的其他函数调用;仅可以被操作系统调用,程序启动时就是操作系统调用主函数使程序开始执行。被调用函数执行完后将返回一个结果给主调函数。程序中这种调用和被调用的层次关系可以用图 3-1 来反映。图中每一根线有向上和向下的两个方向,分别代表函数调用和函数结果返回的方向。

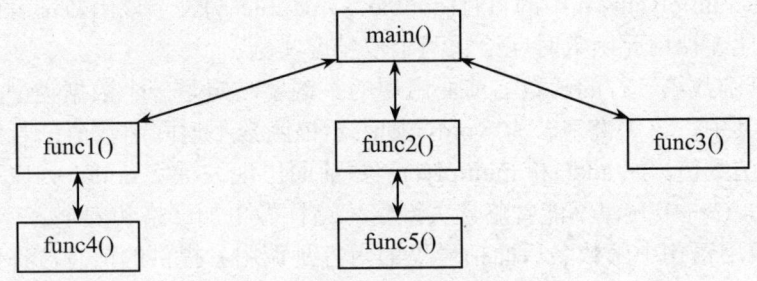

图 3-1　调用和被调用函数的层次关系

【例 3.1】主函数调用函数 add(x,y)计算两个数之和,又调用函数 multiply(x,y)计算两个数之积,再调用函数 output()执行输出结果操作。

程序代码如下:
```
//*****ex3_1.cpp*****
#include <iostream>
using namespace std;
double S1, S2; //定义变量 S1 和 S2 分别存放两数和与两数积
double add(double x, double y)      //定义 add()函数
{    S1=x+y;
     return S1;
}
double multiply(double x, double y)   //定义 multiply()函数
{    S2=x*y;
     return S2;
}
void output(void)                   //定义 output()函数
{ cout<<"两数和 S1="<<S1<<", "<<"两数积 S2="<<S2<<endl;}   //输出结果
void main(void)
{    double a, b;
     cout<<"请输入两个数: "<<endl;
     cin>>a>>b;
     S1=add(a,b);         //调用 add()函数
     S2= multiply(a,b)     //调用 multiply()函数
     output();            //调用 output()函数
}
```

假设用户输入的两个数是 9.0 和 5.0,则程序的运行结果如下:
请输入两个数:
9.0　5.0✓
两数和 S1=14,两数积 S2=45

说明：

（1）例 3.1 中包含了 4 个函数，即 main 函数、add()函数，multiply()函数和 output()函数。其中除了 main()函数以外，其余三个函数都是用户自定义的函数，add()函数的功能是求用户指定的两个实数的和；multiply()函数的功能是求用户指定的两个实数的乘积；output()函数的功能是输出前两个函数的计算结果。

（2）在每个函数第一行的函数名后面括号中的内容称作函数的参数，是形式参数。其中，形式参数为 void 关键字的表示该函数没有函数参数，因此在调用该函数时也不能给它参数；而 add()函数以及 multiply()函数中的首行(double x, double y)表示该函数都有两个双精度实数类型的参数，因此在调用此函数时应给它两个双精度实数。

（3）在每个函数第一行的函数名前面出现的关键字一定是一个数据类型关键字，用于指定函数值类型。其中，该关键字若为 void，则表示该函数不返回函数值；若为其他关键字则返回相应类型的函数值，如 add()和 multiply()函数前面出现关键字 double，表示它是返回双精度实数值的函数。C++中一律不能省略该关键字，这样做更加严格和安全。

（4）函数调用语句中函数名后面括号里的内容是调用者提供的信息，称做实际参数，如主函数中 S1=add(a,b)语句里面的 a 和 b 就是实际参数。这里的实际参数可以是已知的常数、有具体值的变量名、有具体值的表达式。

（5）对于有函数值的函数，在它的函数内容中必须有一个 return 语句，利用 return 语句将后面的值作为函数值返回给调用者。

（6）程序是首先执行主函数，在主函数中遇到调用函数语句时流程转到被调函数内执行，当被调函数内的语句执行完毕，程序返回到主调函数调用语句的下一句继续执行。

C++程序就是由一系列函数组成的，从不同角度看一个函数，可将函数归入不同类型。

其一，从用户使用的角度看，函数可以分为下列两类：

（1）系统函数，即库函数。这是由 C++编译系统提供的，用户不必自己编写，可以在需要的地方直接调用它们。值得说明的是，不同的 C++编译系统提供的库函数的数量和功能不同，当然，有一些基本的函数是共同的。

注意：如果程序中需要调用某些库函数，那么，必须在这个程序的开头部分用 include 语句把与这些库函数有关的头文件包含到用户程序中。而调用这些库函数的方法与调用自己编写的函数是类似的。因此，事先只要求用户了解欲使用的库函数名称、功能、所需参数个数和参数类型、函数值类型；至于库函数里面的内容是如何写的不需要用户关心。

（2）用户自定义函数。这就是用户根据专门需要而自己编写的函数，自己编写函数叫做自定义函数，所谓"定义"，作为动词的意思在这里就等同于"编写"。

之所以 C++给用户提供自定义函数的机会，是因为库函数不可能包含解决现实中所有实际问题的程序单位，只能提供解决典型问题通用方法的有限个库函数。

其二，从函数形式的角度看，函数可以分为下列两类：

（1）无参函数。即调用函数时，不需要用户给出参数的函数，如例 3.1 中的 output()函数。在调用无参函数时，主调函数不需要向被调函数传递参数，被调函数一般是执行一组固定的操作（这是调用者主要关心的）；它可以带回或不带回函数值（函数值不是调用者很关心的），因此，一般无参函数以不返回函数值的情况居多。调用无参函数就好比主人在分配任务时不给执行者提供数据条件，直接要执行者按预定方式去做。

（2）有参函数。即调用函数时，需要调用者给出参数的被调函数就是有参函数。这时，在主调函数和被调函数之间有数据传递,也就是主调函数把一些必要的数据传递给被调函数使用。调用有参函数就好比主人在分配任务时必须给执行者提供数据条件,执行者才能做。被调函数也可以带回或不带回函数值,一般返回函数值给主调函数使用;少数情况不返回函数值(此时函数的类型为 void)。

3.2 函数的定义与调用

3.2.1 函数的定义

函数的定义即函数的编写,必须按照 C++规定的形式书写。函数定义的一般形式如下:
类型标识符 函数名([形式参数列表])
{
　　声明语句
　　执行语句
}
说明:

(1) 函数的第一行(以后称函数首部)前面的"类型标识符"位置应该写一个数据类型关键字,用来定义该函数返回值的数据类型。"函数名"是编程人员自己为函数取的名称,可以写任何合法的标识符(前提是不要与别的名称冲突);为了做到见名知意,函数的取名一般尽量反映该函数的功能。接下来一对花括号里面的内容是函数的函数体,主要包括两类语句:一类是应先出现的声明语句,它们主要是声明本函数中要使用的一些变量,以及将要调用的函数;另一类语句就是实现本函数功能的执行语句,这类语句是函数体的主要内容。

(2) 如果在函数首部函数名后面括号里面省略形式参数(即为空括号)或者括号内填写 void 关键字,该函数就成为一个无参函数。

(3) 如果在函数首部函数名后面括号里面填写了形式参数,则它就是有参函数。有参函数通过参数列表列出每个参数的数据类型、参数变量名。若参数不止一个,则每个参数之间用逗号分隔。

例 3.1 的 output()函数是无参函数,它的定义中首句也可以写成:
void output()　　　　　　　　　　　　//定义 output()函数的首部
但专业人员一般不省略 void 关键字,因此常写成下列形式:
void output(void)　　　　　　　　　　//定义 output()函数的首部
例 3.1 的 add()和 multiply()函数都是有参函数,都有两个参数,类型都是双精度实数。
下面的函数 f 则有三个参数,第一个是整数类型,后两个都是单精度实数类型,而函数的返回值是双精度实数类型:
double f(int n,float x,float y)　　　　//定义 f()函数的首部
需要指出的是,在函数定义中出现的形式参数用什么名称是无关紧要的,只要符合标识符的命名规则即可;重要的是每个参数的数据类型关键字和参数的位置先后,这决定函数调用时每个位置应提供什么类型的数据,"类型一致"的要求在 C++中是很严格的。

3.2.2 函数的声明

如果主调函数书写在前,被调函数书写在后(或书写在别的文件中),或者被调函数是库

函数；那么都需要先对被调函数提出声明，然后才能调用。

声明的作用实际上是提前通知编译系统有什么函数将被调用。只有在下列特殊情况下可以不需要声明：被调函数是自定义函数，而且该自定义函数出现在同一文件的主调函数之前。因为被调函数出现在前，后面的主调函数已经知道它的存在，所以不要声明。对于被调函数出现在主调语句之后的情况是需要提前声明的。

如何声明被调函数？

（1）对库函数的声明。

其实，对库函数的声明语句已经写在有关包含文件中了，因此只要在程序文件开头用include 语句将这些包含文件包含到本程序中来，就等于完成了对库函数的声明。

（2）对自定义函数的声明。

必须在调用某自定义函数的语句出现之前，先写出如下声明语句：

函数类型关键字 函数名([参数 1 类型,参数 1 名称][,参数 2 类型,参数 2 名称][…]);

在声明语句中，参数的名称可以省略，或写一个任意名称，这种写法表示的形式叫做函数原型（function prototype），即声明函数原型。函数原型有下列两种表示形式：

函数类型关键字 函数名([参数 1 类型][,参数 2 类型][…]);

函数类型关键字 函数名([参数 1 类型,标识符 1][,参数 2 类型,标识符 2][…]);

C++中的函数原型说明了函数的类型、函数名、函数各形式参数的类型；参数名无关紧要，第一种写法就是省略了参数名称。使用函数原型是 C 和 C++的一个重要特点。

【例 3.2】 函数声明示例：设被调函数 area()和 volum()分别求圆面积和圆柱体体积。

程序代码如下：

```cpp
//*****ex3_2.cpp*****
#include <iostream>
using namespace std;
void main()
{   double volum(float,float);      //声明求圆柱体体积的 volum()函数
    double area(float r);           //声明求圆面积的 area()函数
    float r,h; double s,v;
    cout<<"please input r,h:";
    cin>>r>>h;
    s= area(r);
    v= volum(r,h);
    cout<<"s="<<s<<","<<"v="<<v<<endl;
}
double volum(float x,float y)       //定义 volum()函数
{   double area(float r);           //声明求圆面积的 area()函数
    double z1,z2;
    z1=area(x);
    z2=z1*y;
    return (z2);
}
double area(float x)                //定义 area()函数
{   double z;
    z=3.14*x*x;
    return (z);
}
```

程序的运行结果如下：
please input r,h:10.0 2.0 ✓
s=314,v=628
说明：

（1）对函数的定义和函数声明是两回事，不要混淆。定义函数是建立一个函数，实现函数的功能，包括指定函数名、函数类型、形式参数类型及其名称、函数体等，它是一个完整的、独立的函数单位。而声明的作用是把函数的名称、函数的类型，以及形式参数的个数、类型和顺序（注意，不包括函数体）通知编译系统，以便在对包含函数调用的语句进行编译时，根据声明内容对函数进行对照检查（例如，调用语句使用的函数名是否正确，提供的参数与形式参数的类型和个数是否一致）。相似点就是函数的声明与函数定义中的第 1 行（函数首部）基本上是相同的，因此，可以简单地照写已定义函数的首行，再加上一个分号，就成为对函数的声明语句。注意函数定义首行末尾是没有分号的，因此它不是一个独立的语句。

（2）之所以函数原型中可以省略形式参数的名称，是因为形式参数的名称是无关紧要的，且在调用前形参并不存在。重要的是形式参数的类型、个数和顺序。即使在函数原型声明中写上形式参数名，参数名称也是可以随便写的。因为编译系统不检查形式参数名。

（3）函数声明语句的位置。函数声明语句可以放在主调函数中，也可以放在函数外面，只要出现在调用语句之前即声明有效。如果某被调函数要被前面多个函数调用，且声明语句放在主调函数里面，则每个主调函数都要重复写该函数的声明语句（如例 3.2 中的 area()函数）；如果声明语句写在所有函数外面且置于程序最前面，则声明语句只需写一次（可共享）。例如：

```
char f1(char,char);        //对 f1()函数的声明语句
float f2(float,int);       //对 f2()函数的声明语句
int f3(int,float);         //对 f3()函数的声明语句
void main()
{…}
char f1(char,char)         //f1 函数的定义
{…}
float f2(float,int)        //f2 函数的定义
{…}
int f3(int,float)          //f3 函数的定义
{…}
```

上述程序写法中，对函数 f1()、f2()、f3()的声明语句都写在所有函数外面和前面，因此相当于替整个文件所有主调函数写了声明语句。如果一个函数要被多个函数调用，用这种方式声明比较好，一处声明，可多处调用；换句话说，所有主调函数不需要重复写声明语句。

3.2.3 函数的返回值

有了函数的定义，又有了函数的声明之后，该函数就可以被调用了。但调用一个函数之前，用户应该对函数的返回值与函数的类型心中有数。

所谓函数的返回值就是该函数的函数值，如例 3.2 中，函数 area(10)的值是 314；volum(10,2)的值是 628。这些函数值返回给主调函数后，通过赋值语句分别赋给主调函数中的变量 s、v。

关于函数的值需要理解下面几个要点：

（1）关于 return 语句。函数的返回值是通过函数定义中的 return 语句返回到主调函数的。图 3-1 中向上方向的箭头就代表了函数返回值的方向，当执行 return 语句时，函数值就沿着这

些箭头的方向被送到主调函数。

如果一个函数有返回值（即函数不是 void 函数），那么该函数的定义中必须有一个 return 语句；如果不需要函数返回值（针对 void 函数），则函数的定义中可以不要 return 语句。

return 语句的作用不仅可以将函数的值返回到主调函数，同时也是结束被调函数运行的语句。一个函数中可以有一个以上的 return 语句。

return 语句后面的括号可要可不要，如 "return z;" 与 "return (z);" 两种写法的语句是等价的。return 语句后面的返回值也可以用表达式表示，如 "return (x+y);" 语句返回的值是表达式(x+y)的值。再如，假设有一个函数 max(int a,int b)，其功能是求两个参数中的较大数，那么该函数的函数体可以简化为一条语句来实现：

```
int max(int x,int y)
{return (x>y?x:y);}
```

该 return 语句后面的返回值是一个条件表达式，这样的表达非常简短，只用一个 return 语句就把求值和返回都解决了。

（2）函数值的类型。既然函数值也是一个值，就必然属于某种数据类型，一个有函数值的函数，它返回的函数值类型是确定的，这个类型唯一由函数定义中第 1 行（即函数首部）前面的数据类型关键字所决定。函数首部开头的关键字类型也被称作函数的类型。因此，只要看函数定义的首部，就能知道该函数的返回值类型。如果有下面的 3 个自定义函数首部：

```
char f1(char,char)          //函数值类型由 char 关键字决定，是字符型
float f2(float,int)         //函数值类型由 float 关键字决定，是单精度实型
int f3(int,float)           //函数值类型由 int 关键字决定，是整型
```

则这 3 个函数的返回值分别是字符型、单精度实型和整型。在主调函数中，接收这 3 个函数值的变量也分别应该用字符型、单精度实型和整型。

（3）如果 return 语句后面的表达式值类型与函数的类型不一致，则返回的值类型以函数的类型为准，即函数类型决定返回值类型。对数值型数据，可以自动进行类型转换。

这种转换有时可能会使得函数返回值与 return 语句后面的值之间出现差异，即如果函数的类型精确度比 return 语句后面表达式值的精确度低（比如函数是 int 型，return 语句后面的表达式值是 float 型），则返回的值与 return 语句后面的表达式值就会存在差异。举个例子：若有函数首部 "int add(int x,int y)"，而该函数体内假设有一个 float 类型的变量 z，且 z=4.5，则语句 "return z;" 返回的值要由 float 类型转化为 int 型，主调函数得到的函数值是 4，而并非 4.5。因此，在定义函数时，应尽量使函数体内 return 语句后面的表达式值类型与函数类型保持一致。

3.2.4 函数的调用

函数调用的一般格式为：

函数名([实际参数列表])

加中括号的[实际参数列表]表示该项内容可能有，也可能没有。如果调用的是无参函数，则没有 "实际参数列表"，但表示函数的小括号不能省略，参见例 3.1 中 output()函数的调用。如果调用的函数是有参数的，则调用必须提供实际参数；如果有多个参数，则提供的多个实际参数之间用逗号分隔。注意，在提供的实际参数列表中，只要列出每个实际参数即可（可以是常量、有值的变量名或表达式），而不要加值的数据类型关键字。这一点是函数调用格式与函

数定义格式在参数写法上的区别。实际参数必须与函数定义首部中描述的形式参数在个数、类型、顺序各方面严格一致。实际参数将与形式参数按顺序对应，一对一地传递数据。但有一点值得说明，如果实际参数表包括多个参数，且参数中出现表达式，而表达式的值又与参数求值顺序有关，这时传到函数形式参数的值就与实际参数求值顺序有关了。例如，若实际参数变量 n 的值为 3，有以下函数调用：

  fun(n,++n);

如果实际参数的求值顺序是自左至右，则函数调用相当于 fun(3,4)，传给形式参数的两个数据依次为 3、4；如果实际参数的求值顺序是自右至左，则函数调用相当于 fun(4,4)，这时传给形式参数的两个数据依次为 4、4。参数求值的顺序是与编译系统有关的，许多 C++系统（如 Visual C++）是按自右至左的顺序求值的。

函数调用可能以下面的三种形式出现：

（1）函数语句。

把函数调用单独作为一条语句，并不要求函数带回一个值或者不需要函数的值，只是要求把函数执行一遍以完成函数中的操作。如例 3.1 中的 output()函数调用语句：

  output();   //这是典型的函数调用语句

（2）函数表达式。

对于有值函数，函数调用能出现在一个表达式中，这时，函数值被当作一个参与表达式运算的数据。如下面的 max(a,b)函数调用出现在一个乘法表达式中，因此，表达式 3*max(a,b) 叫函数表达式：

  c=3*max(a,b);   //赋值语句右边是典型的函数表达式

（3）函数参数。

函数调用得到的值作为另一次函数调用的实际参数。例如：

  m=max(a,max(b,c));   //max(b,c)是典型的函数参数

这里，max(b,c)是函数调用，其函数值作为另一次函数调用（外层 max 函数）的一个实参出现，它的地位与另一实参 a 平等。如果 max(x,y)的功能是求 x、y 中的大数，那么上面的示例语句 m 得到的就是 a、b、c 三者中的最大数。由此可见，对有函数参数的情况，C++是先进行参数中的函数调用，再进行外层函数调用。

3.3 函数的参数传递

大多数函数是带参数的，只有理解有关概念和参数的传递机制，才能灵活地运用函数。

形参：在定义函数时函数名后面括号中的变量名叫做形式参数（formal parameter），简称形参。形参是无内存单元（因而不存在）的任何合法标识符。

实参：在调用一个函数时，出现在调用语句函数名后面括号中的参数叫做实际参数（actual parameter），简称实参。实参是实际存在（因而有特定值）的常量、变量或表达式。

【例 3.3】形参和实参及其参数传递。

程序代码如下：

```
//*****ex3_3.cpp*****
#include <iostream>
using namespace std;
double pow(float x,int n)      //定义函数 pow，求 x 的 n 次幂，x 和 n 是形参
```

```
    {   int i;
        double s=1;
        for(i=1;i<=n;i++)
            s=s*x;
        return(s);
    }
    void main()
    {   float a;
        int m;
        double c;
        cout<<"please input the values of a and m:";
        cin>>a>>m;
        c=pow(a,m);                          //调用函数 pow()，a 和 m 是实参。函数值赋给变量 c
        cout<<"The result is:"<<c<<endl;
    }
```

程序的运行结果如下：
please input the values of a and m:2.0 3↙
The result is: 8

有关形参和实参的说明：

（1）在定义函数时指定的形参，在未被调用时它们并不占用内存中的存储单元，实际上也就是不存在的，因此称它们是形式参数或虚拟参数，表示它们并不是实际存在的数据。只有在函数调用发生时，被调函数中的形参才被分配内存单元，以便接收从实参传来的数据。在调用结束后（即函数值返回后），形参所占用的内存单元也被释放（即形参又不存在了）。

（2）实参可以是常量、变量或表达式，如"c=pow(3.0, 2*m);"，但作为实参表达式中的变量必须有确定值；以使得整个实参表达式有确定的值。

（3）在定义函数时，必须在函数首部指定形参的类型，至于形参使用何名字可随意。

（4）实参与形参的类型应相同或赋值兼容。两种参数类型完全一致无疑是完全合法、正确的。如果实参为整型而形参为实型，或者相反，则按不同类型数值的赋值规则进行转换，原则上不出现语法错误，但结果可能带来某些非期望的误差。例如，实参 a 的值是 3.5，而被调函数的形参 x 为整型，则调用该函数时会将 3.5 转化为整数 3，然后送到形参 x，故 x 得到的是 3，由 3 计算出的函数值与 3.5 计算出的函数值肯定有差别。但字符型与整型可以互相通用。

3.3.1 参数的值传递

函数参数传递最常见的方式是值传递方式。例 3.3 中 pow()函数就是采用值传递方式。在 main()函数中调用 pow()时，按位置对应分别把 a 和 m 的值传给 x 和 n，最后由 pow()返回 s 到 main()中。其中，a 和 m 是实参，x 和 n 是形参。实际上，值传递参数的实现是系统将实参拷贝一个副本给形参，拷贝后两者就断开关系。在被调函数中，形参可以被改变，但这只影响副本中的形参值，而不影响调用函数的实参值。所以这类函数有保护原始数据的作用。换一句话说，这种参数传递机制是单向影响，即只能由实参将值传给形参（实参影响形参）；而形参在函数中的值如果发生变化，不会反过来影响对应的实参。

【例 3.4】参数值传递的"单向影响"演示。

程序代码如下：

```cpp
//*****ex3_4.cpp*****
#include <iostream>
using namespace std;
int max(int x,int y)              //定义有参函数 max，求两数最大值，x 和 y 是形参
{   float m;
    cout<<"x,y 的初始值是:"<<x<<","<<y<<endl;
    m=x>y?x:y; x=2*x; y=y+1;
    cout<<"x,y 后来的值是:"<<x<<","<<y<<endl;
    return(m);
}
void main()
{   int a,b,c;
    cout<<"请输入两个整数:";
    cin>>a>>b;
    c=max(a,b);                   //调用函数 max，a 和 b 是实参，函数值赋给变量 c
    cout<<"两数的较大数是:"<<c<<endl;
    cout<<"调用函数后的 a、b 值分别是:"<<a<<","<<b<<endl;
}
```

程序的运行结果如下：

请输入两个整数:3 8✓
x,y 的初始值是:3,8
x,y 后来的值是:6,9
两数的较大数是:8
调用函数后的 a、b 值分别是:3,8

例 3.4 的运行结果表明，虽然被调函数在执行过程中形参变量 x 和 y 的值发生了变化，但不能反过来影响其原来对应的实参 a 和 b，即 a 和 b 的值还是原来的值。

3.3.2 参数的地址传递

除了 3.3.1 小节介绍的值传递参数方式外，函数调用还有一种特殊的传值方式，即传递的不是变量的值，而是变量的地址（即变量对应的内存单元编号），这时，一般称之为参数的地址传递。在这种参数传递形式中，无论在函数的定义中出现的形参还是在调用语句中出现的实参，都是代表一些内存单元地址值，而不是一般的数值。

C++中的参数地址传递情况一般有如下几种：实参可以是一个有确定值的普通变量的地址，或者是一个已经初始化的指针变量（后面章会学到，指针变量的值是代表一个内存单元的地址），或者是一个初始化的数组名（后面章会学到，数组名的值也是代表一个内存单元的地址），或者是一个具体的函数名（后面章会学到，函数名的值也是代表一个内存单元的地址，即函数的入口地址）。而形参可以是一个任意普通变量的地址，或是一个任意指针变量，或是一个任意的数组名，或是一个指向函数的指针变量（对应于实参是具体函数名）。

实际上，这种参数传递机制就是在函数调用时把一个内存单元地址传递给形参，使形参也具有实参的内存单元地址（即两者对应同一个内存单元），称作形参和实参地址结合，两者合二为一。这样一来，任何时候形参的值等于实参的值；而实参的值也等于形参的值。因此，形参在函数中发生变化后，也会引起实参跟着变化（因为它们都是同一个内存单元里面的值）。

这就意味着按地址传递的方式,在调用刚开始时实参的值影响了形参;而在被调函数执行过程中形参值若发生了变化,它也会影响实参的值变化。即具有双向影响机制,这与值传递方式的单向影响机制形成对比。有关用地址作函数参数的例题,将会在"数组与指针"一章中遇到。

3.3.3 带默认值的参数

在 C++语言中,允许在函数声明或定义时给一个或多个参数指定默认值。通常调用函数时,要为函数的每个形式参数指定相应的值。例如,下面的 delay()函数的作用是延迟一定的时间,在没有使用默认值参数的情况下,是按例 3.5 的普通方式声明和定义的。

【例 3.5】 延迟函数的使用。

程序代码如下:

```
//*****ex3_5.cpp*****
#include <iostream>
using namespace std;
void delay(int loop);                //函数声明
void main()
{   cout<<"begin"<<endl;
    delay(1000);                     //函数调用
    cout<<"end"<<endl;
}
void delay(int loop)                 //函数定义
{   if(loop==0) return;
    for(int i=1;i<=loop;i++)
    cout<<i<<endl;                   //输出 i 的值是为了清楚看到程序执行的情况
}
```

每次使用 delay()函数都要给定实参,以便确定延迟时间。如果延迟时间基本一样,可以使用 C++中带默认值参数的函数形式来解决问题。解决的方法就是在函数声明(或定义)时给定默认值即可。具体做法只要把 delay()函数的声明改为以下形式:

```
void delay(int loop=1000);           //指定参数默认值为 1000
```

以后如果需要延迟相同时间 1000,都可以不必指定实参的值而直接调用函数:

```
delay();                             //调用语句不给定实参,形参将得到默认值 1000
```

如果再一次调用 delay()函数时需要延迟时间为 500,则只要另行给出实参即可:

```
delay(500);                          //调用语句给定实参 500,形参将得到所给的值 500
```

如果有多个形参,可以使每个形参有一个默认值;也可以只对一部分形参指定默认值。如对例 3.2 中求圆柱体体积的函数 volum(),指定圆柱体高度 h 的默认值为 2,可以这样声明:

```
double volum(float r, float h=2);    //只对形参 h 指定默认值 2
```

这时函数调用可采用以下形式:

```
volume(10.0);                        //h 的值为默认值 2,相当于 volume(10.0,2.0)
volume(10.0,5.0);                    //h 的值为指定值 5,相当于 volume(10.0,5.0)
```

C++中实参和形参的结合次序是从左至右的,第 1 个实参必与第 1 个形参结合,第 2 个实参必与第 2 个形参结合,……。因此,指定默认值的参数必须放在参数列表中的最右边。

如果函数的定义在函数的调用之前,且声明语句被省略(这时可以省略),则应在函数定义中给出默认值。如果函数定义在函数调用之后,则在函数调用之前需要有函数声明,此时必须在函数声明中给出默认值,而不必再在定义中给出默认值。总之,必须在函数调用之前将默认值的信息通知给编译系统。

3.4 函数的嵌套调用与递归调用

3.4.1 函数的嵌套调用

C++不允许对函数作嵌套定义，也就是说在一个函数定义中不能完整地包含另一个函数的定义。即下列在 f1 函数的定义体中又包含 f2 函数的定义，这叫做嵌套定义，是不允许的。

```
float f1()                    //f1 函数首部
{...                          //f1 函数的其他部分
int f2(int x,char y){...}     //嵌套的 f2 函数定义，是不允许的
...                           //f1 函数的其他部分
}
```

而每一个函数的定义应该是互相平行和独立的，如下面的形式是允许的：

```
void f1()                     //f1 函数首部
{...}                         //中间无其他函数的定义

int f2(int x,char y)          //f2 函数首部
{...}                         //中间无其他函数的定义
```

虽然 C++不能嵌套定义函数，但可以嵌套调用函数，即一个被调函数的函数体中又可以出现函数调用语句，这种调用现象称为函数的嵌套调用。

比如，函数 main()调用了 f1()函数，而 f1()函数在执行中又调用了 f2()函数，代码如下：

```
void main()
{...
    f1();                     //主函数中调用函数 f1
}
int f1()                      //定义函数 f1
{...
    f2();                     //f1 中调用函数 f2
}
int f2()                      //定义函数 f2
{...
}
```

这就是嵌套调用，上述嵌套调用可用图 3-2 示意。

图 3-2　函数的嵌套调用

图 3-2 表示的示例是两层嵌套（算 main()函数共 3 层函数），图中每一根带箭头的线代表一类操作步骤，共有 3 类操作：其中竖直向下的箭头线表示执行同一函数内的语句；从左下往右上的箭头线表示函数调用；从右下往左上的箭头线表示函数值返回。每根线旁边标注的数字代表执行的顺序，即第 1 步首先从主函数的先前代码开始执行，第 2 步执行主函数调用 f1 函数的操作，……，最后第 9 步执行主函数的末尾代码，直到整个程序运行结束。发现嵌套调用有这样一个规律：最先执行的主函数最后结束，而最后被调用的 f2 函数却最先结束，这在计算机中称作"后进先出"规则。

【例 3.6】编程求组合 $C_m^n = \dfrac{m!}{n!(m-n)!}$，其中求组合的功能要求用函数完成。

分析：根据组合的计算公式，知组合函数有两个形参 m、n，可以用自定义函数 comb(int n, int m)表示求组合。而在 comb 函数中需要 3 次计算阶乘，如果定义函数 fac(k)求 k 的阶乘，然后在 comb 函数中调用 fac 函数，可以使程序代码简单，只要在 comb 函数中写一个语句"c=fac(m)/(fac(n)*fac(m-n));"即可求出组合值。

程序代码如下：

```cpp
//*****ex3_6.cpp*****
#include <iostream>
using namespace std;
long fac(int k)                         //定义求阶乘的函数
{   long f=1;int i;
    for(i=1;i<=k;i++)f=f*i;
    return f;
}
long comb(int n,int m)                  //定义组合函数 comb()
{   long c;
    c=fac(m)/(fac(n)*fac(m-n));         //嵌套调用阶乘函数 fac()
    return c;
}
void main()
{   int n,m;long c;
    cout<<"please input two integer numbers:m,n"<<endl;
    cin>>m>>n;
    c=comb(n,m);                        //调用组合函数 comb
    cout<<"c="<<c<<endl;
}
```

主函数调用函数 comb()；comb()在执行过程中又调用了函数 fac()。fac()的调用被嵌套在函数 comb()的调用中。

3.4.2 函数的递归调用

在调用一个函数的过程中又出现直接或间接地调用该函数本身，这种调用现象称为函数的递归（recursive）调用。

直接递归调用的代码形式如下：

```cpp
int fun1()                              //函数 fun1()的定义
{ …                                     //函数其他部分
    z=fun1();                           //直接调用自身
```

```
    ...                              //函数其他部分
}
```
以上是在函数 fun1()中直接调用了 fun1()函数，直接递归调用过程示意图如图 3-3 所示。
间接递归调用可以表现为如下形式：
```
int fun2()                           //函数 fun2()的定义
{ ...                                //fun2()的其他部分
    x=fun3();                        //调用 fun3()
    ...                              //fun2()的其他部分
}
int fun3()                           //函数 fun3()的定义
{ ...                                //fun3()的其他部分
    y=fun2();                        //调用 fun2()
    ...                              //fun3()的其他部分
}
```
函数 fun2()中调用了 fun3()，而 fun3()中又调用了 fun2()，相当于 fun2()间接地调用了 fun2()。这种调用称为间接递归调用，间接递归调用过程示意图如图 3-4 所示。

图 3-3 函数的直接递归调用　　　　图 3-4 函数的间接递归调用

可以看到，递归调用是一种特殊的嵌套调用。观察上面这两种递归调用（见图 3-3 和图 3-4）会发现这两种递归调用似乎都是无限地调用自身（形成无限循环）。显然，这样的程序将出现类似于"无限循环"的问题。然而，有意义的递归调用应当只能允许出现有限次的递归调用，当达到某种条件时应该使递归调用终止。通常这种条件称作递归终止条件，可以用"if 递归终止条件"的句式来控制递归调用终止。

递归在解决某些问题时是一个十分有用的方法。其一，因为有的问题它本身就是递归定义的；其二，因为它可以使某些看起来不易解决的问题变得容易描述和容易解决，使一个蕴含递归关系且结构复杂的程序变得简洁精炼，增强程序可读性。

【例 3.7】编写递归调用函数计算 n!的值。

分析：n!本身就是以递归的形式定义的，

$$n! = \begin{cases} 1 & (n=1) \\ n(n-1)! & (n>1) \end{cases}$$

求 n!，应先求(n-1)!；而求(n-1)!，又需要先求(n-2)!；而求(n-2)!，又可以变成求(n-3)!，……，如此递推，直到最后变成求 1!的问题。而根据公式有 1!=1（这就是本问题的递归终止条件）。由终止条件得到 1!结果后，再反过来依次求出 2!，3!，……，直到最后求出 n!。

设求 n!的函数为 fac(n)，函数体内求 n!，只要 n>1，可用 n*fac(n-1)表示，即 fac(n)函数体内将递归调用 fac()自身；但一旦参数 n 为 1，则终止调用函数自身并给出函数值 1。

程序代码如下：
```cpp
//*****ex3_7.cpp*****
#include <iostream>
using namespace std;
long fac(int n)
{   long f;
    if(n==1)
        f=1;
    else
        f=n*fac(n-1);                              //递归调用，求(n-1)!
    return f;
}
void main()
{   long y;int n;
    cout<<"please input a integer n"<<endl;
    cin>>n;
    y=fac(n);                                      //调用 fac(n)求 n!
    cout<<"n="<<n<<","<<"y="<<y<<endl;
}
```

程序运行时，如果输入：3

主程序语句执行 y=fac(3)，引起第 1 次调用函数 fac()。进入函数后，形参 n=3，应执行计算表达式：

3*fac(2)

为了计算 fac(2)，又引起对函数 fac 的第 2 次调用（此乃递归调用），进入函数 fac，形参 n=2，应执行计算表达式：

2*fac(1)

为了计算 fac(1)，第 3 次调用函数 fac（又是递归调用），进入函数 fac，形参 n=1，此时执行 fac(1) = 1，完成第 3 次调用，回送结果 return 1，返回调用处（即回到第 2 次调用层）。

计算 2*fac(1)=2*1=2，完成第 2 次调用，return 2，返回第 1 次调用层。

计算 3*fac(2)=3*2=6，完成第 1 次调用，return 6，返回主程序。

fac(3)的递归调用及返回过程如图 3-5 所示，图中的数字序号表示递归调用和返回的先后顺序。

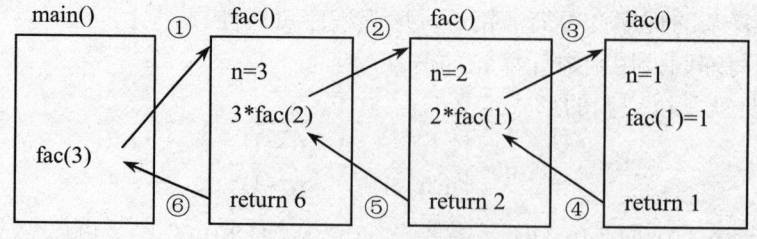

图 3-5　求 fac(3)的递归过程

从求 n!的递归程序中可以看出，递归定义有两个要素：

（1）递归终止条件。也就是所描述问题的最简单情况，达到该条件时，函数的值可以直接确定而不需要再进行递归调用。如例 3.7，当 n=1 时，fac(n)=1，不再调用 f(n-1)。

（2）向终止条件转化的规则。递归定义必须能使问题越来越简单，即参数越来越接近终止条件的参数；最终达到终止条件使函数有确定的值。如例 3.7，fac(n)由 fac(n-1)定义，参数从大于 1 逐步趋向于 1，最终达到 1 即满足了终止条件；达到终止条件函数有确定的值 1。

采用递归调用的程序结构清晰；但是采用递归调用的程序往往执行效率低，既比较费时又比较费内存空间。因为在递归调用的过程中，系统需要为每一层的返回点、局部量等开辟栈来存储。递归次数过多容易造成栈溢出等。

【例 3.8】汉诺塔问题。

用递归算法来做汉诺塔问题的程序是很有趣的，可以使复杂的过程变得意想不到的简单。汉诺塔（Tower of Hanoi）问题据说来源于布拉玛神庙。该问题的装置如图 3-6 所示（图上仅画 3 个金片以简化问题的原理，原问题有 64 个金片），底座上有 3 根金钢石的针，第 1 根针 a 上穿放着从大到小的 64 个金片。解决该问题就是要想法把所有金片从第 1 根针 a 上移到第 3 根针 c 上，第 2 根针 b 作为中间过渡。要求每次只能移动 1 个金片，并且任何时候不允许大的金片压在小的金片上面。寻求该问题的解就是寻找正确的移动步骤。

图 3-6 3 个金片的汉诺塔问题装置

移动金片是一个很烦琐的过程。通过计算，对于 64 个盘子至少需要移动 $2^{64}-1=1.8\times10^{19}$ 次。写这样的程序初看似乎无从着手，但可考虑用递归求解。下面用递归的方法来表达。

（1）本问题的递归终止条件。如果只有 1 个盘，显然问题的解就很明显是：直接把金片从 a 移到 c。因此终止条件是 n==1；终止条件对应的操作是直接把金片从 a 移到 c，示意 a→c。

（2）本问题的递归分析。移动 n 个金片从 a 到 c，必须先将 n-1 个金片从 a 借助 c 移动到 b，移动 n-1 个金片与原问题相同，但规模变小，即向终止条件接近，因此，此问题可以通过递归过程完成。递归过程可以用如下步骤表示：

① 将 n-1 个金片从 a 经过 c 移动到 b。
② 将第 n 个金片从 a 直接移动到 c。
③ 再将 n-1 个金片从 b 经过 a 移动到 c。

一般地，设将 n 个金片从 x 针借助 y 针移动到 z 针的函数原型为：

void hanoi(int n,char x,char y,char z)

根据解题步骤（算法），可以写出求解 n 个金片的汉诺塔函数 hanoi()，参见本题程序的代码。当 n>1 时，递归调用 hanoi()，每次 n 减 1。最后当 n==1 时，直接移动该金片就可以了。

完整程序如下：

```
//*****ex3_8.cpp*****
#include <iostream>
using namespace std;
void hanoi(int n,char x,char y,char z)
{   if(n==1)
        cout<<x<<"->"<<z<<endl;            //n==1 时，直接将金片从 x 移动到 z，句④
    else                                    //n>1 时
```

```
        {
            hanoi(n-1,x,z,y);              //先将 n-1 个金片借助 z 移动到 y，句①
            cout<<x<<"->"<<z<<endl;        //将第 n 个金片从 x 移动到 z，句②
            hanoi(n-1,y,x,z);              //再将 n-1 个金片从 y 借助 x 移动到 z，句③
        }
}
void    main()
{    int n;
     cout<<"input n:"<<endl;
     cin>>n;
     hanoi(n,'a','b','c');         //n 个金片从 a 针借助 b 针移动到 c 针
}
```

下面以 n=3 为例，具体分析一个小规模汉诺塔问题的计算机求解过程。在本题的程序中特意将函数中 if 结构的 4 条关键语句加了"句①～句④"的编号，是为了下面讲解程序执行过程时方便。程序执行流程如图 3-7 所示。

图 3-7 将 3 个金片从 a 移到 c 的全过程

据执行流程次序，得到递归调用输出的总结果（即正确顺序的移动操作）如下：
a->c,a->b,c->b,a->c,b->a,b->c,a->c

现对该递归过程的执行流程说明如下：

（1）每次调用 hanoi 函数时 n 的参数值不同，共有 3 层调用（分别对应于 n=3、2、1）。在同一层次的框内，执行顺序是从上到下的。在不同层次的框之间，执行顺序按直线箭头方向，向右代表函数调用，向左代表调用返回，箭头旁边的数字表示该操作的先后顺序。

（2）第 1 次调用 hanoi 函数。所在层次号为 1；主调者：main 函数；调用语句及实参：

hanoi (3,"a","b","c"); 进入 hanoi 函数后形参 n,x,y,z 得到的值分别为：n=3,x="a",y="b",z="c"；转入 else 分支，执行句①。

（3）第 2 次调用 hanoi 函数。所在层次号为 2；主调者：else 分支的句①；调用语句及实参：hanoi(3-1,"a","c","b")；进入 hanoi 函数后形参 n,x,y,z 得到的值分别为：n=2,x="a",y="c",z="b"；又转入 else 分支，执行句①。

（4）第 3 次调用 hanoi 函数。所在层次号为 3；主调者：else 分支的句①；调用语句及实参：hanoi(2-1,"a","b","c")；进入 hanoi 函数后形参 n, x, y, z 得到的值分别为：n=1,x="a",y="b",z="c"；因此转入句④执行 "cout << x << "->" << z << endl;"，得到第 1 个输出结果：

a->c

递归终止，返回到最近的那次调用（即第 2 层）的主调语句（else 分支中句①），执行该位置的下一句即句②："cout << x << "->" << z << endl;"，但此 x 和此 z 存储的是第 2 层的形参，形参值分别是：n=2,x="a",y="c",z="b"，于是该句得到第 2 个输出结果：

a->b

接着执行 else 分支下的句③ "hanoi(n-1,y,x,z);"，引起第 4 次调用 hanoi 函数（注意参数值是第 2 层的形参：n=2,x="a",y="c",z="b"）。

（5）第 4 次调用 hanoi 函数。进入层次：第 3 层；主调者：else 分支的句③；调用语句及实参：hanoi(2-1,"c","a","b")；进入 hanoi 函数后形参 n,x,y,z 得到的值分别为：n=1,x="c",y="a",z="b"，转入句④执行 "cout << x << "->" << z << endl;"，得到第 3 个输出结果：

c->b

第 3 层执行完毕，接着返回到最近的那次调用层（即第 2 层）；第 2 层也执行完毕（后面已无语句）；继续返回第 1 层（见标有⑤的箭头线）；往下执行第 1 层下面的句②："cout << x << "->" << z << endl;"，注意此时的形参 x 和 z 是第 1 层先前保存的形参（即 x＝"a",z="c"）。于是输出第 4 个结果：

a->c

接着执行第 1 层下面的句③，继续调用 hanoi 函数进入第 2 层。接下来的道理与步骤(1)～(5) 所述类似，在此不再赘述。可见，虽然递归调用在写程序时很简单，但执行起来却很复杂（时间、存储空间都开销大）。对于规模较大的汉诺塔问题，人工分析相当困难。

3.5　内置函数

当程序中某主调函数 A 要调用被调函数 B 时，程序流程会从 A 的代码区转到被调函数 B 的代码区去执行，被调函数执行完后又要返回到主调函数的调用语句位置。这种函数调用是需要一定的时间和空间开销的。时间开销可以用一个比喻来描述：比如我们从宿舍（主调函数代码区）跑到教室（被调函数代码区）去上课，下课后又要跑回宿舍去（函数执行完后返回到主调函数），来回跳转是要花点时间的。而空间开销主要是计算机需要占用一些额外的存储单元保存函数调用前后的一些状态信息和被调函数的局部变量。当一个被调函数被频繁多次调用时，这种额外时间空间开销就越明显。

C++提供了一种提高函数调用效率的方法，即在编译时将被调函数的代码直接嵌入到主调函数中，而不是将流程转出去。这种嵌入到主调函数中的被调函数称为内置函数（inline function），又称内嵌函数、内联函数。

将一个被调函数指定为内置函数的方法很简单，只需在函数定义的首行左端加一个关键字 inline 即可，或者在函数声明语句的开头加 inline。

定义内置函数的具体格式如下：

inline 函数名(形参列表)
{
　…　　　　　　　　//函数体
}

声明内置函数的语句具体格式如下：

inline 函数名(形参类型表);

【例 3.9】将被调函数 max(int,int, int)指定为内置函数。

```
#include <iostream>
using namespace std;
inline int max(int,int, int);        //函数声明语句，注意左端有 inline
void main(void)
{int i=5,j=6,k=7,m;
  m=max(i,j,k);                      //注意这第 6 行
  cout<<"max="<<m<<endl;
}
inline int max(int a,int b,int c)    //定义 max 为内置函数，注意左端有 inline
{if(b>a) a=b;                        //求 a,b,c 中的最大者
  if(c>a) a=c;
  return a;
}
```

由于在定义 max()函数时指定它为内置函数，因此编译系统在遇到函数调用"max(i,j,k)"时，就用 max()函数体的代码代替"max(i,j,k)"，同时将实参代替形参。这样，程序第 6 行"m=max(i,j,k);"就被置换成下列 3 行语句：

if(j>i) i=j;
if(k>i) i=k;
m=i;

注意：可以在声明函数和定义函数时同时写 inline，也可以只在其中一处声明 inline，效果相同，都能按内置函数处理。

使用内置函数可以节省运行时间，但却增加了目标程序的长度。因此一般只将规模很小（一般为 5 个语句以下）而调用频繁的函数（如反复输入数据的函数）声明为内置函数。

应当说明：对函数作 inline 声明，只是程序设计者对编译系统提出将函数内置处理的建议，也就是说它是建议性的，而不是指令性的。并非一经指定为 inline，编译系统就必须这样做。编译系统会根据具体情况决定是否要将被调函数作为内嵌处理。

归纳起来，关于内置函数有下面几点说明：

（1）内置函数与一般函数的区别在于函数调用的处理。一般函数进行调用时，要将程序执行到被调用函数中，然后返回到主调函数中；而内置函数在调用时，是将调用部分用内置函数体来替换。

（2）内置函数必须先声明后调用。因为程序编译时要对内置函数替换，所以在调用内置函数之前必须声明是内置的（inline），否则将会像一般函数那样产生调用而不是进行替换操作。

（3）在内置函数中，不能含有复杂的结构控制语句，如 switch、for 和 while。如果内置函数有这些语句，则编译器将该函数视同一般函数那样产生函数调用。

（4）递归函数不能用作内置函数。

（5）以后讲到的类中，所有定义在说明内部的函数都是内置函数。

3.6 变量和函数的属性

每一个变量除了有数据类型属性外，还在存储区域、存在时间等方面有差异。即变量有作用范围不同的（空间属性不同），也有生存期长短不同的（时间属性不同）。

所谓变量的空间属性是指变量都有其有效的作用范围，这个范围叫做变量的作用域。只有在变量的作用域内程序才能访问到该变量；而在它的作用域外是不能访问这些变量的。

所谓变量的时间属性是指变量都有其存储的时间段，这个时间段叫做变量的生存期。只有在变量的生存期间才能访问到该变量；而在它的生存期之外的时间段是不能访问这些变量的，因为此时该变量已经不被存储了。

同样地，函数不仅有数据类型属性，而且有空间属性，即函数存在一定的使用范围。

3.6.1 变量的作用域

首先将变量按作用域的大小分类，可以分为局部变量和全局变量。

C++中并不是所有的变量对任何函数都是可知的。一些变量在整个程序或文件中都是可见的（或叫做可访问的），这些变量作用域大，被称为全局变量。一些变量只能在一个函数或块中可见，这些变量作用域小，被称为局部变量。

变量作用域的大小和它们的存储区域有关。全局变量存储在全局数据区（也称为静态存储区），它在程序运行的时候被分配存储空间，当程序结束时释放存储空间。局部变量存储在堆栈数据区，当程序执行到定义了该变量的函数（或程序块）时才给变量开辟存储空间，当函数（或程序块）执行完毕时又释放存储空间。而决定变量作用域大小的根源是它的定义位置。

1. 局部变量

局部变量是指定义在函数或程序块内的变量。在函数体开头定义的局部变量，称作函数级局部变量，其作用域范围是从它被定义的位置到该函数的结束位置。在函数的某复合语句中定义的局部变量，称作块级局部变量，其作用域仅仅是该复合语句范围。例如，前面所有函数中定义的形参和函数内定义的变量都是局部变量。

下面举例说明局部变量的实例：
```
void main()
{ int x;        //x 是定义在main()函数中的函数级局部变量，其作用域为整个main()函数
   ...
   {   int y;   //y 是定义在复合语句中的块级局部变量，其作用域为该复合语句
      ...
   }
   ...
}
void fun()
{
```

```
        char ch;        //ch 是定义在 fun()函数中的函数级局部变量,其作用域为整个 fun()函数
        ...
}
```

由于局部变量只在其定义的函数(或程序块)内有效,所以不同函数内可以定义同名变量,它们不会相互干扰。这个性质为多函数的程序设计提供了方便,使得项目管理者只需要为程序员指定编写函数的参数和功能;而程序员则不必担心自己编写的函数中是否有变量与其他程序员编写的函数中的变量同名,只需专心致力于编写函数的功能就可以了。

【例 3.10】局部变量的使用。

程序代码如下:

```
//*****ex3_10.cpp*****
#include <iostream>
using namespace std;
double fun1(double a,double b)    //fun1 函数中有 2 个局部变量,分别取名 a,b
{   a++;b++;
    return (a*b);
}
double fun2(double a,double b)    //fun2 函数中有 2 个局部变量,也分别取名 a,b
{   a--;b--;
    return (a*b);
}
void main()                       //main 函数中有 2 个局部变量,也分别取名 a,b
{   double a,b;
    cout<<"input two numbers:";
    cin>>a>>b;
    cout<<"fun1(a,b)="<<fun1(a,b)<<endl;
    cout<<"fun2(a,b)="<<fun2(a,b)<<endl;
    cout<<"a="<<a<<",b="<<b<<endl;
}
```

程序的运行结果如下:

input two numbers:3.5 5✓
fun1(a,b)=27
fun2(a,b)=10
a=3.5,b=5

可见,每个函数中都定义了相同名称的局部变量,比如有 3 个 a;但不同函数中定义的 a 并不是同一个变量(内存单元不同),即"此 a 非彼 a"。

2. 全局变量

凡是定义在函数外面的变量都叫全局变量。全局变量的默认作用域是从该变量的定义位置延续到该文件的末尾。

【例 3.11】全局变量的使用。

程序代码如下:

```
//*****ex3_11.cpp*****
#include <iostream>
using namespace std;
int a;          //a 的定义位置在所有函数外面和前面,所以 a 的作用域为整个文件
void fun1();                            //声明 fun1()函数
```

```
void main()
{   cout<<"a 的初值="<<a<<endl;          //main()函数中使用了全局变量 a
    fun1();                              //调用 fun1()函数
    cout<<"a 的终值="<<a<<endl;          //main()函数中再次使用了全局变量 a
}
void fun1()
{   a=a+1; }                             //fun1()函数中使用了全局变量 a
```

程序的运行结果如下：
a 的初值=0
a 的终值=1

说明：

（1）例 3.11 中，主函数中第一次输出变量 a 时，a 还没有赋值，但是执行结果显示 0。这是因为当程序执行时，全局变量开辟存储空间的同时被系统初始化为 0（定义数值型全局变量时，若没有专门初始化，则其默认初值为 0）。调用 fun1()函数后，a 在 fun1()函数中被赋值为 1，所以主函数中第二次输出变量 a 时结果为 1。

（2）全局变量可以定义在任何位置（只要不在任何函数体内定义即可），在没有附加特别声明时，全局变量的作用域是从定义的位置开始到本文件的末尾。一般来说，全局变量最好定义在所有函数之前，这样所有的函数就都可以使用该全局变量。而定义在文件中间的全局变量就只能被其后面的函数所使用，处于全局变量定义之前的所有函数不能看见该全局变量，从而也就不能访问该变量。例如：

```
#include <iostream>
using namespace std;
void fun1();
void main()
{   x=4;                //此处看见 x 的定义，编译时认为 x 没有定义而出错
    cout<<x<<endl;      //同样这一语句也不能访问变量 x
}
int x;                  //定义全局变量 x
void fun1()
{ cout<<x<<endl; }      //这里是可以使用全局变量 x 的
```

（3）全局变量为函数间数据的传递提供了通道。由于全局变量可以被其定义后的函数所使用，所以可以使用全局变量进行函数间数据的传递。而且这种传递数据的方法可以传递多个数据的值。下面就是利用全局变量传递两个数据的例子。

【例 3.12】分别写两个函数求给定两个数的最大公约数和最小公倍数。其中，要求用全局变量存放最大公约数和最小公倍数，而不用函数值返回。

分析：由于求最小公倍数要依赖于最大公约数，所以应先求出最大公约数。因此，主函数中应该先调用求最大公约数的函数，后调用求最小公倍数的函数。

程序代码如下：
```
//*****ex3_12.cpp*****
#include <iostream>
using namespace std;
int gcd(int,int);       //声明求最大公约数的函数 gcd()
int lcm(int,int);       //声明求最小公倍数的函数 lcm()
int max,min;            //全局变量 max 和 min 分别存放最大公约数、最小公倍数
```

```cpp
void main()
{   int a;int b;
    cout<<"请输入 a 和 b 的值:";
    cin>>a>>b;
    gcd(a,b);
    lcm(a,b);
    cout<<a<<"与"<<b<<"的最大公约数是:"<<max<<endl;    //使用全局变量 max
    cout<<a<<"与"<<b<<"的最小公倍数是:"<<min<<endl;    //使用全局变量 min
}
int gcd(int x,int y)         //定义求最大公约数的函数 gcd()
{   int t;int r;
    if(x<y)
        { t=x;x=y;y=t;}
    r=x%y;
    while(r!=0)
        { x=y;y=r;r=x%y; }
    max=y;
    return max;              //使用全局变量 max 的值为函数返回值
}
int lcm(int x,int y)         //定义求最小公倍数的函数 lcm()
{   min=x*y/max;             //使用全局变量 max，求全局变量 min 的值
    return min;              //使用全局变量 min 的值为函数返回值
}
```
程序的运行结果如下：
请输入 a 和 b 的值:36 15✓
36 和 15 的最大公约数是:3
36 和 15 的最小公倍数是:180

本例中利用全局变量 max 和 min 存储最大公约数和最小公倍数。最大公约数是在函数 gcd()中赋给 max 的；最小公倍数是在函数 lcm()中赋给 min 的，而 max 和 min 又在 main()函数中使用。本程序的整个过程就是利用全局变量 max 和 min 由 gcd()函数和 lcm()函数向 main()函数传递数据实现的。

（4）全局变量降低了函数的通用性，建议非必要时不要使用全局变量。因为如果某函数中使用了全局变量，那么该函数要移植到其他程序使用时，也必须将该全局变量一起移过去。另外，全局变量在程序执行的全部过程都占用存储空间，而不是需要时才开辟存储空间。

3. 不同作用域的同名变量引用规则

在 C++中，虽然不允许相同作用域的变量同名，但允许不同作用域的变量同名，比如，允许在函数或程序块内定义与全局变量同名的变量。下面程序例 3.13 就有 3 个作用域不同的同名变量（均命名为 a），该使用是合法的。

【例 3.13】不同作用域的同名变量引用规则示例。

```cpp
//*****ex3_13.cpp*****
#include <iostream>
using namespace std;
int  a=5;                    //全局变量 a
int fun();                   //声明一个无参有返回值的函数
main()
```

```
    {   int a;                    //函数级局部变量a
        a=1;                      //此处引用的a是函数级局部变量a
        cout<<a<<",";             //此处引用的a是函数级局部变量a
        {   int a;                //程序块级局部变量a
            a=2;                  //此处引用的a是程序块级局部变量a
            cout<<a<<",";         //此处引用的a是程序块级局部变量a
        }
        a=3;                      //此处引用的a是函数级局部变量a
        cout<<a<<",";             //此处引用的a是函数级局部变量a
        cout<<fun()<<endl;
    }
    int fun()
    {   return a;}                //此处引用的a是全局变量a
```
程序运行结果是：
1,2,3,5

例 3.13 中有 3 个同名变量 a 定义在 3 个不同的地方，它们的作用域因此不同，是 3 个不同的变量，对应存储单元不同。

全局变量在没有附加特别声明的情况下其作用域是从定义点到整个文件末尾；函数级局部变量的作用域是贯穿该函数；而程序块（复合语句）中定义的块级局部变量的作用域只在该复合语句范围内。那么在一个特定的位置引用到某个重名的变量名时，到底是引用哪个变量呢？这由如下重名变量作用域规则决定：在某个作用域范围内定义的变量在该范围的子范围内可以定义重名变量，这时原定义的变量在子范围内是不可见的（即不可引用的），但是它还存在，只是在子范围内由于出现了重名的变量而被暂时隐藏起来；过了子范围后，它又是可见的（即可引用的）。

在例 3.13 程序中，全局变量 a 在 main() 内是不可见的，因为 main() 函数中定义了以 a 命名的变量；因此第一个赋值语句是给函数级局部变量赋值，第一个输出语句输出的也是函数级局部变量 a 的值 1。同样，在程序块中全局变量 a 和函数级局部变量 a 都是不可见的，因为程序块中又定义了以 a 命名的程序块级局部变量；因此第二个赋值语句和第二个输出语句操作的都是程序块级的局部变量 a。但在 main() 中程序块以外的地方函数级局部变量 a 是可见的，因此第 3 个赋值语句和第 3 个输出语句操作的都是函数级局部变量 a。全局变量 a 在其他没有定义名称 a 为局部变量的函数中是可见的；因此在 fun() 函数中可以访问全局变量 a，却不可以访问 main() 函数内的两个局部变量 a，所以 fun() 函数返回的值是全局变量 a。

以上规则可总结为一句话："引用重名的变量名时，实际引用的是可见而且最邻近的局部变量"。再用一个比喻加深理解：比如中国有 3 个名气大小不同的人都叫"姚明"（比喻为 3 个作用域不同的变量），其中大名鼎鼎的篮球明星"姚明"是全局变量（全国闻名）；A 大学一名人校长也叫"姚明"，此校长是函数级局部变量（仅在 A 校闻名）；A 大学的 a 班一学生也叫"姚明"，该生是程序块级局部变量（仅全班闻名）。那么，在 a 班中提到"姚明"是指该学生；在 a 班以外 A 大学内提到"姚明"是指该校的校长；在 A 大学以外的中国某地提到"姚明"是指篮球明星"姚明"（假设当地无人叫"姚明"）。

3.6.2 变量的生存期

从时间角度考虑，变量还有存储期（storage duration，也称生存期）属性。存储期即变量值在内存中存在的时间。而变量的存储期是由变量的存储类别决定的,有两种存储类别:动态存储方式与静态存储方式。

1. 短生存期变量——动态存储方式

所谓动态存储方式,是指在程序运行期间动态地分配存储空间给变量的方式。这类变量存储在动态存储区(堆或栈),在执行其所在函数或程序块时开辟存储空间,在函数或程序块结束时释放存储空间,生存期为函数或程序块的运行期间。这类变量主要有:函数的形参,函数或程序块中定义的局部变量(未附加 static 关键字定义的变量)。

使用动态存储方式的变量有两种:自动变量和寄存器类变量。

(1)自动变量。凡未附加 static 关键字定义的局部变量都是自动变量,存储在动态数据存储区。自动变量也可以用关键字 auto 作为存储类别的声明。自动变量的生存期为函数或程序块执行期间,作用域也是其所在函数或程序块。这类变量主要有:函数的形参,函数或程序块中未附加 static 关键字定义的局部变量。例如:

```
int fun()
{auto int a;}                //a 为自动类变量
```

在实际编程过程中,关键字"auto"可以省略。例如上述自动变量也可声明为下面形式:

```
int fun()
{int a;}                     //a 也为自动类变量
```

(2)寄存器变量。存储在 CPU 内部通用寄存器中的变量叫寄存器变量,它们也是动态变量;定义寄存器变量要附加 register 关键字。由于 CPU 读/写寄存器中的数据比读/写内存中的数据要快,因此访问寄存器变量的速度比访问一般内存变量的速度要快。寄存器变量的生存期和作用域为其定义所在的函数或程序块。一般情况下,可以将那些需要频繁访问的变量声明为寄存器变量,如循环变量。

下面 main()函数中的循环变量 i 就使用了寄存器变量:

```cpp
#include <iostream>
using namespace std;
void main()
{
    register int i;         //注意前面附加的 register 关键字,说明 i 是寄存器变量
    int sum=0;
    for(i=1;i<=100;i++)sum+=i;
    cout<<"1+2+...+100="<<sum<<endl;
}
```

程序的运行结果是:

1+2+...+100=5050

寄存器变量的使用应注意以下问题:

(1)寄存器变量不宜定义过多。因为计算机 CPU 中的寄存器数量是有限的,所以不能允许所有的变量都为寄存器变量。如果寄存器变量过多或通用寄存器被其他数据使用,那么系统将自动把寄存器变量转换成自动变量。

(2)寄存器变量的数据长度与通用寄存器的长度相当。一般是 char 型和 int 型变量。

2. 长生存期变量——静态存储方式

所谓静态存储方式,是指在程序整个运行期间分配固定存储空间给变量的方式。这类变量存储在全局数据区,当程序运行时开辟存储空间,程序结束时才释放存储空间,生存期为程

序的整个运行期间。采用静态存储方式的变量有：全局变量（含外部变量、静态全局变量）和静态局部变量。

（1）外部变量。外部变量是指定义在函数外面且没附加 static 关键字的全局变量。存储在全局数据区，生存期为程序执行期间。前面说过，如果不对外部变量附加特别声明，则它的作用域是从定义点到所在文件的末尾。其实，外部变量不管在何处定义，都可以利用 extern 关键字作附加声明，使其作用域扩展到整个程序。即在想使用外部变量的地方，先写一句下列形式的声明语句：

extern 外部变量名；

这种扩展作用域的声明语句有两种情况用到：①对同一文件后面位置定义的外部变量 x，将其作用域扩展到本文件前面的函数。这时只要在该文件的前面用 extern 对该变量 x 进行声明即可，这叫做提前引用声明。②如果想在 A 文件中使用本程序 B 文件中定义的外部变量 y，只要在 A 文件的前面用 extern 对该变量 y 进行声明即可。不妨将这类扩展作用域的声明称作跨文件引用声明。下面的例 3.14 和例 3.15 分别对这两种情况加以说明。

【例 3.14】 对定义在同一文件后面位置的外部变量，做提前引用声明，使其作用域扩展到该变量定义点之前。

程序代码如下：
```
//*****ex3_14.cpp*****
#include <iostream>
using namespace std;
extern x;                      //提前引用声明
void main()
{x=4;cout<<x<<endl;}           //在变量定义位置之前引用变量 x
int x;                         //外部变量 x 的定义位置在文件后部
```

在例 3.14 中，通过对外部变量 x 做提前引用声明，提前告诉编译系统：该变量是本文件后面定义的外部变量，或者是本程序另一个文件中定义的外部变量。避免在引用函数时出现"变量 x 未定义"的错误。

【例 3.15】 对定义在 B 文件中的外部变量，在 A 文件中做跨文件引用声明，以扩展其作用域到 A 文件。

程序代码如下：
```
//*****ex3_15A.cpp*****（文件 ex3_15A.cpp 的内容）
#include <iostream>
using namespace std;
extern w;                      //跨文件引用声明（因为 w 是在另一文件定义的）
int fun(int x,int y)           //定义 fun()函数
{return(x+y);}
void main()
{ cout<<w+fun(3,2)<<endl;}     //引用了 ex3_15B.cpp 文件中定义的变量 w
//*****ex3_15B.cpp*****（文件 ex3_15B.cpp 的内容）
int w=10;                      //外部变量 w 的定义
```

程序的运行结果是 15。

例 3.15 中，ex3_15A.cpp 文件使用了在 ex3_15B.cpp 文件中定义的变量 w。

无论是提前引用声明还是跨文件引用声明，编译系统看到 extern 声明语句时，首先是在本文件的后面寻找该变量的定义；如果本文件后面没有定义该变量，再到别的文件中找。

（2）静态变量。静态变量存储在全局数据区，使用 static 声明，包括静态局部变量和静态全局变量两种。

① 静态局部变量。在局部变量定义语句开头再添加一个 static 关键字，这样定义的局部变量叫静态局部变量。静态局部变量的特点是：程序执行时就为其开辟存储空间，直到程序运行结束时才释放该存储空间。可见静态局部变量的生存期与全局变量一样长；即便如此，它们的作用域还是局部的不变，即仍然只能被其定义所在的函数或程序块所使用。所以静态局部变量的生命周期延长了（等于程序整个运行期），但作用域仍为其定义所在的函数或程序块内。如果没有定义静态局部变量的初始值，系统将自动初始化为 0。

【例 3.16】使用静态局部变量的例子。

程序代码如下：

```
//*****ex3_16.cpp*****
#include <iostream>
using namespace std;
void fun();
void main()
{   int i;
    for(i=0;i<3;i++) fun();
}
void fun()
{   int a=0;
    static int b=0;                    //定义静态局部变量
    a++;b++;
    cout<<a<<","<<b<<endl;
}
```

程序的运行结果如下：

1,1
1,2
1,3

在例 3.16 中，main()函数调用 fun()函数 3 次，fun()函数中定义了自动局部变量 a 和静态局部变量 b；fun()函数每次被调用结束时输出 a 和 b 的值。静态局部变量在程序执行开始就被存储在全局数据区并初始化为 0，值得特别指出的是：静态局部变量只被初始化一次；以后每次调用函数 fun()时，都在相同的存储单元存取数据，前一次调用后拥有的值可以被保存，所以三次输出的 b 分别是 1、2 和 3。a 存储在动态数据区，每次调用 fun()函数时开辟新存储空间，fun()函数结束时释放存储空间；每次执行函数后的 a 值不能被保存，再次调用函数时重新初始化为 0，故每次输出的 a 值都是 1。

在程序调试阶段可以利用静态局部变量统计一个函数执行的次数。

② 静态全局变量。在全局变量的定义语句开头再添加一个 static 关键字，这样定义的全局变量叫静态全局变量。静态全局变量的特点是：程序执行时，为其在全局数据区开辟存储空间并初始化为 0，其存储期仍与外部变量一样一直延续到程序结束。但其作用域受限于只能被其定义所在的文件使用，而不能借助前面所讲的跨文件引用声明扩展到文件外。

【例 3.17】静态全局变量的演示。

程序代码如下：

//*****ex3_17A.cpp*****（文件 ex3_17A.cpp 的内容）

```
#include <iostream>
using namespace std;
static int u=10;                        //定义静态全局变量 u
void fun()
{ cout<<"This is ex3_17.cpp";}
//*****ex3_17B.cpp*****（文件 ex3_17B.cpp 的内容）
#include <iostream>
using namespace std;
extern u;                               //试图对 u 做跨文件引用声明, 此时行不通
void main()
{cout<<u<<endl;}                        //出现"变量 u 未定义"错误
```

在例 3.17 中，文件 ex3_17A.cpp 中定义的全局变量 u 加了 static 关键字，成为静态全局变量；因此不能扩展作用域到文件 ex3_17B.cpp，故产生错误。若去掉文件 ex3_17A.cpp 中第二句开头的 static 关键字程序就正确，能够输出结果 10。

static 作用的总结：static 关键字加在局部变量前是延长局部变量的存储期（但不改变其作用域）; static 关键字加在全局变量前是限制全局变量的作用域（但不改变其存储期）。

3.6.3 内部函数和外部函数

函数按其存储类别也可以分为两类：内部函数和外部函数。

1. 内部函数

如果某函数只能被函数所在的同一文件中的语句调用，则这样的函数叫内部函数。因此，内部函数不能被同一程序中其他文件的语句调用。内部函数定义时，也是在函数类型前加 static，所以也称为静态函数，定义格式如下：

```
static 函数类型 函数名([参数列表])
{
    函数体
}
```

内部函数的作用域只限于定义它的文件，所以在同一个程序的不同文件中可以有相同名称的内部函数，它们互不干扰。

【例 3.18】 静态函数的例子。

程序代码如下：
```
//*****ex3_18A.cpp*****（文件 ex3_18A.cpp 中的内容）
#include <iostream>
using namespace std;
static void fun();
void main()
{   fun();   }
static void fun()                       //文件 ex3_18A.cpp 中定义了静态函数 fun()
{cout<<"这是文件 ex3_18A.cpp 输出的！ "<<endl; }
//*****ex3_18B.cpp*****（文件 ex3_18B.cpp 中的内容）
#include <iostream>
using namespace std;
static void fun();
static void fun()                       //文件 ex3_18B.cpp 中也可以定义名为 fun()的静态函数
{ cout<<"这是文件 ex3_18B.cpp 输出的！ "<<endl; }
```

程序的运行结果如下：
这是文件 ex3_18A.cpp 输出的！

以上表明，两个文件中都可以出现同名 fuc()函数，它们互不干扰。由于主调语句在文件 ex3_18A.cpp 中，所以它调用到的函数只能是文件 ex3_18A.cpp 中的 fuc()函数；如果本程序的文件 ex3_18A.cpp 中没有定义 fuc()函数，则调用出错，因为文件 ex3_18B.cpp 中的 fuc()函数是不能被文件 ex3_18A.cpp 中语句调用的。

2. 外部函数

外部函数是可以被整个程序各个文件中语句调用的函数。

（1）外部函数的定义。在函数类型前加存储类型关键字 extern，或缺省存储类型关键字 extern，定义格式如下：

[extern] 函数类型 函数名([参数列表])
{
　　函数体
}

（2）外部函数的声明。文件 A 在需要调用文件 B 中所定义的外部函数时，需要在文件 A 中用关键字 extern 对被调函数提出声明，声明格式如下：

extern 函数类型 函数名([参数类型列表])

【例 3.19】文件 ex3_19A.cpp 利用文件 ex3_19B.cpp 中的外部函数实现求双阶乘。其中，n 的双阶乘定义为：n!!=n*(n-2)*(n-4)*…*2，n 是偶数；n!!=n*(n-2)*(n-4)*…*1，n 是奇数。

程序代码如下：

```cpp
//*****ex3_19A.cpp*****（文件 ex3_19A.cpp 中的内容）
#include <iostream>
using namespace std;
void main()
{   extern double fac2(int);      //声明将要调用在其他文件中定义的 fac2()函数
    int n;
    cout<<"请输入一整数给变量 n:"<<endl;
    cin>>n;
    cout<<n<<"!!="<<fac2(n)<<endl;
}
//*****ex3_19B.cpp*****（文件 ex3_19B.cpp 中的内容）
#include <iostream>
using namespace std;
extern double fac2(int m)         //定义 fac2()函数
{   int n;double s;
    s=1;n=m;
    while(n>=1){s=s*n;n=n-2;}
    return s;
}
```

程序的运行结果如下：
请输入一整数给变量 n:7↙
7!!=105

在文件 ex3_19B.cpp 中，可以将 fac2()函数头的 extern 关键字省略，即函数头改为"double fac2(int m)"，该函数 fac2()仍然是外部函数。

3.7 编译预处理

C++继承了 C 语言的预处理功能。在对程序进行通常的编译前,对源文件中的预处理代码进行"提前处理",称为预处理。预处理主要可以改进程序设计环境,提高编程效率。预处理类型主要有 3 种:宏定义、文件包含和条件编译。

预处理代码不是 C++中的语句,为了和 C++语句相区分,在预处理代码前通过加"#"符号进行说明,并且预处理代码不加分号结束。

3.7.1 宏定义

宏定义的作用是实现文本替换。有两种格式:不带参数的宏定义和带参数的宏定义。

1. 不带参数的宏定义

不带参数的宏定义格式如下:

#define 宏名 字符串

其中,define 是关键字,"宏名"是一个标识符,"字符串"是字符序列。该语句的意思是"宏名"代表"字符串"。执行该预处理代码时,编译系统将对程序语句中出现的"宏名"统统用"字符串"代替。

【例 3.20】本程序中有多处要用到圆周率计算面积、周长、体积,不同时候需要不同精度的圆周率,为了方便一次性修改圆周率,将圆周率定义为宏。

程序代码如下:

```
//*****ex3_20.cpp*****
#include <iostream>
using namespace std;
#define PI 3.14    //宏定义,宏名是 PI,本程序所有语句中的 PI 将用 3.14 替代
void main()
{   double r,h;
    cout<<"请输入柱体底面半径 r 和高度 h:";
    cin>>r>>h;
    cout<<"圆柱体的周长是:"<<2*PI*r<<endl;
    cout<<"圆柱体的底面积是:"<<PI*r*r<<endl;
    cout<<"圆柱体的体积是:"<<PI*r*r*h<<endl;
}
```

程序的运行结果如下:

请输入柱体底面半径 r 和高度 h:10 2↙
圆柱体的周长是:62.8
圆柱体的底面积是:314
圆柱体的体积是:628

编译时先将程序语句中出现的宏名(PI)用所定义的字符串(3.14)替换,再进行编译。

说明:

(1)在定义宏时,"宏名"和"字符串"之间要用空格隔开。而"字符串"中的内容不要有空格。

(2)宏名通常用大写字母定义。

(3)宏定义是在编译前对宏进行替换的,但对程序中用双引号括起来的字符串内容,如

果其中有与宏名相同的部分，是不进行文本替换的。例如：

```
#include <iostream>
using namespace std;
#define PI 3.14159
void main()
{ cout<<"PI="<<PI<<endl;}    //这段程序的运行结果是：PI= 3.14159。
```

在上述代码中，对于双引号中的 PI 没有替换而直接输出，只是把第二个 PI 进行了替换。

（4）宏定义后，可以在本文件各个函数中使用。也可以使用#undef 取消宏的定义。

（5）宏定义可以嵌套，已被定义的宏可以用来定义新的宏。例如：

```
#include <iostream>
using namespace std;
#define M 3
#define N M-2            //宏定义嵌套定义，用已定义的宏 M 来定义新的宏 N
#define L 4*N+5          //宏定义嵌套定义，用已定义的宏 N 来定义新的宏 L
void main()
{cout<<L<<endl;}         //这段小程序的运行结果是 15
```

在此例中，注意运行结果是 15，而不是 9，因为在编译时经过宏替换之后 main()函数中的 L 被依次替换为：L→4*N+5→4*M-2+5→4*3-2+5=15。可见宏替换是机械地将宏名用所定义的字符串内容替换，替换 N 时不会自动添加括号成为 4*(M-2)+5。

（6）在 C++语言中，常用 const 型符号常量代替宏定义。在例 3.20 的程序中，也可以在 main()函数中用符号常量 PI 的定义代替宏 PI 的定义，符号常量 PI 的定义语句是：

```
const double PI=3.14;
```

程序的执行结果是一样的。所以说，有时候宏定义可以代替 const 型符号常量。但宏和 const 型符号常量是有区别的。宏定义的作用是文本替换而不占用内存空间；而 const 符号常量相当于一个局部变量，在函数执行期间需要开辟内存空间。另外宏定义不能判断"字符串"是否有错误的信息。

2. 带参数的宏定义

带参数的宏定义格式如下：

#define 宏名(参数列表) 字符串

带参数的宏定义不只是简单的文本替换，还要进行参数替换。

【例 3.21】利用带参数的宏 S(a,b)代表一个表达式"a-b"。

程序代码如下：

```
#include <iostream>
using namespace std;
#define S(a,b) a-b
void main()
{   float s,a,b;
    a=6;b=2;
    s=S(a,b)*S(a,b);
    cout<<"s="<<s<<endl;
}
```

程序的运行结果如下：

s=-8

预处理时是将输出语句中的 S(a,b)替换成"a-b"，即替换后的表达式是"a-b*a-b"（仅指引号里面的内容），这样的结果是：6-2*6-2＝-8。

说明：

（1）定义带参数的宏时，"字符串"中的参数可能要适当地加上括号，否则将可能出现优先级不符的问题，导致结果与人们通常期望的不同。

例如：例 3.21 中人们通常可能期望计算"(a-b)*(a-b)"的值，但是按照例 3.21 的宏定义形式却得到的是"a-b*a-b"。因为宏定义是机械性的替换过程，在编译前只将语句中出现的"s(a,b)"机械性地替换为"a-b"，不会自动添加括号。如果期望语句"s=S(a,b)*S(a,b)"是为了计算"s=(a-b)*(a-b)"，则应该将带参数宏定义按如下形式定义：

#define S(a,b)　(a-b)

对这样的预处理语句进行处理时，程序中出现的 s(a,b)将被替换成带括号的(a-b)，于是 s=S(a,b)*S(a,b)可替换成 s=(a-b)*(a-b)，此时的语句结果就是(6-2)*(6-2)，结果为 16。

所以，对于带参数的宏定义，不要想当然地认为替换时编译系统会为替换字符串加上括号；也不要误以为是用宏表达式的值（如例 3.21 中 a-b 的值）去替换语句中的宏。宏替换总是用宏表达式本身去替换语句中的宏。应在理解的基础上牢记这样一句话：宏替换只是机械性的替换而不涉及计算，替换时一是一，二是二，决不增减替换内容。

（2）在"宏名"和"参数列表"之间不能有空格出现，否则会将空格左边的部分当作宏名，空格右边的部分当作宏名所代表的内容。例如：

#define S　(a)–2*a*a

这时，会误将 S 作为宏名，将(a) –2*a*a 作为宏 S 的替换文本。

（3）C++中常用内置函数代替带参数的宏定义。因为内置函数可以识别参数，不用再特意地添加括号。另外内置函数可以识别参数类型，而带参数的宏定义则不能。

3.7.2　文件包含

文件包含的命令格式有如下两种形式：

#include <文件名>

#include "[路径\]文件名"

使用带尖括号的格式时，程序首先到 C++的系统目录下寻找被包含的文件，若找不到则给出错误信息。使用带双引号的格式时，文件名前可以带路径，程序首先到指定路径位置寻找被包含的文件（若缺省路径则默认到程序的当前文件夹寻找）；若找不到该文件，则再到 C++系统文件夹寻找；如果两处都不存在该文件，就出错。include 命令的作用是将一个文件的全部内容包含到本文件中。

说明：

（1）一个文件包含命令只能包含一个文件，若想包含多个文件须用多个文件包含命令。

（2）文件包含命令既可以包含系统的头文件，也可以包含用户定义的文件。

（3）头文件中一般存储变量和函数的声明和定义；用户可以将程序常用的函数或变量的定义写在自己的头文件中。

【例 3.22】将存储于相同位置的文件 ex3_22B.cpp 的内容包含到文件 ex3_22A.cpp 中。

程序代码如下：

```
//*****ex3_22B.cpp*****（文件 ex3_22B.cpp 的内容）
double fun(float r)
{    return 3.14*r*r; }
```

```
//*****ex3_22A.cpp*****（文件 ex3_22A.cpp 的内容）
#include <iostream>
using namespace std;
#include "ex3_22B.cpp"
void main()
{   float r=10;
    cout<<"圆的面积是:"<<fun(r)<<endl;
}
```

注意：不要把文件 ex3_22B.cpp 添加到工程中去！

编译预处理时，将文件 ex3_22B.cpp 中的内容复制到文件 ex3_22A.cpp 中；然后进行正式编译时，要编译的 ex3_22A.cpp 程序就如同下面的程序：

```
#include <iostream>
using namespace std;
float fun(float r)
{   return 3.14*r*r; }
void main()
{   float r=10;
    cout<<"圆的面积是:"<<fun(r)<<endl;      //输出结果为"圆的面积是:314"
}
```

3.7.3 条件编译

一般情况下，源程序中所有的程序段都应参加正式编译。但有时候希望在一定条件下编译某些程序段，在其他情况不编译这些程序段。这时候就需要在预处理阶段作条件编译处理，实现条件编译的预处理代码有以下几种格式：

1. 格式一

```
#ifdef 标识符
    程序段 1
#else
    程序段 2
#endif
```

或：

```
#ifdef 标识符
    程序段 1
#endif
```

其中，ifdef、else 和 endif 都是关键字。

当"标识符"被定义过，则"程序段 1"参与编译；否则"程序段 2"参与编译。省略#else 时，当"标识符"被定义过，便编译"程序段 1"；当"标识符"没被定义过，不编译"程序段 1"而直接去编译#endif 后面的程序。

【例 3.23】如果 M 被声明过，编译求 M 阶乘的程序段，否则编译输出提示信息的程序段。

程序代码如下：

```
//*****ex3_23.cpp*****
#include <iostream>
using namespace std;
```

```
#define M 5
void main()
{
    #ifdef M                //此行不能写在上行"{"后
    {   double s=1; int i;
        for (i=1;i<=M;i++) s=s*i;
        cout<<M<<"!="<<s<<endl;
    }
    #else
        cout<<"M 未定义！"<<endl;
    #endif
}
```
程序的运行结果如下：
5!＝120

如果将例 3.23 中的"#define M 5"语句去掉，则程序输出结果是"M 未定义！"。

注意：预编译命令必须写在每行的开始处（前面不能有非空字符）。

2．格式二
```
#ifndef 标识符
    程序段 1
#else
    程序段 2
#endif
```
或：
```
#ifndef 标识符
    程序段 1
#endif
```
其中，ifndef、else 和 endif 都是关键字。

当"标识符"没有被定义过，则"程序段 1"参与编译；否则"程序段 2"参与编译。省略#else 时，当"标识符"没被定义过，便编译"程序段 1"；当"标识符"被定义过，则不编译"程序段 1"而直接编译#endif 后面的程序。即格式二的逻辑意义刚好与格式一相反。

3．格式三
```
#if 常量表达式 1
    程序段 1
#elif 常量表达式 2
    程序段 2
#elif 常量表达式 3
    程序段 3
        …
#else
    程序段 n+1
#endif
```
其中，if、elif 和 else 都是关键字。

当第 i 个常量表达式的值为真时，则编译相应的"程序段 i"；如果所有常量表达式的值都不为真，则编译"程序段 n+1"。

【**例 3.24**】本程序对 3 个输出语句作如下选择性编译：若定义了宏名 M 为 1，则编译输出"M 值为 1！"；若定义了宏名 M 为 2，则编译输出"M 值为 2！"；若定义了宏名 M 为其他数，则编译输出"M 值既不是 1，也不是 2！"。

程序代码如下：

```cpp
//*****ex3_24.cpp*****
#include <iostream>
using namespace std;
#define M 6
void main()
{
    #if M==1                    //此行不能写在上行"{"后
        cout<<"M 值为 1！"<<endl;
    #elif M==2
        cout<<" M 值为 2！"<<endl;
    #else
        cout<<" M 值既不是 1，也不是 2！"<<endl;
    #endif
}
```

本程序的运行结果如下：

M 值既不是 1，也不是 2！

习题 3

一、选择题

1. 以下有关 C++函数的说法中，正确的是（   ）。
   A．被调函数一定要写在主调函数后面
   B．函数的声明语句完全与函数定义的首部相同
   C．任何函数不能调用自身函数
   D．函数的返回值类型取决于函数定义首部的数据类型关键字
2. 以下有关函数参数的叙述，错误的是（   ）。
   A．函数的形参名可以是除 C++保留字以外的任意合法标识符
   B．实参的表现形式不可以是函数的调用
   C．形参的值与实参的值不一定时刻保持一致
   D．函数参数的值也可以是内存单元地址
3. 以下有关函数参数与函数值的叙述，错误的是（   ）。
   A．调用函数时得到的值一定完全等于被调函数 return 语句后面的表达式值
   B．函数定义的数据类型可以与 return 语句后面的表达式值类型不一致
   C．函数的形式参数在程序运行期的某些时候是没有内存单元的
   D．按"值传递方式"结合的实参与形参各有不同的存储单元
4. 以下有关变量时间与空间属性的叙述，错误的是（   ）。
   A．变量的时间属性是指变量有一定的存在时段
   B．变量的空间属性是指变量只能被一定空间范围内的语句引用
   C．没有加 static 关键字的全局变量其存储属性是动态的
   D．静态全局变量不能被文件外语句引用

5. 以下有关函数存储类别的叙述，错误的是（　　）。
   A. 附加 static 关键字定义的函数叫内部函数或做静态函数
   B. 内部函数不能被它所在文件以外的语句调用
   C. 调用文件外的外部函数必须提前用 extern 进行声明
   D. 只有加 extern 关键字定义的函数才能被它所在文件以外的语句调用
6. 以下有关编译预处理的叙述，正确的是（　　）。
   A. 宏定义与 const 型常量完全一样
   B. 宏替换是用宏后面表达式的值去替换程序代码中出现的宏名
   C. 文件包含命令中如果指定了被包含文件的路径，则只到该路径位置查找文件
   D. 条件编译命令的格式与 if 选择结构语句的格式不完全相同

二、填空题

1. 函数的声明语句比函数定义首句在末尾多一个_____；函数声明语句中的_____可以省略；但_____不能省略。
2. 若有函数定义：int f(int x,char y){…}。将该函数声明为内置函数的语句为_____。
3. 在函数外面定义的变量是_____变量，在函数外面定义的变量如果没有加_____关键字，则其作用域原则上可以扩展到另一文件，这时只要在另一文件中用_____关键字声明该变量即可访问该变量。
4. 定义局部变量时附加 static 关键字，将使局部变量的生存期_____，而使其作用域_____。
5. 若有宏定义：#define F(a,b) a-b，#define G(a,b) (a+b)。而程序执行语句中有如下语句：int a=6;int b=4;cout<<F(a,b)*F(a,b)<<G(a,b)*G(a,b)<<endl;则输出的 2 个数据按次序分别是_____、_____。
6. 要将一个被调函数作为内置函数处理，必须在函数声明语句或函数定义首部左端加_____关键字；一般只将语句数量_____而且调用_____的函数当作内置函数处理。

三、程序阅读题

1. 下列程序的运行结果是_____。
   ```
   #include <iostream>
   using namespace std;
   long f1(int p)
   {   long s=1;   int i=1;
       for( ;i<=p;i++)
           s=s*2;
       return s;
   }
   long f2(int q)
   {   long s=0;   int i=1;
       for( ;i<=q;i++)
           s=s+2;
       return s;
   }
   void main()
   {   long s;
       s=f1(3)+f2(3);
       cout<<"s="<<s<<endl;
   }
   ```
2. 若下列程序运行时输入的数是 5，则程序的运行结果是_____。

```cpp
#include <iostream>
using namespace std;
long fun(int n)
{   long f;
    if(n<0)cout<<"n<0,输入错误";
    else if(n==0)f=1;
    else f=n+fun(n-1);
    return(f);
}
void main()
{   int n;
    long y;
    cout<<"请输入一整数:";
    cin>>n;
    y=fun(n);
    cout<<"y="<<y<<endl;
}
```

3. 下列程序的运行结果是_____。
```cpp
#include <iostream>
using namespace std;
int a=3,b=5;          //定义外部变量 a，b
max(int x,int y)      //函数形参 x，y
{   int c;
    c=x>y?x:y;
    cout<<"max="<<(a>b?a:b)<<endl;
    return (c);
}
void main()
{   int a=7, b=8;    //定义局部变量 a，b
    cout<<"max="<<max(a,b)<<endl;
}
```

4. 若下列程序运行时输入：3 4↙，则程序输出的结果是_____。
```cpp
#include <iostream>
using namespace std;
#define M (x+y)
#define N x-y
void main()
{   int s,x,y;
    cout<<"请输入两个数给 x,y: ";
    cin>>x>>y;
    s=3*M+4*N;
    cout<<"s="<<s<<endl;
}
```

5. 下列程序的运行结果是_____。
```cpp
#include <iostream>
using namespace std;
int f(int a)          //定义 f()函数，a 为形参
```

```
{auto int b=0;          //定义 b 为自动变量
 static int c=1;        //定义 c 为静态局部变量
 b=b+1;
 c=c+1;
 return a+b+c;
}
void main()
{int a=2,i;
 for(i=0;i<3;i++) cout<<f(a)<<" ";
 cout<<endl;
}
```

四、程序设计题

1. 对任意给定的两个正整数 m、n，用函数编程求 $s = m!+2^n$。要求编写 2 个自定义函数，其一为求阶乘 m!，函数原型为：double fac(int m)；其二为求 2^n，函数原型为：double pow2(int n)。主函数中给出实参，将调用两个函数后返回的结果相加，得到最终结果。

2. 编写程序，求区间[1,100]中所有能被 3 整除但不能被 7 整除的那些整数之和。其中，判断某个数 n 是否满足条件"能被 3 整除但不能被 7 整除"用函数实现，函数原型可为：int fun(int n)。

3. 试分别用非递归与递归函数的方式编写程序，求 a^n 的值，函数原型为：float pow(float a, int n)，限定 n≥0。

4. 试分别用非递归与递归函数的方式编写程序，求 s=1+2+...+n 的值，函数原型为：float sum(int n)，限定 n≥1。

5. 编程实现对用户输入的数字字符进行输出，其中，判断输入字符是否为阿拉伯数字的功能用函数实现；且建议编译系统将该函数作为内置函数编译。

6. 将一个求阶乘的函数 fac（函数原型同第 1 题）专门写在一个文件 file1.cpp 中，并将该函数定义为外部函数。然后在另一文件 file2.cpp 中计算 y = n!/(1+2+...+n)，其中，求(1+2+...+n)的值用本文件中的函数 sum(int n)实现。并同时计算 z = 2*(n-1)!/(n+1)；并比较 y 和 z 的值是否相等。建议自定义函数值、y 值、z 值都用 double 数据类型。

第4章 数组与指针

通过本章的学习,理解数组和指针的概念、功能;掌握数组和指针的定义和引用格式;理解数组和指针做函数参数时,参数值的传递过程;掌握用指针表示数组元素的多种方法。了解变量的引用的概念和引用做函数参数的功能。

- 数组和指针的概念、功能;
- 用指针表示数组元素的多种方法;
- 数组和指针做函数参数时,参数值的传递过程。

本章主要介绍数组、指针的概念及它们的简单应用;数组的定义、引用及做函数参数的功能;指针的含义,指针变量的定义、指针运算;指针做函数参数和返回值的功能;用指针表示数组元素的多种方法;字符串的概念、表示方法及其处理函数;指针数组与多级指针;变量引用的概念及引用做函数参数和返回值的功能。

4.1 数组及其应用

当程序处理的数据个数较少时,用少数几个变量来描述它们就够了。但在有的应用中,需要程序处理大批量的数据,数据之间甚至有某种逻辑上的联系,这时可以采用数组。数组适合表示大批量的同类型数据。数组作函数参数时,形参数组与实参数组对应同一存储空间,被调函数对形参数组的处理就是对实参数组的处理,因此被调函数可以改变实参数组,也能返回多个值。

4.1.1 数组的概念

某些程序在运行过程中要处理大批量的数据,而且这批数据中数据之间有某种逻辑上的联系,从而构成逻辑上的整体。如成绩统计分析程序处理一个班 60 名学生的数学成绩时,这些成绩构成一批数据,解方程组程序求解一个多元一次方程组时,方程组所有系数也构成一批数据。设计程序时,为批量数据中的每个数据定义一个变量显然非常麻烦,也难以反映出数据之间的逻辑联系和实现对数据有规律的运算。此时可将这种批量数据作为一个整体处理,用数组来描述和存储。

具有相同类型的一批数据所构成的整体称为数组。一个变量用来表示一个数据,一个数组则用来表示一批数据,因此数组也可理解为一批变量。数组的名字简称为数组名。数组中的数据称为数组元素（或数组分量），用数组名和下标（顺序号）来标识；可将一个数组元素看成一个变量。例如，一个班 60 名学生的数学成绩可以用一个数组 g 来表示，各个学生的成绩分别表示为：

g[0]，g[1]，g[2]，…，g[i]，…，g[59]

又如二元一次方程组：

$$\begin{cases} a_{0,0}x_0+a_{0,1}x_1=b_0 \\ a_{1,0}x_0+a_{1,1}x_1=b_1 \end{cases}$$

未知数 x 的系数可以用数组 a 表示，其元素为：

a[0][0]，a[0][1]
a[1][0]，a[1][1]

在这里，区分 g 数组的元素需要一个顺序号，故称为一维数组；而区分 a 数组的元素需要两个顺序号，故称为二维数组。

引入数组的概念后，我们可以用循环语句控制下标的变化，从而实现对数组元素有规律的访问。例如，输入 60 名学生的成绩，可写为：

for(i=0;i<60;i++)
cin>>g[i];

此处利用一条简短的语句，就可输入各个数据。一旦各个数据项存于数组中，将能随时引用其中任一数据，而不必重新输入该数据。

4.1.2 一维数组

如同简单变量一样，数组在使用之前也要定义，即确定数组的名字、类型、大小和维数。

1. 一维数组的定义

一维数组的定义形式为：

类型符　数组名[常量表达式];

其中，方括号中的常量表达式的值表示数组元素的个数，即数组的大小或长度。常量表达式可以包括字面常量和符号常量以及由它们组成的常量表达式，但必须是整型。方括号之前的数组名是一个标识符。类型符指定数组（数组元素）的类型。

例如数组定义

int a[10];

表示定义了一个数组名为 a 的一维数组，它有 10 个元素，每个元素都是整型。

要注意的是方括号中不能含有变量，下面的定义错误的：

int N;
cin>>N;   　　//输入数组的长度
int a[N];   　　//企图根据 N 的临时输入值定义数组的长度

如果 N 是已经定义的符号常量则合法，例如：

#define N 10   　　//或者 const int N=10;
int a[N];

2. 一维数组元素的引用

一维数组元素的引用形式为：

数组名[下标]

一个数组元素的引用就代表一个数据，它和简单变量等同使用。

C++规定，数组元素的下标从 0 开始。在引用数组元素时要注意下标的取值范围。当所定义数组的元素个数为 N 时，下标值取 0 到 N-1 之间的整数。例如上面定义的数组 a 有 10 个元素，即 a[0]，a[1]，…a[9]，如程序引用数组元素 a[i]，就要保证程序运行时 i 在 0 到 9 之间。

下标可以是整型常量、整型变量或整型表达式。要给上面的数组 a 中数组元素输入数据可表示如下（假设 i 是已定义的整型变量）：

```
for(i=0;i<10;i++)
    cin>>a[i];         //输出则改为：cout<<a[i];
```

其功能相当于语句：

```
cin>>a[0]>>a[1]>>a[2]>>a[3]>>a[4]>>a[5]>>a[6]>>a[7]>>a[8]>>a[9];
```

3. 一维数组的存储结构

程序运行期间，每个变量对应一个特定的存储单元，一维数组在内存中则占据一片连续的存储单元，数组元素按下标从小到大连续排列，每个元素占用相同的字节数。

例如，定义数组 a 如下：

```
int a[5];
```

则数组 a 的存储结构如图 4-1 所示。数组名 a 代表数组所占内存的起始地址，即第一个元素的地址（该元素首字节的编号）。图中数字 1000 表示内存地址，可认为 a 代表地址常量 1000。

图 4-1　一维数组存储结构

4. 一维数组的初始化

如同变量初始化一样，在定义数组的同时，可设定数组全部或部分元素的初值。数组的初始化可用以下几种方法实现。

（1）顺序列出数组全部元素的初值。

数组初始化时，将数组元素的初值依次写在一对花括号内。例如：

```
int x1[5]={0,1,2,3,4};
```

经上面定义和初始化之后，使得 x1[0]、x1[1]、x1[2]、x1[3]、x1[4]的初值分别为 0、1、2、3 和 4。

注意：如提供的初值个数超过了数组元素个数，编译源程序时会出现语法错误。

（2）仅对数组的前面一部分元素设定初值。

```
int x2[10] ={0,1,2,3};
```

对 x2 前四个元素设定了初值，依次为 0，1，2，3。编译系统默认后六个元素值为 0。

（3）对全部数组元素设定初值时，可以不指定数组元素的个数。

```
int x3[]={0,1,2,3,4,5,6,7,8,9};
```

编译系统根据花括号中数据的个数确定数组的元素个数。所以数组 x3 有 10 个元素。但若提供的初值个数小于数组应有的元素个数时，则方括号中的数组元素个数值不能省略。

5. 一维数组简单应用举例

【例 4.1】已知数列

$$\begin{cases} f_1=1, f_2=0, f_3=1 \\ f_n=f_{n-1}-2f_{n-2}+f_{n-3} \quad (n>3) \end{cases}$$

编程实现：

（1）按每行 5 个元素的格式输出 $f_1 \sim f_{20}$；

（2）输出 $f_1 \sim f_{20}$ 中最大、最小元素及它们的下标。

分析：数列即有次序的一系列数，在程序中正好可以将它的各项存于数组 f 的元素中，如

将数列的 f_1 存于 f[1]中，f_i 存于 f[i]中，先根据上述数列的递推公式求出 f_i 存于 f[i]中，然后按格式要求输出 f 数组的各元素。

至于求 $f_1 \sim f_{20}$ 中最大、最小元素，就是找出 f[1]~f[20]中最大、最小元素。用变量 max、min 分别保存当前找到的最大、最小值，首先假定第一个元素既是最大的，也是最小的，即用 f[1]对 max、min 赋值。然后用 max、min 与（后面）所有元素（f[i]）一一比较，把比当前 max 更大的元素值赋给 max，比当前 min 更小的元素值赋给 min，同时用变量 j、k 分别记录当前最大、最小元素的下标。这种有规律的比较过程正好可用 for 语句控制，比较完后，输出 max、min、j、k 即可。

程序如下：

```
//*****ex4_1.cpp*****
#include <iostream>
#include <iomanip>
using namespace std;
int main()
{   int i, f[21]={0,1,0,1};           //f[0]闲置不用，可随意设定其初值
    int j,k,max,min;
    for(i=4;i<21;i++)                 //求各个元素的值
        f[i]=f[i-1]-2*f[i-2]+f[i-3];
    cout<<"The   results:"<<endl;
    for(i=1;i<21;i++)
        { if(i%5==1)   cout<<endl;    //输出 5 个元素换行
          cout<<setw(6)<<f[i];
        }
    cout<<endl;
    //下面解答（2）问，求最大、最小元素
    max=min=f[1];                     //假定第一个元素既是最大的，也是最小的
    j=k=1;                            //将最初最大，最小元素下标值赋给变量 j, k
    for (i=2;i<21;i++)
    {   if (max<f[i]) { max=f[i];j=i;}  //把当前找到的最大值送 max，下标送 j
        if (min>f[i]) { min=f[i];k=i;}  //把当前找到的最小值送 min，下标送 k
    }
    cout<<"\nmax:f["<<j<<"]="<<max<<", min:f["<<k<<"]="<<min<<'\n';
    return 0;
}
```

其实也可不用 max、min 变量，而仅找最大元素、最小元素的下标，将上面程序中的 max<f[i]改成 f[j]<f[i]，将 min>f[i]改成 f[k]>f[i]，最后输出最大值 f[j]、最小值 f[k]。

思考：若 f_1 存于 f[0]中，f_i 存于 f[i-1]中，上述程序如何修改。

【例 4.2】 将从键盘输入的 N 个数按从小到大顺序排列，然后输出。

分析：

解答此题分为三个步骤：

第一步：将需要排序的 N 个数存放到一个数组中（设 x 数组）；

第二步：将 x 数组中的元素从小到大排序，即 x[0]最小、x[1]次之、…、x[N-1]最大。

第三步：将排序后的 x 数组输出。

其中第二步是关键,实现这一步的排序算法非常多,如选择法、冒泡法、插入法、归并法等。此处采用选择排序法。

选择排序法的基本思路是:设有 N 个数要排序,则从中选择最小的数与第一个数交换,然后从后面的 N-1 个数中找最小的数,将它与第二个数互换,这样重复 N-1 次后即可将 N 个数按由小到大排序。

具体过程是:要找出 x[0]、x[1]、…、x[j]、…、x[N-1] 中最小值元素,则找出最小元素的下标即可。用变量 k 保存当前已找到最小元素的下标,先假定最前面元素是最小者,因此将 0 赋给 k(k=0;),然后用 x[k] 与 x[0] 后面的元素逐个比较,若发现某个 x[j] 小于 x[k],则将 k 修改为 j(k=j;),继续用新的 x[k] 与 x[j] 后面的元素逐个比较,最后最小元素下标便存于 k;这种逐个比较的过程可用循环控制。然后交换 x[0]、x[k] 的值,这样第一轮选择交换就将 N 个元素中的最小值放入 x[0] 中。一般地,第 i+1 轮选择交换将找出 x[i]、x[i+1]、…、x[j]、…、x[N-1] 中最小元素并交换到 x[i] 中。依此类推,经过 N-1 轮处理后就完成了将 N 个数由小到大排序。i 从 0 递增到 N-2 也用循环控制。该过程的流程图如图 4-2 所示。

图 4-2 选择排序算法流程图

程序如下:
```cpp
//*****ex4_2.cpp*****
#define N   10
#include <iostream>
#include <iomanip>
using namespace std;
int main()
{   int i,j,t,k;
    int x[N];
    cout<<"please input 10 numbers:"<<endl;
    for (i=0;i<N;i++)
       cin>>x[i];                        //从键盘上输入 10 个元素,x[0]保存第一个数据
    for (i=0;i<N-1;i++)
    {   k=i; //每轮选择开始时假定 x[i]最小,将下标 i 保存在 k 中
        for (j=i+1;j<N;j++)              //x[k]与 x[i]后面的元素逐个比较
           if (x[k]>x[j]) k=j;           //若某个 x[j]小于 x[k],则将 k 修改为 j
        if (k!=i)                        //若 k 已不等于其初值,
        { t=x[i]; x[i]=x[k]; x[k]=t; }   //说明 k 至少被修改过 1 次,找到了更小的数,
                                         //则交换 x[i]、x[k]的值
    }
    cout<<"The sorted numbers:"<<'\n';
    for(i=0;i<N;i++)
       cout<<setw(6)<<x[i];
```

```
        cout<<endl;
        return  0;
}
```
Please input 10 numbers: 11 5 6 2 8 7 9 1 150 90↙
The sorted numbers: 1 2 5 6 7 8 9 11 90 150

思考：要实现由大到小排序的功能该如何修改？

4.1.3 二维数组

数组的维数是指数组元素的下标个数，一维数组的元素只有一个下标，二维数组的元素则有两个下标。或者说二维数组中的元素需要两个下标才能区分。

1. 二维数组的定义

二维数组的定义形式为：

类型符 数组名[常量表达式 1][常量表达式 2];

例如

int a[3][4];

定义二维数组 a，其 12 个元素逻辑上构成如下 3 行 4 列的二维阵列：

a[0][0]   a[0][1]   a[0][2]   a[0][3]
a[1][0]   a[1][1]   a[1][2]   a[1][3]
a[2][0]   a[2][1]   a[2][2]   a[2][3]

C++把二维数组看作是一种特殊的一维数组，而它的元素本身又是一维数组。C++认为上述数组 a 是特殊一维数组，其 3 个元素 a[0]、a[1]和 a[2]逻辑上分别对应于上面二维阵列的第一、第二、第三行，每个元素又是一个包含 4 个元素的一维数组，如 a[0]包含上面二维阵列的第一行 4 个元素 a[0][0]、a[0][1]、a[0][2]、a[0][3]。通常，一个 n 维数组可看作是一个一维数组，而它的元素是一个 n-1 维的数组。

由二维数组可以推广到多维数组。多维数组的定义形式有连续多个"[常量表达式]"。例如：

float b[2][2][3];

定义了三维数组 b。

2. 二维数组元素在内存中的存储顺序

程序运行时，二维数组占据一片连续的内存单元。将二维数组看成二维阵列时，在内存中二维数组元素是按行的顺序存放的，即先顺序存放第一行的各元素,再存放第二行的各元素，依次类推。对于上面二维数组 a，其元素在内存中的排列顺序如图 4-3 所示。

图 4-3 二维数组的存储结构

对于一个多维数组，它的元素在内存中的存放顺序为：第一维的下标变化最慢，最右边的下标变化最快。

3. 二维数组的初始化

二维数组的初始化方法有以下几种：

（1）按行给二维数组各元素设定初值。

例如：

int y1[2][3]={{1,2,3},{4,5,6}};

第一对花括号{1,2,3}内的数据给第一行的元素设定初值，第二对花括号内的数据给第二行的元素设定初值，依次类推。这种设定初值方法比较直观。

（2）按元素的排列顺序初始化

例如：

int y2[2][3]={1,2,3,4,5,6};

其效果与上一方式相同，但这种设定初值方法结构性差，容易遗漏。

（3）对部分元素设定初值

例如：

int y3[3][4]={{1,2},{0,5},{4}};

y3 各元素依次为

1 2 0 0
0 5 0 0
4 0 0 0

显然，其效果是使 y3[0][0]为 1，y3[0][1]为 2，y3[1][0]为 0，y3[1][1]为 5，y3[2][0]为 4，其余元素均为 0。也可对部分行的元素设定初值，例如：

int y3[3][4]={{1,2},{0,5}};

y3 各元素依次为

1 2 0 0
0 5 0 0
0 0 0 0

中间的行不设定初值则对应的一对括号不能省，例如：

int y3[3][4]={{1,2},{ },{4}};

y3 各元素依次为

1 2 0 0
0 0 0 0
4 0 0 0

（4）如果对数组的全部元素都赋初值，定义数组时，第一维的大小可以不指定，例如：

int y4[][3]={1,2,3,4,5,6};

编译系统会根据给出的初始数据个数和其他维的元素个数确定第一维的大小。所以数组 y4 有 2 行。

分行设定元素初值时，也可省略第一维的大小，例如：

int y5[][3]={{0,2},{ }};

编译系统也能确定数组 y5 共有 2 行。

4. 二维数组元素的引用

二维数组元素的引用形式为：

数组名[下标 1][下标 2]

下标 1 称第一维下标，下标 2 称第二维下标。因二维数组逻辑上对应一张表格，故下标 1 又称行标，下标 2 又称列标。如同一维数组一样，下标可以是整型常量、变量或表达式。各维下标的下界都是 0。

n 维数组元素的引用形式为数组名之后紧接连续 n 个"[下标]"。

5. 二维数组应用举例

二维数组比较适合用来描述逻辑上构成二维表格的一批数据,如矩阵、线性方程组的系数、组成元素具有相同数据类型的各种表格。

【例 4.3】找出矩阵 $A_{M \times N}$ 中第一个最大元素以及它的行号和列号(从 0 开始计算)。

分析:可以将 $A_{M \times N}$ 存于二维数组 a 中,然后在 a 中找第一个最大元素以及它的行号和列号,此题与例 4.1 类似,不同之处是查找范围从一维数组变成二维数组。此处用变量 max 保存数组中的最大元素值,用变量 row、colum 分别记录其行下标和列下标。首先假定第 0 行(最前面一行)的第 0 列元素是最大的,即执行 max= a[0][0]; row=0,colum=0;。然后用 max 逐行逐列与 a 的元素比较,把比 max 更大元素的值赋给 max,并用变量 row、colum 分别记录其行下标和列下标;这种有规律的比较过程正好可用双重循环控制,控制行标 i 和列标 j 变化即可。比较完后,输出 max、row、colum 就得到结果。

程序如下:

```cpp
//*****ex4_3.cpp*****
#define M 3
#define N 4
#include <iostream>
using namespace std;
int main()
{   int i,j,row,colum,max;
    int a[M][N];
    for(i=0;i<M;i++)           //输入 a 数组
        for(j=0;j<N;j++)
            cin>>a[i][j];
    max=a[0][0];               //假定第一行第一列元素是最大的
    row=0,colum=0;             //对记录最大元素行、列下标的变量 row、colum 赋初值
    for (i=0;i<M;i++)
        for(j=0;j<N;j++)
            if (max<a[i][j])
            {   max=a[i][j];
                row=i;
                colum=j;}      //把当前最大值送 max,其行列下标送变量 row、colum
    cout<<"\nmax = "<<max<<", row="<< row<<", colum="<<colum<<'\n';
    return 0;
}
```

【例 4.4】范得蒙(Vandermonde)矩阵是一种特殊方矩阵,其最后一列全为 1,倒数第二列为一个指定的列向量,其他各列每行上元素是其后列同行元素与倒数第二列同行元素的乘积。如下 A 为范得蒙矩阵:

$$A = \begin{bmatrix} a^3 & a^2 & a & 1 \\ b^3 & b^2 & b & 1 \\ c^3 & c^2 & c & 1 \\ d^3 & d^2 & d & 1 \end{bmatrix}$$

现要求编程生成 $A_{N \times N}$ 范得蒙矩阵,其倒数第二列从键盘输入。

分析：显然 $A_{N\times N}$ 范得蒙矩阵可用一个二维数组 x[N][N]存储。先输入 N 个数据存于倒数第二列各行元素，然后从后向前求各列每行上元素的值。

程序如下：

```cpp
//*****ex4_4.cpp*****
#define N 4
#include <iostream>
#include <iomanip>
using namespace std;
int main()
{   int x[N][N],i,j;            //定义数组
    for(i=0;i<N;i++)            //最后一列各行元素都为1
        x[i][N-1]=1;
    for(i=0;i<N;i++)            //输入倒数第二列各行元素
        cin>>x[i][N-2];
    for(j=N-3;j>=0;j--)         //从后向前求各列每行上元素的值
        for(i=0;i<N;i++)
            x[i][j]=x[i][j+1]*x[i][N-2];
    for(i=0;i<N;i++)            //输出 x 数组中的矩阵
    { for(j=0;j<N;j++)
        cout<<setw(6)<<x[i][j];
      cout<<'\n';
    }
    return 0;
}
```

4.1.4 数组作为函数的参数

常量、变量和表达式可以作为函数的实参，数组元素相当于单个变量，因此数组元素和含有数组元素的表达式同样可以作为函数的实参。数组元素作函数的实参，与普通变量作实参一样，函数调用时，系统将数组元素实参的值传给形参，形参的变化不会影响实参数组元素，即参数值是单向传递的。

前面章节介绍的函数只对少数几个参数进行处理，当函数要对一批数据进行处理时，定义函数时可以采用数组作为函数的形参。如前所述，数组名代表数组存储区域的首地址，因此，调用函数时实参应该用数组名或地址值。数组名作实参，函数调用时计算机系统会把实参数组的起始地址传给形参数组名，从而使形参数组与实参数组对应同一存储区域，函数中语句对形参数组（元素）的修改就是对实参数组的修改。地址是一种特别数据值，后面指针部分会详细介绍。

实参数组与形参数组的数据类型要相同，维数要相同。一维数组作函数形参时，其元素个数不必指定为某常数，一般用另一整型形参表示数组中元素的个数。二维数组作形参时，其行数不必指定，一般用另一整型形参表示行数，但必须指定列数为某常数。

【例 4.5】编写函数 void sort(int x[],int k)对形参组 x 的前 k 个元素中的数据按由小到大次序排序，要求用冒泡排序法。

冒泡法的基本思想是：依次比较相邻两数，若前面数大，则交换两数位置，直至最后 2 个数被处理，此时，最大的数就"沉"到最下面，即在最后一个数组元素位置上，此时第一轮

冒泡处理完毕。如有 k 个数，第二轮冒泡只对前面 k-1 个数（当前未排好序的数）处理。如图 4-4 表示对 x 数组中 5 个数据的第一、二轮冒泡过程。

图 4-4　冒泡过程示意图

这样，如有 k 个数，共进行 k-1 轮处理，每轮将当前未排好序的数中最大者"沉"到下面，从而完成排序。k-1 轮是最多的排序轮数，只要在某一轮排序中没有进行数据交换，说明已排好序，可以提前退出外循环，结束排序。程序中通过设置标志变量 flag 来实现，每轮冒泡前置 flag 为 0，若冒泡过程中要交换某两元素的值，则执行 flag=1；冒泡后，若 flag 仍为 0，说明没有进行一次元素值交换操作，也表示元素值已排好序，故用 break 提前结束排序过程。

程序如下：

```
//*****ex4_5.cpp*****
#define N 10
#include <iomanip>
#include <iostream>
using namespace std;
void sort(int x[],int k)                //sort 函数对形参数组 x 中的前 k 个元素排序
{   int i,j,t,flag;
    for (j=0;j<k-1;j++)                 //多轮冒泡
    {   flag=0;                         //标志置初值
        for (i=0;i<k-j-1;i++)           //控制每一轮处理
            if (x[i]>x[i+1])            //相邻元素值交换位置
            {   t=x[i];
                x[i]=x[i+1];
                x[i+1]=t;
                flag=1;                 //有元素交换位置，改标志为 1
            }
        if (flag==0) break;             //没有交换元素，结束循环
    }
}
void print(int b[],int k)               //print 函数输出数组 b 中的前 k 个元素
{   int i;
    for (i=0;i<k;i++)
      { if (i%5==0) cout<<'\n';
        cout<<setw(6)<< b[i];    }
}
```

```cpp
int main()
{   int a[N];
    int i;
    cout<<"\ninput:";
    for (i=0;i<N;i++)
        cin>>a[i];        //输入 N 个数据到数组 a 中
    sort(a,N);
    print(a,N);
    return 0;
}
```

在调用 sort 函数的过程中,形参 x 与实参 a 共用相同的存储区域,即 x[i]就是 a[i],sort 函数将 x 数组排好序,也就是将 a 排好了序。

【例 4.6】编写函数求二维数组(10 列)形参的各行元素之和,并将结果存于一个一维数组中。

程序如下:

```cpp
//*****ex4_6.cpp*****
#define N 4
#define M 3
#include <iomanip>
#include <iostream>
using namespace std;
void sum_row(int b[][N],int c[],int k)    //求二维数组 b 的 k 行元素之和
                                          //结果返回在一维数组 c 中
{   int i,j;
    for (i=0;i<k;i++)
        for (c[i]=0,j=0;j<N;j++) c[i]+=b[i][j];
}
void print(int b[],int k)                 //print 函数输出数组 b 中的前 k 个元素
{   ...                                   //代码同上例 4.5
}
int main()
{   int x[M][N],y[M];
    int i,j;
    cout<<"\ninput:";
    for(i=0;i<M;i++)                      //输入 x 数组
        for(j=0;j<N;j++)
            cin>>x[i][j];
    sum_row(x,y,N);
    print(y,N);
    return 0;
}
```

从上例可知,二维形参数组的第一维大小可省略,但第二维大小必须指定。类似地,用多维数组作函数参数时,形参的第一维可以不指定大小,但其他维必须指定。另外可发现函数调用 sum_row(x,y,N)可以用实参组 y 一次带回 N 个数据。一般而言,用数组作为参数可以将函数处理中得到的多个结果值带回主调函数,这也是从被调函数获得多个结果的一种方法。

4.2 指针及其应用

指针是 C++ 的一种重要数据类型，其用途广泛。借助指针，用户可用灵活多变的方式来访问内存中的变量、数组、字符串、类对象和调用函数；利用指针做函数参数，使得被调函数可以间接访问主调函数中的变量；用指针可建立变量之间的逻辑指向关系，从而构造复杂的数据结构；可以用指针来引用程序在运行过程中动态地申请的内存空间或创建的变量；在 C++ 面向对象编程中，借助指针，利用虚函数能实现程序运行时的多态性。因此用指针的机会较多。初学者要通过多编程，多上机调试程序来理解指针的概念，掌握其使用规律并将它应用于今后的实际编程中。

4.2.1 指针的概念

程序运行时，程序中的变量（数据）和指令都要占用内存空间。计算机（中央处理器）如何找到指令，执行的指令又如何找到它要处理的变量呢？这得先介绍内存地址。内存是以字节为单位的一片连续存储空间，为了便于访问，计算机系统给每个字节单元一个唯一的编号，编号从 0 开始，第一字节单元编号为 0，以后各单元按顺序连续编号，这些编号称为内存单元的地址，利用地址来标识内存单元，就像用房间编号来标识一栋大楼的各个房间一样。地址的具体编号方式与计算机体系结构有关，如同大楼房间编号方式与大楼结构和管理方式有关一样。对于 C++ 程序中定义的变量，编译系统会根据变量数据类型为其分配相应数目的字节存储单元。如有下列定义：

    int a;
    char b,c;
    float x;

则给整型变量 a 分配 4 字节的存储空间，给字符变量 b 和 c 各分配 1 字节，给变量 x 分配 4 字节的存储空间。内存空间分配如图 4-5 所示。

系统给某变量所分配存储空间的首字节地址称为该变量的地址。如 a 的地址为 2000，b 的地址为 2004，x 的地址为 2006。可见，通过地址 2000 就可找到变量 a，地址就像存储单元的指示标，在高级语言中形象地称地址为指针，也可说指针就是地址。

在 C++ 源程序中，变量名标识变量占据的存储空间和其中存储的数据（变量值），C++ 编译系统将变量名转换为变量地址，变量占用存储空间的大小由其类型决定。机器指令对变量或内存单元的访问则使用其地址。因此，我们编程时使用变量名 a 来存取 2000 处的存储空间，计算机最终则是使用地址 2000 来访问变量 a 的存储空间。这种按变量名或地址存取变量值的方式称为变量的"直接存取"方式。

与"直接存取"方式相对应的是"间接存取"方式，这种方式要利用一种特殊的变量来存放内存单元或变量的地址。如图 4-6（a）所示，系统为特殊变量 p 分配的存储空间地址是 4000，p 中保存的是变量 a 的地址，即 2000，当要读取变量 a 的值时，不是直接通过变量名 a

图 4-5 存储空间分配示意

或地址 2000 去取 a 的值 123，而是先通过变量名 p 取得 p 的值 2000，即 a 的地址，再根据地址 2000 读取它所指向单元的值 123。这种通过变量 p 获得变量 a 的地址，再由该地址存取变量 a 的值的方式称为变量 a 的"间接存取"方式。通常称变量 p 指向变量 a，变量 a 是变量 p 所指向的对象，它们之间的关系可以用图 4-6（b）表示。

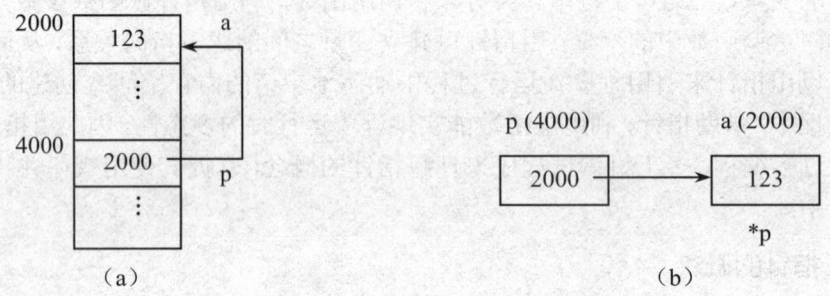

图 4-6　间接存取示意图

用来存放地址（指针）的变量，称为指针变量，如上面的变量 p。通过指针变量可访问它所"指向"的变量，通过这种"指向"关系可建立变量之间的逻辑联系。变量的地址（或指针）是常量，如变量 a 的指针 2000。

如上所述，指针和指针变量是有区别的，但有时统称为指针，读者可根据上下文理解其具体含义。

4.2.2　指针变量的定义及初始化

指针变量定义的一般格式为：
数据类型　*变量名；

其中，符号"*"表示这里定义指针变量；类型表示该指针变量能指向的对象的类型，也称为指针变量的基类型。

```
int *p;        //指针变量 p 能指向整型变量，p 的基类型为整型，也称 p 为整型指针
char *q;
float *r;
```

定义指针变量时也可指定其初值，如：

```
int a,*p=&a;   //&为取地址运算符，在前面章节已介绍过
```

这里在定义指针变量 p 时，将其初值设为变量 a 的地址，说明指针 p 指向 a，此后，可用 *p 来间接访问变量 a，在程序语句或表达式中可用 *p 来表示 a，此处 "*" 是指针运算符，或叫间接访问运算符、间址运算符，用来访问其后指针所指对象，与指针变量定义处 "*" 的含义、功能不同。如下二条语句：

```
a=123;
*p=123
```

都能对变量 a 进行赋值。*p 与 a 是等价的，表示同一存储空间，见图 4-6（b），*p 可以像变量 a 一样使用。

通过指针变量间接访问某变量（存储空间）前，要确保指针变量指向该变量，若指针变量存放的是别的变量（存储空间）的地址，即指针变量指错了位置，则程序运行时很可能出错，因为可能读取了别的变量的值或将数据写入了别的存储空间而破坏了计算机内存中的指令或数据。

为说明某指针变量不指向任何变量，可将指针变量初始化为 NULL 或 0。也称指针值为

NULL 的指针为空指针。对于静态的指针变量，如在定义时未给它指定初值，系统自动给它指定初值为 0。

4.2.3 指针的运算

1．间接访问运算

前面已经使用了间接访问运算*，指针指向的对象可以表示成如下的形式：
*指针

间址运算符*的运算对象必须出现在它的右侧，且运算对象只能是指针变量、地址或值为地址的表达式。

运算符*和&都是单目运算符且具有相同的优先级，结合方向从右到左。因此，表达式&*p 与&(*p)等价，是对变量*p 取地址。若 p 指向 a，则 p 的值等于&a，*p 间接表示 a，&*p 的值等于&a；a 与*(&a)等价。

注意：&a 算出 a 的地址，是指针常量。

请思考：*p 等于&a 吗？指针变量定义中的"*p=&a;"与赋值语句"*p=a;"的区别。

2．指针变量的赋值

程序运行时，可用赋值运算修改指针变量的值。可以将变量的地址赋给指针变量，也可以把一个指针变量的值赋给另一指针变量，还可以给指针变量赋 NULL 值。例如：

```
int i,*p1,*p2,*p3;
p1=&i;                //将 i 的地址赋给 p1，使 p1 指向 i
p2=p1;                //将 p1 的值赋给 p2，这样 p1 和 p2 均指向 i
p3=NULL;              //给 p3 赋空值
```

用一种基类型的指针或指针变量给另一种基类型的指针变量赋值时，要进行强制类型转换，例如，若续上还有：

```
char *pc;
```

若要让 pc 指向 i 则可用 pc=(char *)&i;或 pc=(char *)p1;。

3．指针的加减运算

指针可以与整数进行加、减运算得出新的地址值。在对指针进行加、减整数 n 时，其结果不是直接加、减 n，一般是加、减"n×sizeof(指针基类型)"。在 Visual C++ 6.0 编译系统中，基类型为字符型的指针加 1，结果增加 1；基类型为整型的指针加 1，结果是加 4（整型数据占 4 个字节）；基类型为 float 类型的指针加 1，结果是加 4，其他类推。

例如有下列定义：

```
int *p,a=1,b=3,c=5;
```

假设 a，b，c 三个变量被分配在一片连续的内存区，a 的起始地址为 2000，如图 4-7（a）所示。

语句 p=&a;使 p 指向变量 a，即 p 的内容是 2000，如图 4-7（b）所示。

语句 p=p+2;指针向下移两个整型变量的位置，p 的值为 4000+2×sizeof(int)=2000+2×4=2008，而不是 2002，因为整型变量占 4 个字节，如图 4-7（c）所示。

指针变量自增自减运算，指针变量值一般是加、减 sizeof(指针基类型)，即其基类型数据所占的字节数。

相同基类型的两个指针可以相减，结果是两指针（地址）值相隔的存储空间个数，一个存储空间一般包含 sizeof(指针基类型)个字节。对于图 4-7，表达式&c-&a 值为 2。若是小值指针减大值指针，结果为负数。两个指针不能相加，不管其基类型是否相同。

图 4-7　指针移动示意图

4. 指针的关系运算

相同基类型的两个指针可以进行各种关系运算，指向低（小）地址端存储单元的指针小于指向高（大）地址端存储单元的指针。对于图 4-7，表达式&a<&b 为真。

4.2.4　指针作函数参数

指针变量可以作函数的形参，对应的实参用地址或指针变量。函数调用时实参向形参传递的数据是地址（值），使得形参和实参指向主调函数中的同一个变量（内存空间），函数改变形参指向的变量，也就是改变实参指向的变量。尽管被调函数不能改变实参指针的值，但可以改变实参指针所指变量的值。因此，指针参数为被调函数修改主调函数中的变量（数据）提供了手段。

【例 4.7】编写能交换两整型变量值的函数 swap()。

分析：这里要改变（主调函数中）两变量的值，可用两个指针变量作函数形参，让函数利用形参指针变量间接访问主调函数中的两变量。调用 swap()函数时，用两待交换值的整型变量的地址作实参。

程序如下：

```cpp
//*****ex4_7.cpp*****
#include <iostream>
using namespace std;
void swap(int *p1,int *p2)   //交换 p1、p2 所指变量，即*p1、*p2 的值。
{   int t;
    t=*p1;
    *p1=*p2;
    *p2=t;
}
int main()
{   int a,b;
    cin>>a>>b;
    swap(&a,&b);  //要交换 a 和 b 的值，实参为 a、b 的地址，也可是指针变量
    cout<<"a="<<a<<",b="<<b;
    return  0;
}
```

swap()函数调用过程如图 4-8 所示。两个实参分别为变量 a、b 的地址&a、&b，按值传递

规则,形参 p1 和 p2 分别得到&a、&b,从而分别指向 a、b,*p1、*p2 是 a、b 的间接访问表示形式,函数交换*p1 和*p2 的值,也就是使 a 和 b 的值互换。函数调用结束后,虽然 p1 和 p2 已释放不存在了,但 a 与 b 的值已经互换。

图 4-8 swap()函数调用过程示意

下面分析一下两种错误形式的 swap()函数。

如果 swap()的形参不用指针变量,写成如下 swap1()形式:

```
void swap1(int x,int y) //交换 x、y 的值。
    { int z;
        z=x; x=y; y=z;
    }
```

如有函数调用 swap1(a,b),实参 a、b 的值分别传递给形参 x、y;函数 swap1()完成形参 x、y 的值的交换,但实参 a、b 的值不变,即实参向形参单向值传递,形参值的改变不影响对应实参的值。所以不能达到 a、b 值互换的目的。

如果 swap()的形参用了指针变量,但写成如下 swap2()形式:

```
void swap2(int *p1,int *p2)    //交换 p1、p2 的值。
{ int *p;
    p=p1; p1=p2; p2=p;
}
```

如有函数调用 swap2(pa,pb),其中实参 pa、pb 为分别指向 a、b 的指针变量。swap2()函数调用过程如图 4-9 所示。实参 pa、pb 传递给形参 p1、p2,函数交换了 p1、p2 的值,但 pa 和 pb 的值不变,*pa、*pb 即 a、b 的值也不会交换。

图 4-9 指针参数的单向传递

将上面的 swap2()改成前面的 swap()就能得到正确结果,实参可以用指针变量 pa、pb,也可以直接用变量地址&a、&b。

【例 4.8】请编写函数 f()根据三角形的边长同时求出其周长和面积。

分析:函数 f()要返回两个值,而 return 语句只能返回一个值,故用 return 语句返回结果不能奏效。可以采用两个指针变量做形参,让周长和面积值分别存放到两个形参指针变量所指的两个变量中，函数调用后，主调函数读取两个变量的值即可。

程序如下：
```cpp
//*****ex4_8.cpp*****
#include <iostream>
#include <cmath>
using namespace std;
int main()
{   float a,b,c,perimeter,area;
    void f(float, float, float, float *, float *);   //函数说明
    cin>>a>>b>>c;                // 输入时确保能以 a、b、c 为边长构成三角形
    f(a, b, c, &perimeter,&area);
    cout<<"周长："<< perimeter<<"面积："<< area<<endl;
    return 0;
}
void f(float a, float b, float c, float *p1, float *p2)
{   float s;
    s=a+b+c;
    *p1=s;              //让周长存放到形参指针变量 p1 所指的变量中
    s=s/2;
    *p2=sqrt(s*(s-a)*(s-b)*(s-c)); //面积存放到形参指针变量 p2 所指的变量中
}
```

上述例子表明，指针变量作函数形参时，对应的实参是一个变量的地址，将该变量的地址传给形参，则形参指向该变量。这样在被调用的函数中，可以用形参指针变量间接访问该变量，函数执行完毕返回到主调函数后，该变量就得到了新的值。可以通过多个指针变量形参带回多个变化了的值，这也是指针变量作函数形参的一个功能。后面章节还会提到，用指向结构、类对象等复杂结构数据的指针变量作函数形参，在函数调用时可以避免传递（复制）大量数据，能提高程序运行速度。

4.2.5　返回指针值的函数

函数的返回值可以是指针类型的数据，即地址。返回指针值的函数也称为指针函数。

定义指针函数的一般形式为：

数据类型　*函数名(形式参数表)

函数名之前的符号"*"表示函数返回指针值，例如：

```
int *f(int x,int y)
{   局部变量定义
    语句序列
}
```

函数 f()即是一个指针函数，返回值为一个指向 int 类型变量的指针，即基类型是 int 的指针。显然，在指针函数的函数体中应有返回指针或地址的语句，形式如下：

return　指针;

指针函数返回值不能是本函数中的局部变量的地址，因为本函数执行完毕返回主调函数后，函数中的局部变量全部释放，主调函数再去访问它，不能保证结果正确。返回值可以是主调函数中的局部变量的地址、数组元素的地址或全局变量的地址等。

4.2.6 指向函数的指针

程序运行时，一个函数包括的指令序列要占据一段内存空间，这段内存空间的首字节编号称为函数的入口地址，编译系统用函数名代表这一地址。如函数 fun()，其存储示意如图 4-10 所示，函数名 fun 就表示第一条指令的地址（6000）。运行中的程序调用函数时就是通过该地址找到这个函数对应的指令序列，故称函数的入口地址为函数的指针，简称函数指针。显然，函数名是函数指针常量。可以定义一个指针变量，用来存放函数的入口地址，如图中下部的变量 fq，这种存放函数入口地址的指针变量称为指向函数的指针变量，简称函数指针变量。显然，通过指向函数的指针变量（如 fq）可以找到函数的第一条指令，因此，利用这个指针变量（如 fq）也能调用函数（如 fun）。

用函数名调用函数称为函数的直接调用，用函数指针变量调用函数称为函数的间接调用。

图 4-10 函数存储示意图

1. 函数指针变量的定义

定义函数指针变量的一般形式为：

数据类型（*变量名）（形参类型表）；

例如：

int (*fp)(int,float);
void (*fq)();

则函数指针变量 fp 能指向一个返回整型值的函数，该函数第一个形参为整型，第二个形参为浮点型；fq 能指向一个无返回值的函数，且该函数无形参（可省掉 void）。

注意 int (*fp)(int,float);与 int *fp(int,float);的差别，前者定义 fp 为一个指向函数的指针变量，后者说明 fp 是一个函数，该函数返回值为指针，格式不能写错。若要让函数指针变量 fpp 指向一个返回指针值的函数，且指针值基类型为整型，则如下定义：

int   *(*fpp)(int,float);

一个函数指针变量只能指向某类函数中的一个，该类函数的形参个数、类型、顺序相同且返回值类型也相同，只是名称可不同。这里权且称该类函数为函数指针的相容类函数。

2. 用函数指针变量调用函数

定义了函数指针变量，就可给它赋相容类函数的入口地址。函数名代表函数入口地址，故采用如下形式赋值：

函数指针变量=函数名；

当一个函数指针变量指向某个函数时，就可用它调用所指的函数。一般调用形式为：

函数指针变量 (实参表)

或　(*函数指针变量)(实参表)

【例 4.9】编程求出从键盘输入的 2 个整数中较大者。要求编写函数 max()求 2 个整数中的较大者，在主调函数中用函数指针变量调用该函数。

本问题很简单，程序如下：

```
//*****ex4_9.cpp*****
#include <iostream>
```

```
using namespace std;
int max(int a,int b)
{ return a>b?a:b;}
void main ()
{   int x,y,z;
    int (*p)(int,int);          //定义函数指针变量 p
    cout<<"Enter x,y\n";
    cin>>x>>y;
    p=max;                      //函数入口地址（函数名）赋给指针变量 p
    z=p(x,y); //或者写成 z=(*p)(x,y);用指针方式调用函数，等效于 z=max(x,y)
    cout<<"max("<<x<<","<<y<<")="<<z<<"\n";
}
```
注意：不要把 p=max 写成 p=max(x,y)。

编写程序时，若知道被调函数的名字，一般用函数名调用该函数，没必要用函数指针变量。但有时要在程序运行过程中根据情况临时确定调用哪一个函数，此时用函数指针变量调用函数就显得方便，让同一函数指针变量指向不同的函数就能调用不同的函数，从而增加程序的适应性或通用性。此时可用函数指针变量作函数形参。

3. 函数指针变量作函数的形参

函数指针变量作函数的形参，对应实参是函数指针或函数指针变量。不同的函数指针实参传递过来后，就可调用不同的函数来完成不同的功能。这也是函数指针变量作函数的形参的意义所在，在一些复杂结构程序中有时采用这种函数调用方式。

为说明具体运用过程，举简例如下。

【例 4.10】 输入圆的半径，求它的面积和周长。要求编写 float fun(float a,float (*p)(float))，它根据参数 p 来调用不同的函数求面积或周长。

定义基本函数 area()和 perimeter()分别用于求圆的面积和周长。为了说明函数指针变量参数的用法，程序另定义一个函数 fun()。主函数不直接调用两个基本函数，而是调用函数 fun()，并提供圆的半径和基本函数名作为实参。由函数 fun()根据主调函数传递来的参数值再去调用相应的函数。

程序如下：
```
//*****ex4_10.cpp*****
#define PI 3.1415926
#include <iostream>
using namespace std;
float area(float), perimeter(float);   //函数声明
float fun(float,float (*)(float));     //含有函数指针形参的函数的声明
void main()
{   float r,s,l;
    float (*q)( float);                //定义函数指针变量 q
    cout<<"请输入半径:\n";
    cin>>r;
    s=fun(r,area);                     //直接用函数名作实参，通过函数 fun 求面积
    q=perimeter;                       //求周长函数函数名（入口地址）赋给 q
    l=fun(r,q);                        //用函数指针变量作实参，通过函数 fun 求周长
    cout<<"面积:"<<s<<endl;
    cout<<"周长:"<<l<<endl;
```

}
```
float fun(float r,float (*p)(float))
{   float y;
    y=p(r);    //用形参 p 所得实参传来的函数入口地址调用相应函数
    return(y);
}
float area(float r)                // 函数定义
{ return (PI*r*r);}
float perimeter(float r)
{ return(2*PI*r);}
```

当主调函数（如上例 fun）的形参是函数指针变量时，可以用不同的函数名实参与形参对应，从而实现在不对主调函数进行任何修改的前提下调用不同的函数（如上例 area、perimeter），完成不同的功能；主调函数可以是别人编写的或系统软件提供的，只要别人给了函数目标代码或函数库即可，而不必要源代码（因别人保密源代码）。当然，实参也可用函数指针变量，当给该指针变量赋不同的函数入口地址（指向不同的函数）时，即可实现在主调函数中调用不同的函数。

函数指针与变量指针性质相同，都是内存地址，区别是变量指针指向内存中的数据区，而函数指针指向内存中的函数指令区。

4.3 指针与数组

数组元素所占存储空间的地址就是元素的指针。可以利用指针间接访问或引用数组元素。根据数组各元素在内存中连续存放这一特点，并且利用前面介绍的指针运算，借助指针可以实现对数组或数组元素灵活多变的引用方式，这使得程序编写方便。另外，数组名和指针作函数参数时，在函数定义、说明、调用时，两者可通用，可相互替换，因此，这也使得程序编写方便。

4.3.1 指针与一维数组

1. 指向数组元素的指针变量

当指针变量的基类型与数组元素数据类型相同时，将数组元素的地址或一维数组名赋给它，此时指针变量就指向数组元素。

例如：

int a[5]={1,2,3,4,5};

int *p;

为了让 p 指向数组元素 a[0]，可以给它赋值：p=&a[0];，数组章节说过，一维数组名表示其首元素（a[0]）的地址，因此也可写成赋值：p=a;，如图 4-11 所示。

如要使 p 指向数组元素 a[3]，则执行：p=&a[3];。

可用数组名或数组元素地址初始化指针变量，让指针变量指向数组或数组元素。例如：

int a[5]={1,2,3,4,5};

int *p=a;   //等效于 int *p=&a[0];，使 p 指向 a[0]

注意：数组名 a 是常量指针或称指针常量，而 p 是指针变量。a 代表的值在程序运行过程中不能被改变，不能进行 a++，a=a+1 等类似的操作；而 p 是指针变量，其值是可以改变的，当赋给 p 不同元素的地址值时，它可指向不同元素，如 p++;操作使 p 指向下一个元素。

2. 一维数组元素的指针引用法

如上定义了 a 和 p，且 p 指向数组的首元素后，则 a、&a[0]、p 的值相等，故*a、*p 可表示 a[0]；由指针的运算规则和数组的存储特点可知，a+1、p+1 都等于 a[1]的地址&a[1]，故*(a+1)、*(p+1)都表示 a[1]；类似地，a+i、p+i 都等于 a[i]的地址&a[i]，故*(a+i)、*(p+i)都表示 a[i]，也称它们为 a[i]的指针表示法，如图 4-12 所示。

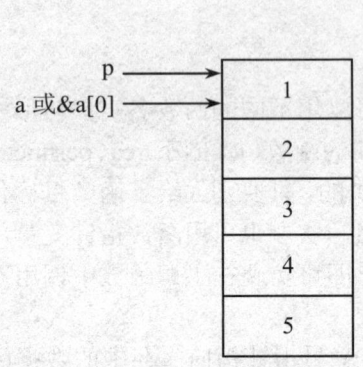

图 4-11 数组指针示意图　　　　图 4-12 数组元素的多种表示法

指针变量 p 也可以带下标，亦即*(p+i)可写成 p[i]，p[i]也表示 a[i]，称 p[i]为 a[i]的指针下标表示法；&p[i]也等于&a[i]。此时数组元素及其地址的表示法汇总于表 4-1。

表 4-1 数组元素及其地址的表示法

元素地址	地址描述	数组元素	元素描述
a[0]的地址	a、p、&a[0]、&p[0]	a[0]的值	*a、*p、a[0]、p[0]
a[1]的地址	a+1、p+1、&a[1]、&p[1]	a[1]的值	*(a+1)、*(p+1)、a[1]、p[1]
a[i]的地址	a+i、p+i、&a[i]、&p[i]	a[i]的值	*(a+i)、*(p+i)、a[i]、p[i]

由表可见，指向数组元素的指针变量 p 和数组名 a 在表示数组元素及其地址时可相互替换。

思考：如果 p 已指向 a[3]，则 p+i 代表哪个数组元素地址，*(p+i)、p[i]代表哪个数组元素？p-2 代表哪个元素的地址？

【例 4.11】使用不同的数组元素表示法输出整型数组 a 各元素。

```
//*****ex4_11.cpp*****
#include <iostream>
#include <iomanip>
using namespace std;
void    main()
{   int a[5]={1,2,3,4,5};
    int i,*p=a;
    for (i=0;i<5;i++)
        cout<<setw(6)<< a[i];          //下标法
    cout<<'\n';
    for(i=0;i<5;i++)
        cout<<setw(6)<<*(a+i);         //指针法；或用 *(p+i)
    cout<<'\n';
```

```
    for(p=a;p<a+5;p++)
        cout<<setw(6)<<*p;          //指针法，但此处p向下移动
    cout<<'\n';
    for(p=a,i=0;i<5;i++)
        cout<<setw(6)<<p[i];        //指针下标法
    cout<<'\n';
}
```

思考：如果要按从后向前的次序输出各元素有哪些控制方法？

当指针变量与自增运算符、自减运算符、间接访问运算符构成如下表达式时，要注意其运算次序。

（1）p++使p指向数组的后一个元素；p--使p指向数组的前一个元素。这前面已讲过。

（2）*p++等价于*(p++)，其作用是先得到p指向变量的值（即*p），然后再使p指向后一个元素。因此，上例的输出还可以写成如下循环语句：

```
for(p=a,i=0;i<5;i++)   cout<<setw(6)<<*p++;
```

（3）*(++p)的作用是先使指针变量p自增，再取*p。

（4）(*p)++表示p所指向的变量值加1。

4.3.2 一维数组名和指针作函数参数的进一步讨论

上文指出，指针变量和数组名在表示数组元素及其地址时可相互替换，唯有不同的是数组名是常量，只能指向数组首元素，值不能改变，而指针变量可以指向任意元素。但是，作函数形参的数组名与指针变量用法几乎一样。如下函数求x数组的n个数据之和：

```
int sum(int x[],int n)
{ int i,s=0;
  for(i=0;i<n;i++) s+=x[i];         //可写成 s+=*x++;
  return s;}
```

其中s+=x[i];可写成s+=*x++;，将形参数组名看做指针变量，更容易理解其接受实参值的过程。

数组元素或连续内存单元可用指针来表示，因此sum()函数又可定义如下：

```
int   sum(int *x,int n)             //改形参数组为指针变量
{ int i,s=0;
  for(i=0;i<n;i++)   s+=*(x+i)      //也可写成 s+=x[i];
  return  s;}
```

在函数说明时，数组形参与指针形参也等价。sum()函数可说明为

```
int sum(int [ ],int);
```

或　　`int sum(int *, int );`

可见，一维数组名和指针变量作函数形参时可以通用。

数组名和指针变量作形参时，实参可用数组名或指针。在类型对应关系上共有4种情况，即：形参用数组名，对应实参可用数组名或指针；形参用指针变量，对应实参也可用数组名或指针。

二维数组名和行指针变量作函数参数时也可以通用，见下节。

4.3.3 指针与二维数组

二维数组的地址涉及每个元素地址、每行地址，下面针对一个具体数组来介绍它们的具

体含义和表达形式。

1. 二维数组的地址

如前所述，二维数组可看成一个一维数组，其元素本身又是一个一维数组。例如，有下面的二维数组定义：

int a[3][4]={{1,2,3,4},{5,6,7,8},{9,10,11,12}};

a 数组是一个由 a[0]、a[1]和 a[2]组成的一维数组，其元素本身又是一维数组，如其中 a[0]又是包含 a[0][0]、a[0][1]、a[0][2]和 a[0][3]的一维数组，a[1]和 a[2]类似地也各包含四个元素。a 的 12 个元素逻辑上构成如下 3 行 4 列二维阵列，如图 4-13 所示。

	a[i] *(a+i)	a[i]+1 *(a+i)+1	a[i]+2 *(a+i)+2	a[i]+3 *(a+i)+3
a →	a[0][0] 1	a[0][1] 2	a[0][2] 3	a[0][3] 4
a+1 →	a[1][0] 5	a[1][1] 6	a[1][2] 7	a[1][3] 8
a+2 →	a[2][0] 9	a[2][1] 10	a[2][2] 11	a[2][3] 12

图 4-13 二维数组的指针表示

视 a 为一维数组，则数组名 a 代表其第一个元素 a[0]的地址&a[0]，即阵列第一行的地址，a+1 代表&a[1]，代表第二行地址，a+i 代表&a[i]，代表阵列第 i+1 行地址。因此也称 a、a+i 为行指针。

视 a[0]为一维数组，则数组名 a[0]代表其第一个元素 a[0][0]的地址&a[0][0]，a[0]+1 代表&a[0][1]，a[0]+j 代表&a[0][j]；类似地，a[1]代表&a[1][0]，a[1]+j 代表&a[1][j]；a[i]代表&a[i][0]，a[i]+1 代表&a[i][1]，a[i]+j 代表&a[i][j]。

视 a[0]、a[1]、a[i]为一维数组 a 的元素时，沿用前面一维数组元素的指针表示法形式，则 a[0]形式上可表示成*(a+0)，简写为*a，a[1]可表示为*(a+1)，a[i]可表示为*(a+i)，但此处它们不代表数组元素，而是代表各行第一个元素（第一列各行元素）的地址&a[0][0]、&a[1][0]和&a[i][0]，相应地，*(a+i)+j 就代表&a[i][j]。

由上可知，a[i][j]的指针引用形式有：*(a[i]+j)、*(*(a+i)+j)，沿用前面一维数组元素的指针下标法形式，后者还可写为(*(a+i))[j]。对于特例 a[0][0]，其等价表示形式有：*a[0]、**a 和(*a)[0]。

将上面二维数组的各种地址和元素指针表示法汇总于表 4-2，为描述方便，此处将最前面一行称为第 0 行，最前面一列称为第 0 列。

表 4-2 二维数组的各种地址和数组元素指针表示法汇总表

含义	表示形式
第 0 行地址	a、&a[0]
第 0 行第 0 列元素地址	a[0]、*(a+0)、*a、&a[0][0]
第 0 行第 j 列元素地址	a[0]+j、*(a+0)+j、*a+j、&a[0][j]

续表

含义	表示形式
第 1 行地址	a+1、&a[1]
第 1 行第 0 列元素地址	a[1]、*(a+1)、&a[1][0]
第 i 行地址	a+i、&a[i]
第 i 行第 0 列元素地址	a[i]、*(a+i)、&a[i][0]
第 i 行第 j 列元素地址	a[i]+j、*(a+i)+j、&a[i][j]
第 i 行第 j 列元素	*(a[i]+j)、*(*(a+i)+j)、(*(a+i))[j]、a[i][j]

2. 行指针变量

行指针是指向一维数组整体的指针，存储行指针的变量叫行指针变量。如

int (*p)[4];

定义了行指针变量 p，它能指向一个包含 4 个 int 型元素的一维数组。在定义中不要丢掉圆括号，若写成

int *p[4];

则定义了一个指针数组 p（后面介绍）。

行指针变量 p 是一个指向由 4 个整型元素组成的一维数组，对 p 作增减 1 运算就表示前进或后退 4 个整型元素。

设有变量定义

int a[3][4],(*p)[4];

则赋值语句

p=a;   //a 表示第 0 行的地址，行指针

使 p 指向二维数组 a 的第 0 行。从表 4-2 知，p 所指的一维数组中的第 j 个元素地址可表示为*p+j，元素则可表示为*(*p+j)或(*p)[i]。

另外，表达式 p+1 的值指向二维数组 a 的第 1 行，p+i 指向二维数组 a 的第 i 行，这与 a+i 一样。同样 p[i]+j 或*(p+i)+j 指向 a[i][j]，所以，数组元素 a[i][j]的引用形式可写成：

(p[i]+j)、(*(p+i)+j)、(*(p+i))[j]、p[i][j]

与表 4-2 对照可知，用 p 表示二维数组元素和地址与用数组名表示形式一致。而且，行指针变量和二维数组名作函数参数时两者也可通用。如函数定义首部

void input(int x[][N],int m)

可写成

void input(int (*x)[N],int m)

4.4 字符串

字符串是一种非数值类型数据，它也是计算机加工处理的对象。C 语言用字符数组和指针表示字符串，C++仍然支持这两种表示方法，另外，C++还可用字符串类型 string（后面章节介绍）对象表示字符串，string 类型最终也是用字符数组和指针表示字符串，因此学好前两种表示方法对学习 string 类型是有帮助的，本节介绍这两种方法。

4.4.1 字符串的概念

若干个字符连续排列起来构成的序列就是字符串。在源程序中要用一对双引号将字符串括起来，如："China"，这对双引号只充当界限符，不是字符串的成员，仅便于编译系统识别源程序中的字符串。字符串中字符的个数叫字符串的长度。

程序运行时，字符串在内存中占据一片连续的字节，串中的每个字符占一个字节，运行中的程序根据串首字符所占字节的地址就可以找到整个字符串；为了让程序检测到串尾字符或测定字符串的长度，C++语言规定在字符串尾添加一个字符'\0'作为字符串结束标志，这样程序从串首字符向后找，遇到了字符串结束标志字符'\0'就表示找到了整个字符串，也就识别了字符串。"China"的存储示意见图4-14，图中1000表示首字符所占字节的地址。

图 4-14　字符串存储示意图

字符串可以包括转义字符及 ASCII 码表中的控制字符（以转义字符出现）。字符串可以包含汉字，如："中国"、"中国=China"。一个汉字占两个字节，长度计为 2。

输入输出字符串时，仅作为界限标志的双引号和'\0'均不要输入，也不会输出。

4.4.2 字符串的存储表示法

1. 字符数组表示法

字符数组可用来存储字符串，其元素依次存储串中的各字符。内存中字符串尾总附加'\0'字符，它要占一个字节，所以长度为 L 的字符数组能容纳长度不超过 L-1 的任何字符串，若试图容纳长度超过 L-1 的字符串，将在编译时出现语法错误或运行时数组越界，必须设法避免。字符数组名代表首字节地址，通过字符数组名就可以找到存于其中的字符串。用数组元素就可以找到存于其中的字符。字符数组为字符串提供存储空间，因此字符数组相当于字符串变量。如有定义：

　　char s1[]={'s','t','u','d','e','n','t','\0'};

其存储状态如图 4-15 所示：

图 4-15　字符数组存储示意图

显然，一个元素存放一个字符。

若通过赋值语句将各字符分别赋给字符数组的各元素，注意串尾要添上' \0'。为简便起见，在编写程序时，可以直接用字符串初始化字符数组如下：

　　char s1[8]={"student"};

花括号也可省略，简单地写为

　　char s1[8]="student";

为避免计算字符串的长度，可以写成：

char s1[]="student";

系统将双引号括起来的字符依次存于字符数组的各个元素，并自动在末尾补上字符串结束标志字符'\0'，并一起存到字符数组中，上面数组 s1 的长度为 8，有效字符只有 7 个。若有定义：

char s2[]={'s','t','u','d','e','n','t'};

s2 的长度为 7，s2 中未存放完整字符串，如执行语句：

cout<<s2;

很可能得不到正确输出结果，该语句将在输出 student 之后继续输出，直至遇到 8 位全 0 代码（即'\0'）为止。但写成：

char s2[8]={'s','t','u','d','e','n','t'};

可以得到正确输出，字符数组的初始化也与其他数组的初始化一样，对部分未明确指定初值的元素，系统自动设定 0 值字符，也正是字符串结束标志符'\0'。

若要表示多个字符串，可以采用二维字符数组，例如：

char str2[][30]={"I am happy!","I am a student."};

用数组存储的字符串，串中字符通过数组元素来引用，例如：

char s[]="I am a student.";

用 s[i]或*(s+i)就能访问数组中字符串的第 i 个字符。

上面说明了用字符数组存储字符串，另一方面也表示可用字符串初始化字符数组。

2. 指针表示法

若将字符串首字符所占字节的地址存于字符基类型的指针变量中，则程序可通过该指针变量访问字符串或其中的某个字符，因此，指针是字符串的一种表示法，例如：

char *cp ="I am a student.";

定义了指向字符的指针变量 cp，并初始化 cp 使它指向字符串的第一个字符（'I'）。以后就可通过 cp 间接访问字符串或其中的某个字符，如*cp 或 cp[0]的值就是'I'，用*(cp+i)或 cp[i]就能访问字符串中的第 i 个字符。有时也称 cp 是指向字符串的指针变量。也可先定义 cp，事后再赋值，如下：

char *cp;

cp="I am a student.";

这是将字符串首字符所占据字节的地址赋给 cp，而不是将字符串赋给 cp，cp 并不为字符串提供存储空间。可以把该字符串"I am a student."看作字符串常量，由编译系统为它分配存储空间。

用字符数组和字符指针变量都能表示字符串并参加各种运算，但两者之间是有区别的。字符数组元素在内存中占据一片固定的连续内存空间，每个元素可存放一个字符，因此，字符数组为字符串提供存储空间。在程序运行过程中，字符数组所占的固定内存空间在不同时刻可存放不同的字符串，所以，字符数组相当于字符串变量。数组名代表这片内存空间的首地址，是常量指针，因此它只能指向位于这个固定地址内存中的字符串。而字符指针变量并不为字符串提供存储空间，但同一指针变量在不同时刻可指向内存中不同地址处的字符串，当然也可指向存于数组中的字符串。既然数组名是指针常量，就不能用一个字符串给一个字符数组赋值，例如：

```
char str[50];
str="I am a student.";
```
编译时将产生错误。但能用一个字符串给一个字符数组初始化。当然，字符数组各个元素可单独赋值。

4.4.3 字符串的输入与输出

字符串的输入输出总的来说有两种方式：
（1）逐个字符输入输出，即每次输入输出一个字符，用循环结构控制整个串的输入输出。
（2）将整个字符串作为一个整体一次性完成输入输出。

每种方式具体完成输入输出操作又有两种方法，一种是调用标准 C 输入输出（Standard C I/O）函数库中的字符/字符串输入输出函数（scanf、printf、getchar、putchar、gets、puts 等），C++同样支持这些函数。另一种是用 C++的标准输入输出流对象 cin 和 cout，这种方法使用简单，举例如下：

设有：
```
char s1[20]="I am a student.";
```
逐个输出字符语句：
```
for(i=0;s1[i];++i)      //循环条件等价于 s[i]!=0
    cout<<s1[i];
```
将字符串一次性输出：
```
cout<<s1;
```
两者输出结果都为：
I am a student.

若要从第 i 个字符起输出字符串后面一截，则写成：
```
cout<<&s1[i];          //s1+i
```
若指针变量 cp 指向某个字符串，同样可以用上面两种方式输出。

若程序运行时要输入字符串，那么程序必须为它提供存储空间，一般采用一个够长的字符数组，若有数组定义：
```
char s2[100];
```
则逐个字符输入语句：
```
for(i=0;i<15;++i)
    cin>>s2[i];
s2[i]='\0';            //额外补加串结束标志
```
将字符串作为一个整体一次性输入语句：
```
cin>>s2;
```
这种方式输入字符串是以空格符、Tab 控制符、回车符作为终止标志，因此字符串中不能含这些字符。若要输入以回车键为终止标志的一行字符则用 cin.getline()。

两种输入方式都必须保证输入的字符串长度比数组长度少 1。

上面是用 cout 对象的重载运算符>>和 cin 对象的<<进行输入输出，还可以用成员函数 cout.put()、cin.get()、cin.getline()进行灵活的输入输出控制，具体见后面输入输出流章节。

4.4.4 字符串处理处理函数

为了便于使用字符串，C 语言的字符串函数库提供了丰富的字符串处理函数，C++仍然兼容它们。这里介绍其中几个比较常用的字符串处理函数。注意,在程序首部加上#include <string>,其中包含了函数说明。

下面函数调用形式中的参数 str、str1 和 str2,除特别声明外,均是字符数组名、字符(串)指针变量或字符串常量。

1. 字符串连接函数 strcat()

函数原型:char *strcat(char *, const char *);

调用格式:strcpy(str1,str2);

函数功能:将字符串 str2 连接到 str1 的后面,函数原型中的修饰符"const"说明 str2 串的内容不会被改变,而不是要求 str2 为字符串常量。

函数调用返回一个指针值,仍为 str1。与 str1 对应的实参一般为数组,正确使用该函数,要求与 str1 对应的实参尾部有足够剩余空间,以便能容纳 str2 的内容。连接前,str1 和 str2 尾部都有'\0'。连接后,str1 中的'\0'在连接时被覆盖掉,而在新的字符串有效字符之后保留一个'\0'。例如:

```
char s1[30]="this";
char s2[30]=" is";          //或 char *s2=" is";
strcat(s1,s2);              //结果存在 s1 中,第一个实参为数组
cout<<s1;                   //两条语句等价于 cout<<strcat(str1,str2);
```

将输出:

this is

图 4-16 表示连接前后 str1 与 str2 的内容。

图 4-16　连接前后 s1 与 s2 的内容变化图

2. 字符串拷贝函数 strcpy()和 strncpy()

函数原型:char *strcpy(char *,const char *);

调用格式:strcpy(str1,str2);

函数功能:将字符串 str2 整个复制到字符数组 str1 中,str2 的值不变。

调用该函数时,一般 str1 是字符数组,且 str1 定义得足够大,以便能容纳被拷贝的 str2 的内容。例如:

strcpy(str1,"Changsha");

在某些应用中,需要将一个字符串的前面一部分拷贝,其余部分不拷贝,调用函数 strncpy()可实现这个要求。函数调用格式:

strncpy(str1,str2,n);

作用是将 str2 中的前 n 个字符拷贝到 str1(附加'\0')。其中 n 是整型表达式,指明欲拷贝的字符个数。如果 str2 中的字符个数不多于 n,则该函数调用等价于 strcpy(str1,str2)。

3. 字符串比较函数 strcmp()

函数原型：int strcmp(char *,char *);

调用格式：strcmp(str1,str2);

函数调用 strcmp(str1,str2)比较两个字符串大小。对两个字符串自首至尾逐个字符相比较（按字符的 ASCII 代码值的大小），直至出现不同的字符或遇到'\0'为止。如全部字符都相同，则认为相等，函数返回 0 值；若出现不相同的字符，则以第一个不相同的字符比较结果为准。若 str1 的不相同字符小于 str2 的相应字符，函数返回一个负整数(-1)；反之，返回一个正整数（1）。

注意：对字符串不能进行关系运算，必须调用 strcmp(str1,str2)对字符串作比较。

4. 求字符串长度函数 strlen()

函数原型：unsigned int strlen(char *);

调用格式：strlen(str);

函数功能：求字符串 str 的长度（不包括'\0'）。例如：strlen("right")返回值为 5。

5. 子串查找函数 strstr()

函数调用 strstr(str1,str2)，在 str1 中查找是否包含子串 str2，若找到，则返回第一次出现 str2 的位置（地址），否则，返回空指针 NULL。

6. 字符串大写字母转换成小写字母函数 strlwr()

函数调用 strlwr(str)将 str 中的大写字母转换成小写字母，str 一般用字符数组名。

7. 字符串小写字母转换成大写字母函数 strupr()

函数调用 strupr(str)将 str 中的小写字母转换成大写字母，str 一般用字符数组名。

与字符串有关的库函数还有很多，如：

int atoi(char *str); 将 str 字符串转换成整数。

long atol(char *str); 将 str 字符串转换成长整数。

double atof(char *str); 将 str 字符串转换成 double 型数值。

以上三个函数的说明在 stdlib.h 中。

例如，有以下定义：

char s[]="12345";

long n;

则语句 n=atol(s);执行后 n 的值为 12345。

如有必要，读者可查阅有关 C++参考手册。

4.4.5 字符串的简单应用举例

【例 4.12】编写函数 void del_ch(char *p,char ch)，删除 p 所指字符串中的 ch 字符。例如：若 p 所指串为"changsha"，ch 值为'a'，调用该函数后，p 所指串变为"chngsh"，即为结果字符串。

分析：为便于理解，首先假设用一片连续字节空间存放结果字符串，且用 q 指向这片空间的首字节，如图 4-17 中的初始状态。

p 指向待处理字符串的首字节。现用循环控制：逐个判断 p 指向的字符是否为要删除的字符，若不是，将 p 指向的字符复制到 q 指向的字节，并使 p、q 都增加 1 下移一个字节；若 p 指向的是要删除的字符（'a'）时不复制，此时指针 p 仍然增加 1 下移一个字节，而 q 不下移，如图 4-17 中的第 3 次循环。图 4-17 只表示了前 4 次循环，后面继续循环直到处理完整个字符串。其实可将结果字符串仍存放在原待处理的字符串所占的空间中,因为复制后面的字符操作不影响前面已复制过来的字符,复制前面的字符操作也不影响后面还没被复制的字符。

图 4-17 例 4.12 初始状态与前 4 次循环示意

程序如下:

```cpp
//*****ex4_12.cpp*****
#include <iostream>
using namespace std;
void del_ch(char *p,char ch)        //定义函数
{   char *q=p;
    for(;*p!='\0';p++)
        if (*p!=ch)                 //若 p 指向的字符不是要删除的字符则复制
            {*q=*p; q++; }          //本复合语句等效于*q++=*p;
    *q='\0';                        //添加串结尾符
}
void main()
{   void del_ch(char *,char);
    char str[80],ch;
    cout<<"Input a string:\n";
    cin.getline(str, 80,'\n');      //当输入了 79 个字符或回车符,就表示输入完毕
    cout<<"Input the char deleted:\n";
    cin>>ch;
    del_ch(str,ch);
    cout<<"Then new string is:\n";
    cout<<str<<endl;
}
```

思考:(1)如何编写 void del_num_ch(char *p)删除 p 所指字符串中的数字字符。

(2)如何编写 void insert_ch(char *p,int n, char *q)在 p 所指字符串的第 n 字节位置插入 q 所指字符串。

4.5 指针数组与多级指针

4.5.1 指针数组

如果一个数组的元素是指针类型数据，则该数组称为指针数组。一维指针数组的定义形式为：

类型符　*数组名[常量表达式];

其中，数组名之前的*表明定义指针数组，类型符表明数组元素所指对象的数据类型，即元素指针的基类型，方括号中常量表达式的值表示数组元素的个数。例如

int *p[10];

定义了一维指针数组 p，它有 10 个元素，每个元素都是指向 int 型变量的指针变量。和普通一维数组名一样，数组名 p 也代表第一个元素即 p[0]的地址。

注意，在*与数组名之外不能加圆括号，否则变成指向一维数组的行指针变量（前面已详析）。如：

int (*p)[10];

则定义指向含 10 个整型元素的一维数组的行指针变量。

类似地可定义多维指针数组。

指针数组适合表示一批指针数据。例如，对多个字符串进行排序，这些字符串可用一个字符型的二维数组存储，每行存储一个字符串。排序时一般要多次交换两个字符串在数组中的位置，这样较费时。如用指针数组，让其元素指向各串，就不必交换两个字符串的位置，而只交换指针数组中两个元素的指向。

【例 4.13】编写 void sort(char *p[],int n)，用选择法（在例 4.2 中已介绍）将指针数组 p 元素值按元素所指字符串大小从小到大排序，即让 p[0]指向最小的串，p[n-1]指向最大的串，而不改变字符串的存储位置。编写 main()等相关函数构成完整程序。要求从键盘输入各字符串，且输出排序结果。

分析：从要求可知，sort()开始执行时，若数组 p 中 6 个元素及其指向的字符串如图 4-18（a）所示，sort()执行后，6 个元素的指向发生改变，结果如图 4-18（b）所示。此处对数组 p 选择排序，每次确定 p 两元素值大小关系时，不是比较两元素本身，而是比较两元素指向的串。因此将例 4.2 中的数组元素比较运算改用 strcmp(p[k],p[j])即可。

程序如下：

```
//*****ex4_13.cpp*****
#include <iostream>
#include <string>
using namespace std;
#define N 6
void main()
{   void sort(char *[],int),write(char *[],int);
    char *name[N],str[N][30];
    int i;
    for(i=0;i<N;i++)
    {   name[i]=str[i];      //str[i]指向二维数组 str 的第 i 行首字节
```

图 4-18 数组 p 及其指向的串

```
        cin.getline(str[i], 30,'\n'); }   //从键盘输入各字符串
        sort(name,N);
        write(name,N);
    }
void sort(char *p[],int n)                //采用选择法排序
{   int i,j,k;
    char *t;
    for(i=0;i<n-1;i++)
    {   k=i;
        for(j=i+1;j<n;j++)
            if (strcmp(p[k],p[j])>0)      // p[j]指向的串小于 p[k]指向的串
                k=j;
        if (k!=i)
            { t=p[i]; p[i]=p[k];p[k]=t;}
    }
}
void write(char *p[],int n)               //输出各串
{   int i;
    cout<<endl;
    for(i=0;i<n;i++) cout<<p[i]<<endl;
    cout<<endl;
}
```

对于上例而言，若待排序的各字符串在编写程序时就能确定，则也可用它们来初始化 name 数组如下：

char *name[]={"Russia","America","Japan","France","Britain","China"};

这样，name 的元素分别指向大括号中的各字符串。

4.5.2 多级指针

指针变量的地址仍是指针，叫多级指针。存放其他指针变量地址的变量叫多级指针变量，也简称多级指针。显然，多级指针指向某个指针变量。例如，指针变量 pp 指向一变量 ap，而 ap 又是指针变量，它指向另一个变量 a，则变量 pp 就是指向指针变量的指针，如图 4-19 所示。

定义二级指针变量的一般形式为

类型符　**变量名;

图 4-19 多级指针示意图

例如：

int **pp;

定义了指针变量 pp，它能指向另一个指针变量，该指针变量又能指向一个整型变量。pp 的前面有两个"*"号，由于指针运算符"*"是按自右向左顺序结合的，因此**p 相当于*(*p)，可以看出(*pp)是指针变量形式，它前面的"*"表示指针变量 pp 指向的又是一个指针变量，"int"表示后一个指针变量指向的是整型变量。

要定义图 4-19 所示的变量，可如下定义：

int a=22,*ap=&a,**pp=≈

ap 可用*pp 表示，a 可用*ap 和**pp 表示。

类似地可定义三级指针，例如：

char ***p;

编程时根据需要来确定指针变量的级数。

多级指针同样可以进行前面介绍的指针运算，只是指向关系多了一层而已，参加运算的两指针级别要一致。

指针数组元素的地址是多级指针，指针数组名代表首元素的地址，是多级指针常量。如同一维数组元素及其地址可以用指针变量表示（见表 4-1）一样，一维指针数组元素及其地址也可以用二级指针变量表示。前面 4.3.2 节说过，一维数组名和指针变量作函数形参时可以通用，类似地，一维指针数组名和二级指针变量作函数形参时也可通用，如例 4.13 中函数 sort() 的形参 p 的说明 char *p[]也可写成 char **p。

4.5.3 带形参的 main 函数

前面介绍的程序中，main 函数都没有形参，其实，main 函数也可以带形参，用来接收来自命令行的实参。这个命令行是指运行 main 函数所在程序的命令。

带形参的 main()函数的一般形式是：

int main (int avgc, char *argv[])   // 或 main (int avgc, char **argv)

{ ... }

在操作系统命令状态下，启动、运行一个程序的命令行格式：

程序文件名　参数1　参数2　……　参数 n

程序文件名和各参数之间用空格分隔。程序文件名、各参数都是字符串，统称为命令行参数。此处字符串可以不带双引号，若字符串本身含有空格，则要用双引号括起来。

程序中的 main 函数利用其形参接收命令行的实参信息。其中 argc 表示命令行中参数的个数，程序文件名字符串也算作其中一个，argv 是一个指向字符串的指针数组（或二级指针）。argv[0]指向命令行中第一个字符串，即程序文件名串，argv[1]指向命令行中第二个字符串，其余依次类推。

下面通过实例说明命令行参数是如何传递的。

【例 4.14】编写程序，要求输出运行该程序时所输入的命令行参数。源程序文件名为

ex4_14.cpp，经编译连接后生成的可执行程序为 ex4_14.exe。

```
//*****ex4_14.cpp*****
#include <iostream>
using namespace std;
int main(int argc,char *argv[])         //或 main(int argc,char **argv)
{   int k;
    cout<<"argc=" <<argc<<endl;
    for(k=0;k<argc;k++)
        cout<<"argv"<<k<<":"<<argv[k]<<'\n';
        cout<<"\n";
    return 0;
}
```

若运行该程序时输入的命令行是：

ex4_14   good   better   best↙

则输出结果：

argc=4
argv0：ex4_14
argv1：good
argv2：better
argv3：best

一旦命令行输入完毕，操作系统接收并分析命令行内容，辨别出其中字符串个数并将个数（4）传给形参 argc；将四个字符串：ex4_14、good、better、best 保存到特定位置，并将它们首地址分别传给字符指针数组元素 argv[0]、argv[1]、argv[2]、argv[3]，如图 4-20 所示。

图 4-20 命令行参数指针数组示意图

4.6 引用

程序可以用变量名直接访问变量，也可以用指针变量间接访问变量，另外，C++中，程序还可以采用引用（reference）来访问变量。用引用作函数参数和返回值可以扩充函数传递数据的能力。

4.6.1 变量的引用

变量的引用就是变量的别名。一个引用总依附于某个实体，如变量、类对象（后面章节介绍），定义引用时必须进行初始化，说明是谁的引用，换句话说，总是为某个特定实体定义引用，例如：

int a;
int &ar=a;

为变量 a 定义了一个引用 ar，ar 也表示 a 的存储单元，此处&是引用声明符，不是取地址运算符，&前面的 int 说明 ar 是整型变量的引用，即被引用的变量应该是整型变量。

可以在定义变量的同时为它定义引用，上面两行也可合并为：

int a, &ar=a;   //还可同时初始化 ar 引用的变量：int a, &ar=a=100;

后续程序中变量 a 都可用它的引用 ar 替换，例如：

int *p=&ar;   //&ar 代表&a，定义指向 a 的指针变量
int &ar2=ar;   //为引用 ar 定义引用 ar2，因 ar 代表 a，相当于为 a 再定义另一引用 ar2
ar=100;   //等效于 a=100;
cin>>ar;   //等效于 cin>>a;
cout<<ar;   //等效于 cout<<a;

指针变量的引用定义格式如下：

int *q, *&qr=q;   //还可同时初始化 qr 引用的指针变量：int a, *q, *&qr=q=&a;

此后 qr 就可作 q 用。

前面已介绍，变量或存储单元的间接访问形式为"*指针"，也可以为间接访问形式的变量或存储单元定义引用，例如：

int   a, *p=&a, &ar=*p;   //定义 ar 是*p 的引用，而*p 是 a 的间接访问形式，故 ar 也就是 a 的引用

注意，不能定义引用数组，也不能定义指向引用的指针，下面的引用定义有语法错误。

int &refer[10], *&pr ;

变量引用的作用主要体现在作函数参数和返回值的情况。

4.6.2 引用作函数参数

前面多次提到，在函数调用时，实参的值传递给形参变量，函数在执行过程中改变了形参的值，但对应的实参不会被改变，这就是所谓的函数参数值单向传递现象。为了让被调用函数可以改变主调函数中变量的值，4.2.4 节介绍了用指针作函数参数的方法，此时实参向形参传递指针值，被调函数通过形参变量间接访问主调函数中的变量。若将函数形参说明为变量的引用（或引用型变量），也能达到修改实参变量的目的，而且编程更简洁。对于例 4.7 而言，将 swap 函数修改如下：

```
void swap(int &r1,int &r2)    //说明形参为变量的引用
{   int t;
    t=r1;
    r1=r2;
    r2=t;
}
```

相应的函数调用语句改为：

swap(a,b);

定义 swap()时说明形参为变量的引用，但没指定是哪一变量的别名。调用函数时，系统把实参 a、b 变量名（非值）传递给形参 r1、r2，r1、r2 分别变为 a、b 的引用（别名），即 r1、r2 也分别表示实参 a、b 对应的存储单元，如图 4-21 所示；此时，swap()修改形参 r1、r2 就是修改实参 a、b。此处本质上也是传递地址，与指针变量作形参不同的是，此时形参不需占用临时存储空间，而是直接引用 a、b，用引用作函数参数显得表达简单、自然。

图 4-21 交换两引用型形参的值

与引用型形参对应的实参可以是变量,如上面调用 swap(a,b)中的实参 a、b 是已定义的变量;另外,实参也可以是指针所指向的变量或(动态)存储单元,例如,假设指针 x、y 已经指向内存单元,则调用 swap(*x,*y)将交换 x、y 所指内存单元的值。

4.6.3 引用作函数返回值

函数也可返回变量(或存储单元)的引用,其定义一般格式是:
类型名 & 函数名(形参表)
{…
 …
return 变量、变量的引用或用 "*指针"形式表示的存储单元;}

return 后的变量不能是本函数中的局部变量,因为函数执行完毕返回主调函数后,函数中的局部变量全部释放,主调函数再用其引用去访问它,不能保证结果正确。例如,下面的函数在编译时会有警告提示:
int & minp(int &x,int &y)
{int q;
q=x<y?x:y;
return q;
}
因为该函数试图返回其局部变量 q 的引用。return 后的变量应该是主调函数可寻址或可见的变量或内存单元,如全局变量。该函数可改为
int & minp(int &x,int &y)
{ return x<y?x:y;}
该 minp()被调用时,x、y 变成实参变量的引用,显然,主调函数可找到实参变量。

习题 4

一、选择题

1. 设有 int x[][3]={ {0},{1,2},{3,4,6},{5}}; 则 x[1][1]的值是(   )。
   A．3   B．2   C．6   D．4
2. 在下面的二维数组定义中,正确的是(   )。
   A．int a[3][];   B．int a[][3];
   C．int a(3)(3);   D．int a[][3]={{1,2},{3}};
3. 下面哪个定义或语句序列能使 p 指向 a?(   )
   A．int a,*p=a;   B．int a,*p; *p=a;
   C．int a,*p; *p=&a;   D．int a,*p=&a;
4. 若有:double a[10], *pa=a;,要将 10 赋值给 a 中的下标为 5 的元素,不正确的语句是(   )。
   A．pa[5]=10;   B．*(pa+5)=10;
   C．*(a[0]+5)=10;   D．a[5]=10;
5. 设有 int a[10],*p=&a[4];则下面哪种表示与 a[9]不等价?(   )
   A．*(a+9)   B．*(p+5)   C．p[5]   D．p+5
6. 设有 int a[10],*p=a+5;则下面哪种表示与 a[3]不等价?(   )
   A．*(a+9)   B．*(p-2)   C．p[-2]   D．p+2

7. 设有 int a[20], *p=a; 则下面哪个与 a[1]不等价？（   ）
   A．p[1];   B．*++p;   C．*(a+1);   D．*++a;
8. 已知 char a[][20]={"hunan","jiangxi","shandong"};，语句 cout<<a[3];得到的输出是（   ）。
   A．a   B．shandong   C．输出结果不确定   D．数组定义有错
9. 若函数形参是数组，则对应的实参（   ）。
   A．只能是数组名   B．只能是指针
   C．任何类型的数据   D．可以是数组名或指针
10. 若函数形参是指针变量，则对应的实参（   ）。
    A．只能是指针   B．只能是数组名
    C．任何类型的数据   D.可以是指针或数组名
11. 若实参是数组名，则实际传递给形参的是（   ）。
    A．数组的第一个元素值;   B．数组元素的个数
    C．数组的全部元素值;   D．数组首元素地址

二、填空题

1. 设有 int a[20]; 则数组名 a 代表元素_____的地址。
2. C/C++编译系统用_____代表函数的入口地址。
3. 若有 char *a="abcdef";，则 a[1]的值为_____。
4. int *f(int, float);说明 f 为_____，而 int (*f)(int,float);定义 f 为_____。
5. int (*p)[4];定义 p 为_____，而 int *p[4];定义 p 为_____。

三、程序阅读题，写出结果

1.  ```
    #include <iostream>
    using namespace std;
    int sum(int x[],int n)
    {int i,s=0;
    for(i=0;i<n;i++) s+=x[i];
    return s;}
    int main()
    {int a[5],i;
     int s1,s2;
     for(i=0;i<5;i++) a[i]=i;
     s1=sum(a,5);
     s2=sum(a+2,3);
     cout<<s1<<",  "<<s2<<endl;
     return  0;
    }
    ```
    输出：_____, _____

2.  ```
    #include <iostream>
    #include <iomanip>
    using namespace std;
    int table[5]={5,4,3,2,7 };
    void f (int a[], int n, int *p)
    { int k, j;
       j=0;
    ```

```
            for(k=1;k<n;k++)
                if(a[k]<a[j])   j= k;
            *p =a[j];
        }
        int main()
        {int a;
        f(table ,5,&a);
        cout<<a<<endl;
        return 0;
        }
```
输出结果：_____

3.
```
   #include <iostream>
   using namespace std;
   char * f( char *p1,char *p2 )
   { char *t=p1;
    while(*p1!='\0') p1++;
    while(*p2!='\0')
    {*p1=*p2;
     p1++; p2++;}
    *p1='\0';
    return t;
   }
   int main()
   {char s1[100]="ABC",*s2="A";
    cout<<'\n'<< f(s1,s2)<<", "<<s1<<'\n';
    return 0;
   }
```
输出：_____, _____

四、完善程序填空题

1. 函数 int lookup(int x[], int n,int y)在 x[0]…x[n-1]中查找是否有等于 y 的元素，若有，返回第一个相等元素的下标，否则，返回-1，请将函数补充完整。
```
        int lookup(int x[], int n, int y)
        {int flag=-1;
        int i;
        for(i=____①____ ;i<n ; i++)
        if(x[i]==y)
            {flag=i;
             break;
            }
        return ____②____ ;
        }
```

2. 下面的函数用来判断 s 指向的字符串是否为"回文串"，即从前向后或从后向前读是一样的（默认长度为 0、1 的字符串是"回文串"），若是返回 1，否则返回 0。
```
        int f(char *s)
        {  int result=1;
           char *p=s;
```

```
            while(*p)    ①    ;
                p--;
            while(   ②   )
                {if( *s!=*p) { result=0;   break ; }
                    ③    ; p--; }
            return result;
        }
```

3．已知费氏（Fibonacci）数列通项：

$F_0 = F_1 = 1$ （i=0，1）
$F_i = F_{i-1} + F_{i-2}$ （i>1）

用数组求 Fibonacci 数列前 20 项。

```
#include <iostream>
#include <iomanip>
using namespace std;
int main()
{   int i, f[20];
    f[0]= f[1]=   ①   ;
    for(i=2;i<20;i++)
        f[i]=f[i-1]+   ②   ;
    cout<<" Fibonacci :"<<endl;
    for(i=0;i<20;i++)
      {if(i%5==0)   cout<<endl;
          cout<<setw(6)<<f[i];
      }
    return 0;
}
```

五、程序设计题

1．从键盘输入 10 个整数存于数组中，然后按从大到小的次序输出。请编程实现。

2．从键盘输入 100 个整数存入数组 np 中，其中凡相同的数在 np 中只存入第一次出现的数，其余的都被剔除。

3．找出一个二维数组中的鞍点，即该位置上的元素在该行上最大，在该列上最小。也可能没有鞍点。

4．编写函数 void f(int a[],int n)，将 a[]中的 n 个元素按逆序重新存放，例如，原来存放顺序为：8,6,5,4,1。要求改为：1,4,5,6,8。

5．编写函数 int f(char * s)，判断 s 所指的串是否为"回文串"，即前后对称的串，如："a131a"、"a1bb1a"，若是返回 1，否则返回 0。

6．将字符数组 str1 中下标为双号的元素值赋给另一字符数组 str2，并输出 str1 和 str2 的内容。

第 5 章　自定义数据类型

通过本章的学习，掌握结构体类型、共用体类型、枚举类型、自定义类型、位段类型的定义与使用方法。

- 结构体类型、共用体类型、自定义类型；
- 链表的使用与内存动态管理运算符的使用。

C++的基本数据类型是整型、浮点型、双精度型、字符型等数据类型，但在描述一些复杂的对象时，这些已有的数据类型往往不能满足实际情况的需要。在这种情形下，可以使用自定义数据类型。所谓自定义数据类型就是 C++允许用户根据实际情况，自己定义数据类型来描述一些复杂的数据。本章介绍结构体类型、共用体类型和枚举类型等用户自定义数据类型。

5.1　结构体类型

在日常生活中，经常会遇到用一些相关的数据共同表示一个信息的情况。例如，表示一个学生的学籍信息，可能需要学生的学号、姓名、入学分数等相关数据项，这些数据项的组合表示一个学生的个人学籍信息，它们之间是有内在联系的，任何一个单独的数据都不能完整地表示学生的学籍信息。在 C++中，可以用结构体类型的数据来描述一个学生的学籍信息。

如果说数组是同类型的一组相关数据的集合，那么结构体就是将不同类型数据组合成一个整体，这些不同类型的数据是有相互联系的，是对该整体的不同侧面的描述。在程序中使用结构体时，首先要对结构体的组织形式进行描述，即对结构体类型进行定义。

5.1.1　结构体类型的定义

结构体类型的一般定义形式为：
```
struct 结构体类型名
{
    成员说明列表
};
```

其中，**struct** 为定义结构体类型的关键字，结构体类型名是用户定义的任何一个有效的标识符，它的作用就如同任何一个基本类型名，利用它能够定义具有该结构类型的变量或函数；数据成员说明列表是对其各成员的数据类型的说明，即：类型名　成员名；整个结构体类型定义必须用";"作为结束符。例如，一个学生的学籍信息包含有学号、姓名和入学分数，可将其定义为一个结构体类型：

```
struct student
{   char id[7];
    char name[10];
    float score;
};
```

这样就定义了一个结构体类型 student，它向编译系统声明：这是一种结构体类型，它包括三个成员，一个是长度为 7 的字符数组 id，用以表示学号；一个是长度为 10 的字符数组 name，用以表示学生姓名；一个是单精度实型变量 score，表示学生分数。

在 C 语言中，结构体的成员只能是数据；C++为了适应面向对象的程序设计，对此加以扩充，其结构体成员既可以是数据成员，也可以是函数成员。但由于 C++提供了类（class）类型，一般情况下，不必使用带函数成员的结构体。

5.1.2 结构体变量的定义

结构体类型定义说明了一个结构体数据的"模式"，即描述了这一类型数据的框架，但不定义"实物"。如果在程序中要实际使用该结构体类型的具体对象，必须定义结构体类型的变量。

要定义一个结构体类型的变量，可采取以下三种方法。

1. 先定义结构体类型，再定义变量

[struct]　结构体类型名　变量名；

在此格式中，关键字 struct 为任选项，可写可不写，不影响语句功能，在 C++中一般都省略不写；结构体类型名是已定义的结构类型，变量名是由用户命名的任意有效的标识符，用它表示结构体类型的变量。

如上面已定义了一个结构体类型 student，可以用它来定义变量。例如：

student st3, st4;
struct student st1, st2;

通过上面两个变量定义语句，将 st1、st2、st3、st4 定义为 student 类型变量。

2. 在定义类型的同时定义变量

在定义结构体类型的同时定义相应的结构体变量。例如：

```
struct student
{   char name[10];
    char id[7];
    float score;
}st1,st2;
```

它的作用与前面的定义相同。只不过它的表现形式是在定义了 student 结构类型的同时，立即定义了两个 student 结构类型的变量 st1 和 st2。

3. 直接定义结构体类型变量

在结构体定义时不出现结构体类型名，这种形式虽然简单，但不能在再次需要定义该类型的变量时，使用所定义的结构体类型。例如：

```
struct
{   char name[10];
```

```
    char id[7];
    float score;
} st1,st2;
```

关于结构体类型，有几点需要说明：

（1）类型与变量是不同的概念，不要混同。对结构体变量来说，在定义时一般先定义一个结构体类型，然后定义变量为该类型。在编译时，对类型是不分配存储空间的，只对变量分配存储空间。

（2）结构体变量的存储空间。编译时，编译程序要对结构体变量分配存储空间。结构体变量的存储空间是结构体变量各成员所占内存空间的总和。例如定义：student x, y;，在 student 结构体类型中，name 成员占 10 个字节，id 成员占 7 个字节，score 成员占 4 个字节，因此，作为 student 结构体类型的变量 x，y 从理论上说应该分别被分配了 21 个字节的内存空间。

（3）成员也可以是一个结构体变量，即结构体类型的嵌套定义。图 5-1 示出的是结构体类型的嵌套定义。

学号	姓名	性别	出生年月			地址
			月	日	年	

图 5-1　结构体类型嵌套定义的示意图

对于图 5-1 的结构，先定义一个 date 结构体类型，它包括 3 个成员：month、day、year，分别代表月、日、年。

```
struct date
{   int month;
    int day;
    int year;
};
```

然后在定义 struct member 结构体类型时，成员 birthday 的类型被说明为 date 类型。

```
struct member
{   int num;
    char name[20];
    char sex;
    date birthday;        //成员变量是一个结构体变量
    char addr[40];
}stu1,stu2;
```

结构体的嵌套定义实现了对数据的分层描述，在数据成员较多的时候有特别的意义。

5.1.3　结构体变量的引用与初始化

1. 结构体变量的引用

属于同一结构体类型的各个成员之间可以相互赋值。
例如：
student s1, s2;
s1=s2;
当然，不同的结构体类型变量之间不允许相互赋值。

2. 结构体变量成员的引用

引用一个结构体变量有两种方式：通过结构体变量名或指向结构体变量的指针引用变量成员。与之对应的标记形式也有两种，分别用运算符"."和"->"表达。

（1）由结构体变量名引用其成员的表示形式为：

结构体变量名.成员名

例如，stu1.num 表示引用结构体变量 stu1 中的 num 成员，因该成员的类型为 int 型，所以可以对它施行任何 int 型变量可以施行的运算。

stu1.num = 20312;

（2）用指向结构体变量的指针引用其成员。由指向结构体的指针变量引用结构体成员的表示形式为：

指针变量名->成员名

一个指向结构体变量的指针就是该变量所占据的内存段的起始地址。如果要通过结构体变量的指针来引用结构体变量的成员，必须使用"->"运算符。

例如，如下变量定义：

struct node
{ float x,y; }p, u, *pt;

定义了两个结构体变量 p、u 和一个指向该结构体变量的指针 pt，分析以下语句：

p.x = 23.7; p.y=3.5
pt=&u;
pt->x=12.2; pt->y=24.3;

语句"pt = &u;"使 pt 指向结构体变量 u，如图 5-2 所示。可用 pt->x 和 pt->y 访问结构体变量 u 的两个成员。

"*指针变量"表示指针变量所指对象，所以通过指向结构体的指针变量引用结构体成员也可写成以下形式：

(*指针变量).结构体成员名

图 5-2 通过指针引用变量

这里圆括号是必需的，因为运算符"*"的优先级低于运算符"."。通过 pt 引用 u 的成员可写成 (*pt).x、(*pt).y，但是很少场合采用这种标记方法，都习惯采用运算符"->"来表达。

需要指出的是，如果结构体成员本身又是结构体类型，则可继续使用成员运算符引用结构体成员的结构体成员，逐级向下，引用最低一级的成员。程序能对最低一级的成员进行赋值或存取。例如，对 stu1 某些成员的访问：

stu1.birthday.day=23;
stu1.birthday.month=8;
stu1.birthday.year=2003;

对于结构体变量的成员可以像简单变量一样，根据类型决定其所能进行的运算。例如：

stu2.num=stu1.num+1;
sum=stu1.score+stu2.score;

3. 结构体变量的初始化

结构体变量和其他变量一样，可以在定义变量的同时进行初始化。初始化的方式和数组类似，也是在定义后面用花括号括起来，如给 student 类型的变量 st5 初始化：

student st5={"Jane","123456",93};

定义了一个 student 类型的变量 st5，其名字为"Jane"，学号为"123456"，成绩为 93。

【例 5.1】 结构体变量的引用与初始化示例。

程序代码如下：

```cpp
//*****ex5_1.cpp*****
#include <iostream>
using namespace std;
struct student
{   int num;
    char name[10];
    char sex;
    float score;
};
void main()
{
    student st1,st2={1001,"Lin qiang",'m',95.5},*p;
    p=&st1;                    //p 指向结构体变量 st1
    st1=st2;
    cout<<st1.num<<endl;       //输出 st1 中的 num 成员的值
    cout<<p->name<<endl;       //输出 p 所指变量 st1 中的 name 成员的值
    cout<<p->sex<<endl;        //输出 p 所指变量 st1 中的 sex 成员的值
    cout<<st1.score<<endl;     //输出 st1 中的 score 成员的值
}
```

程序的运行结果如下：

```
1001
Lin qiang
m
95.5
```

5.1.4 结构体数组

一个结构体变量中可以存储一组相关的不同类型的数据，例如，一个学生的学籍信息。如果要描述一个班级的学生的学籍信息，显然应该用数组，这就是结构体数组。结构体数组与前面章节介绍过的数组的不同之处在于，每个数组元素都是一个结构体类型的数据，它们都分别包括各个数据成员项。

结构体数组的定义和定义结构体变量的方法一样，只需要说明其为数组即可。如：

```cpp
struct student
{   char name[10];
    char id[8];
    float score;
};
student sta[3];     //定义 sta 为 student 类型的有 3 个元素的数组
```

如果事先已知 3 个学生的学籍信息，则可以对该数组初始化。对结构体数组初始化的方式和数组类似，只是需要将数组的各个元素之间用花括号分开。如：

```cpp
student sta[3]={{"Li lin","0705028",96.5},
                {"Ma Fang","0705029",86.5},{"Wang Tao","0705030",90.0}};
```

在编译时将一个花括号中的数据赋给相应的一个元素，即将第一个花括号中的数据送给

sta[0]，第二个花括号内的数据送给 sta[1]，……，如果赋初值的数据组的个数与所定义的数组元素相等，则数组元素个数可以省略不写。这和前面有关章节介绍的数组初始化相类似。此时系统会根据初始化时提供的数据组的个数自动确定数组的大小。如果提供的初始化数据组的个数少于数组元素的个数，则方括号内的元素个数不能省略，例如：

  student sta[4]={{"Aileen","0711101",96.5}, {"Bill","0711102",86.5}};

只对前两个元素赋初值，系统将对未赋初值的元素的数值型成员赋以 0，对字符型数据赋以空串即"\0"。

【例 5.2】从键盘上输入某班 n 个同学的记录（包括学号、姓名、性别和英语成绩），并输出。

程序代码如下：

```cpp
//*****ex5_2.cpp*****
#include <iostream>
#include <string>
using namespace std;
struct student
{
    char id[8];
    char name[10];
    bool sex;
    float escore;
};
student st[3];
void input(int n)
{   cout<<"从键盘上输入"<<n<<"个同学的记录："<<endl;
    int i,k;
    student x;
    for(i=0;i<n;i++)
    {   cin>>x.id;
        cin>>x.name;
        cin>>k;
        if(k==1) x.sex=true; else x.sex=false;
        cin>>x.escore;
        st[i]=x;
    }
}
void output(int n)
{   cout<<"输出"<<n<<"个同学的记录："<<endl;
    int i;
    for(i=0;i<n;i++)
    {   cout<<st[i].id<<' '<<st[i].name<<' ';
        if(st[i].sex==true) cout<<"male"<<' ';
            else cout<<"female"<<' ';
        cout<<st[i].escore<<endl;
    }
}
void main()
```

```
{   int n;
    cout<<"请输入学生个数（1~10）: ";
    cin>>n;
    input(n);
    output(n);
}
```

程序的运行结果如下：

```
请输入学生个数（1~10）: 3
从键盘上输入3个同学的记录：
070101    Lixiang    1    92
070102    Zhangyu    0    95
070103    Zhoulu     1    84
输出3个同学的记录：
070101 Lixiang male 92
070102 Zhangyu female 95
070103 Zhoulu male 84
```

5.1.5 结构体与函数

在 C++中，函数之间传递结构体变量的方法有三种：一种是以结构体变量作为参数，直接传递结构体变量的值；第二种是以结构体指针作为参数，传递结构体变量的地址；第三种是用结构体变量的引用变量作为函数参数。

用结构体变量名作参数，将实参结构体变量所占的内存单元的内容全部顺序传递给同类型的形参；在函数调用期间形参也要占用内存单元；这种传递方式在空间和时间上的开销较大。此外，由于值传递方式是单方向地将实参的值传递给形参，如果在执行被调用函数期间改变了形参的值，该值不能返回主调函数。

用指向结构体变量的指针作参数，只是将结构体变量的地址由实参传递给形参，因此在执行时，被调用函数中形参的任何变化都会引起实参的变化，且空间和时间的开销较小，效率较高。

用结构体变量的引用变量作函数参数，实参是结构体的类型变量，而形参用结构体变量的引用变量，实参向形参传递的是结构体变量的地址；同第二种方法相比，它的空间开销更小、效率更高；第二种方法必须在函数中声明形参是指针变量。指针变量要另外开辟内存单元，其内容是地址。而引用不是一个独立的变量，不单独占内存单元。

下面通过一个例子来说明，并对它们进行比较。

【例 5.3】有一个结构体变量 stu，包括学生学号、姓名和分数。要求在函数 print 中将值输出。

（1）用结构体变量作函数参数。

程序代码如下：

```
//*****ex5_3.cpp*****
#include <iostream>
#include <string>
using namespace std;
struct student
{   int num;
    char name[10];
    float score;
```

```cpp
};
void main()
{
    void print(student);        //函数声明，形参类型为结构体 student
    student st;
    st.num=1008;
    strcpy(st.name,"Qu qiang");
    st.score=98.012;
    print(st);                  //函数调用，实参为结构体变量 st
}
void print(student stu)
{
    cout<<stu.num<<"   "<<stu.name<<"   "<<stu.score<<endl;
}
```

程序的运行结果如下：

1008   Qu qiang   98.012

（2）用指向结构体变量的指针作函数参数。

程序代码如下：

```cpp
//*****ex5_3_2.cpp*****
#include <iostream>
#include <string>
using namespace std;
struct student
{   int num;
    char name[10];
    float score;
};
void main()
{
    void print(student *);      //函数声明，形参为指向 student 类型的指针
    student st={1008,"Qu qiang",98.012},*p;
    p=&st;
    print(p);                   //函数调用，实参为指向结构体变量 st 的指针 p
}
void print(student *stu)        //函数定义，形参为指向结构体变量 st 的指针 stu
{
    cout<<stu->num<<"   "<<stu->name<<"   "<<stu->score<<endl;
}
```

（3）用结构体变量的引用作函数参数。

程序代码如下：

```cpp
//*****ex5_3_3.cpp*****
#include <iostream>
#include <string>
using namespace std;
struct student
{   int num;
```

```
    char name[10];
    float score;
};
void main()
{
    void print(student &);      //函数声明,形参为 student 类型变量的引用
    student st={1008, "Qu qiang",98.012};
    print(st);                  //函数调用,实参为 student 类型变量 st
}
void print(student &stu)        //函数定义,形参为 student 类型变量的引用
{
    cout<<stu.num<<"   "<<stu.name<<"   "<<stu.score<<endl;
}
```

通过本例可以体会到 C++中增设引用变量的目的。引用变量主要用作函数参数,它可以提高效率,保持程序良好的可读性。

5.1.6 链表

1. 链表的概念

变量存储空间的分配有静态分配和动态分配。当用户需要在存储单元存储数据时,要预先在程序说明部分进行变量的说明,以便在程序编译时分配适当的存储单元。这些存储单元一经分配,在它的生存期内是固定不变的,这种分配方式称为"静态存储分配"。

所谓"动态存储分配",就是在程序执行期间,通过"申请"分配指定的存储空间来存储数据,当有闲置不用的存储空间时,又可以随时将其释放。

链表是最简单也是最常用的一种动态数据结构。它是对动态获得的内存进行组织的一种结构;不同于数组,数组存储数据时,必须事先定义固定的长度(即数组元素个数)。

链表的结点是结构体变量,它可包含若干成员,其中有些成员可以是任何数据类型,如基本类型、数组类型、结构体类型等,一般用于存储数据元素的信息,称之为数据域;另一些成员是指针类型,是用来存储与之相连的结点的地址,称之为指针域。单向链表的结点只包含一个这样的指针成员。

下面是一个单向链表结点的类型说明:
```
struct node
{   int data;
    struct node *next;
};
```
其中,data 成员用于存储一个整数,next 成员是指针类型的,它指向 struct node 类型数据(这就是 next 所在的结构体类型),这种在结构体类型的定义中引用类型名定义自己的成员的方法只允许定义指针时使用。用这种方法可以建立链表,链表的每一个节点都是 struct node 类型,它的 next 成员存储下一节点的地址。图 5-3 所示的是一个单向链表示意图。

图 5-3 一个单向链表示意图

图 5-3 所示的单向链表中有 node 类型的 5 个结点，其数据域成员 data 的值依次对应为 84、73、92、68 和 77，它们依次通过 next 指针链接起来。

在一个链表中，指向第一个结点的指针称为头指针，图 5-3 中 head 为头指针；第一个结点称为头结点，它的指针域指向它的后继结点；链表中的最后一个结点没有后继结点，因此，它的指针域为"空"（NULL，即空地址）。

对一个链表的访问必须从头指针开始进行，由头指针访问第一个结点，再通过第一个结点的指针域访问第二个结点，依次进行，表尾结点最后被访问到。因此，链表具有顺序存取特性，不像数组那样具有随机存取特性，即在数组中能够根据下标任意存取一个元素。

链表能够用来存储一组同一类型的相关信息，信息可保存在每个结点的数据域中，通过结点的指针域可建立起数据之间的线性关系。对于信息需要经常进行修改，比如：插入、删除的场合，用链表实现，会使程序结构清晰，与数组相比，处理的方法也较为简便。

2. 内存动态管理运算符

前面已经提及，链表结点的存储空间是程序根据需要向系统申请的。C++中提供了程序动态申请和释放内存存储块的运算符 new 和 delete。

（1）内存空间申请。在 C++中，使用运算符 new 来进行动态内存分配。new 运算符的功能是根据指定数据类型的大小申请一块适当的动态存储区，并返回指向该动态存储空间的起始地址；若申请不成功，则会返回 NULL 值。

new 运算符的格式如下：

new　数据类型 | 数据类型(初始化值)| 数据类型[数组元素个数]

其中，第一种格式是申请一个存储指定数据类型的值的内存空间。如：new int 表示申请一个存储整数的内存单元，申请成功，则返回 4 个字节大小的内存空间的起始地址；new student 表示申请一个存储 student 结构类型变量的内存空间（student 是上一节中定义的结构类型）。

一般将 new 操作的结果赋给具有相应数据类型的指针变量。例如：

int *pi=new int;
student *ps=new student;

第二种格式是带初始化值的。如：new int(8)表示申请一个存储整型数值的空间，并将这个空间的值初始化为 8。

int *pi=new int(8);
cout<<*pi;   //输出 8

第三种格式是动态申请数组的内存空间。如：

char *str=new char[10];

申请 10 个字符的数组空间，并将此空间的首地址赋给字符指针 str。

（2）内存空间释放。使用 new 运算符动态分配给用户的存储空间，可以通过使用 delete 运算符重新归还给系统，若没有使用 delete 释放该内存区域，则只有等到整个程序运行结束才被系统重新自动回收。

delete 运算符的两种格式：

delete　指针名 |[ ]指针名

用 "new 数据类型" 或 "new 数据类型（初始化值）" 申请的内存空间，需用第一种格式的 delete 释放；而用 "new 数据类型[数组元素个数]" 申请的内存空间，则必须用第二种格式 "delete[ ] 指针名" 来释放。

delete 只能释放用 new 申请的动态内存空间。例如：

```
float *pf=new float(55.8);
int *pa=new int[20];
int m;
int *pi=&m;
delete pf;         //释放 pf 所指的动态内存空间
delete pi;         //错误，pi 所指的内存空间不是 new 分配的，不能用 delete 释放
delete []pa;       //释放 pa 所指的动态数组内存空间
```

3. 链表的基本操作

链表的基本操作包括建立链表、链表的插入、删除、输出和查找等。

（1）建立链表。所谓建立链表是指一个一个地输入各结点数据，并建立起各结点前后相链的关系。建立单向链表的方法有插表头（先进后出）方法和插表尾（先进先出）方法两种。插表头方法的特点是：新产生的结点作为新的表头插入链表；插表尾方法的特点是：新产生的结点接到链表的表尾。在此，我们介绍插表尾方法。

插表尾方法，是指新插入的结点总是放在链表尾部。一般地，建立一个链表，首先要先设立一个头指针（head）来存放链表的首地址。头指针的初值为空（NULL），表示链表中没有结点，为一空链表。然后，不断用 new 运算符生成一个新的结点，将这个结点链入已有的链表尾部（新结点的 next 指针值为空表示链表尾）；如果链表中还没有结点，则这个新结点将是头结点（将头指针 head 指向该结点），否则，将新结点的地址赋给原有链表的尾结点的 next 指针。

写一函数采用插表尾法建立一个有 n 个 node 结点的单向链表。

```
struct node
{   int data;
    struct node *next;
};
void creat(node * &head, int n)
//建立以 head 为头指针的具有 n 个结点的链表，head 为引用参数，
//以使对应的实参为该链表的表头指针
{
        if(n==0){head=NULL; return;}      //置表头指针为空后返回
        cout<<"从键盘上输入"<<n<<"个整数：";
        int x,i;
        node *last,*p;
        last=head=NULL;                   //置表头、表尾指针为空，此时为空链表
        p=new node;                       //产生一个 p 所指的动态结点
        cin>>x;
        p->data=x;
        p->next=NULL;                     //置表尾
        head=last=p;
        if(n==1) return;                  //生成一个结点的链表
        for(i=1;i<=n-1;i++)
        {   p=new node;
            last->next=p;
            cin>>x;
            p->data=x;
            last=p;
        }
```

```
        p->next=NULL;                //置有 n 个结点的链表表尾
}
```

用插表头方法建立链表的特点是：新产生的结点作为新的表头插入链表；

首先同样要先设立一个头指针（head）来存放链表的首地址。头指针的初值为空（NULL），表示链表中没有结点，为一空链表。然后，不断用 new 运算符生成一个新的结点，将这个结点链入已有的链表头部（新结点的 next 指针指向头指针 head）；如果链表中还没有结点，则这个新结点将是头结点（将头指针 head 指向该结点），否则，将新结点的 next 指向原有链表的头指针 head，然后，再将 head 指针指向新结点，即将 head 作为已更新链表的头指针。

采用插表头法建立单向链表的函数，作为练习，由读者自行完成。

（2）链表的输出操作。要依次输出链表中各结点的数据比较容易处理。首先要知道链表头结点的地址，也就是 head 的值，然后设一个指针变量 p，先指向第一个结点，输出 p 所指结点的数据域的值，然后使 p 后移一个结点，再输出其数据域的值；依链表顺序而行，依次输出相应结点数据域的值，直到链表的尾结点。

输出链表的函数 traverse 如下：
```
void traverse (node *head)
{   node *p;
    p=head;
    while(p)
    {
        cout<<p->data<<"  ";
        p=p->next;           //使 p 指针移动到下一个结点
    }
    cout<<endl;
}
```

head 的值由实参传过来也就是将已有的链表的头指针传给被调用的函数，在 traverse 函数中从 head 所指的第一个结点出发进行遍历，顺序输出各个结点的数据成员的值。

（3）链表的删除操作。从一个链表中删去一个结点，首先从表头开始，找到被删结点后，只要改变链接关系即可，即修改结点指针域的值，使被删结点的前驱结点的指针域指向被删结点的后继结点。可以设两个指针变量 p1 和 p，p 用来指向要删除的结点，p1 用于指向被删除结点的前驱结点，以完成向被删除结点的下一个结点的链接，如图 5-4 所示。

图 5-4 删除数据域值为 92 结点的示意图

如果要删除的结点是首结点，则将第二个结点的地址作为新的链表的首地址返回；如果要删除的结点是链尾，则被删结点的前驱结点成为新的链尾。由于链表的存储空间是动态分配的，删除结点时别忘记释放被删除结点的动态空间。

删除链表中一个结点的函数 erase 如下：
```
void erase(node* &head, int no)
{   node *p,*p1;
```

```
        p=p1=head;
    if (head==NULL)
    {   cout<<" 链表为空，无结点可删"<<endl;
        return;
    }
    else
        if (p->data==no)
        {   head=p->next;
            delete p;
        }
        else
        {   while(p->data!=no)
            {   p1=p;
                p=p->next;
            }
            if(p==NULL) cout<<"链表中没有要删除的结点"<<endl;
            else
            {   p1->next=p->next;
                delete p;
                cout<<"删除结点成功"<<endl;
            }
        }
}
```

（4）关于链表操作的实例

【例 5.4】 用插表尾法建立一个单向链表，由 n 个不同的整数组成，并输出该链表各结点的值；对于一个给定的整数，可以删除链表中与其值相等的结点，并输出进行删除操作后的各结点的值，以上功能均由函数实现。

分析：将调用上面的 creat()、erase()、traverse()函数完成。

程序代码如下：

```
//*****ex5_4.cpp*****
#include <iostream>
using namespace std;
struct node
{   int data;
    struct node *next;
};
void creat(node * &head, int n)
//建立以 head 为头指针的具有 n 个结点的链表，head 为引用参数，
//以使对应的实参为该链表的表头指针
{   …   }        //具体内容同上
void traverse (node *head)
{   …   }        //具体内容同上
void erase(node* &head,int no)
{   …   }        //具体内容同上
void main()
{   node *head1=NULL;
    int n;
```

```
    cout<<"输入节点个数：";
    cin>>n;
    creat(head1,n);
    traverse(head1);
    cout<<"输入要删除的数：";
    cin>>n;
    erase(head1,n);
    traverse(head1);
}
```

程序的运行结果如下：

```
输入节点个数：5
从键盘上输入5个整数：84 73 92 68 77
84  73  92  68  77
输入要删除的数：92
删除结点成功
84  73  68  77
```

5.2 共用体类型

当需要把不同类型的变量存储到同一段内存单元时，或对同一段内存单元的数据按不同类型处理时，则需要使用共用体数据类型。

共用体数据类型是指将不同的数据项组织为一个整体，它们在内存占用同一段存储单元。例如，把一个整型变量 i、一个字符型变量 ch、一个实型变量 f 放在同一个地址开始的内存单元中。以上三个变量在内存中所占的字节数不同，但都从同一地址开始（假设起始地址为 2000）存储。如图 5-5 所示，这种使几个不同的变量共占同一段内存单元的结构，称为共用体类型的结构。

图 5-5 共用体成员所占空间示意图

5.2.1 共用体类型与变量的定义

共用体类型定义的一般形式为：
union 共用体类型名
{
　　成员说明列表
};

其中，union 为定义共用体类型的关键字，共用体名为用户定义的标识符，它与 union 构成共用体类型的标识符。整个类型定义以 ";" 结束。

例如：
```
union data
{
    int i; z
    char ch;
    float f;
};
```

类似结构体变量的定义，定义共同体变量也有三种方式：

1. 先定义共用体类型，再定义共用体类型变量

共用体变量定义的一般形式：

[union]　共用体类型名　变量名；

例如：

```
union data
{
    int i;
    char ch;
    float f;
};
data a,b,c;
```

2. 在定义共用体类型的同时定义共用体类型变量

例如：

```
union data
{
    int i;
    char ch;
    float f;
}a,b,c;
```

3. 定义共用体类型时，省略共用体类型名，同时定义共用体类型变量

例如：

```
union
{
    int i;
    char ch;
    float f;
}a,b,c;
```

定义了共用体变量后，系统会为共用体变量分配内存空间，在共用体变量中，在任一时刻只能保存一个数据成员，共用体类型数据的这一特点决定了其内存空间的大小为其数据成员中占内存空间最大的值。在上例中可知，共用体类型 data 的变量 a 的内存大小为 4 个字节。

5.2.2 共用体变量的引用

在定义共用体变量之后，不能引用共用体变量，而只能引用该共用体变量中的成员。

共用体变量成员的引用方式与引用结构体变量中的成员相似，对共用体变量，通过"."运算符来引用成员，对指向共用体变量的指针，通过"->"运算符来引用共用体变量的成员。例如，引用上一节所定义的共用体变量 a 的 i、ch、f 成员，可以表示为：a.i、a.ch、a.f。

也可以通过指针变量引用共用体变量中的成员，例如：

```
data *pt, x;
pt=&x;
pt->i=278;
pt->ch='D';
pt->f=5.78;
```

pt 是指向 union data 类型变量的指针变量，先使它指向共用体变量 x。此时 pt->i 相当于 x.i，这和结构体变量中的用法相似。

同样，不能直接用共用体变量名进行输入输出，而只能对共用体变量的具体成员进行输入输出。例如：cout<<a，就是错误的。

应当记住，共用体变量用同一内存段存储几种不同类型的数据，但在任一时刻，只能存储一种，而不是几种。因此，一个共用体变量不是同时存储多个成员的值，而只是存储其中的一个成员值，当对一个新的成员赋值后，原有成员的值就被覆盖掉。共用体变量中存储的值就是最后赋给它的成员的值。例如：

a.i=278; a.ch='D'; a.f=5.78;

共用体变量中最后存储的值是 5.78。

C++允许在两个同类型的共用体变量之间赋值，如果 a、b 均为已定义为上面的 union data 类型的变量，则执行 b=a;后，b 的内容与 a 完全相同。

【例 5.5】写出下列程序的执行结果。

程序代码如下：

```
//*****ex5_5.cpp*****
#include <iostream>
using namespace std;
void main()
{   union ex
    {   int a;
        char ch;
    };
    ex m;
    m.a=48;    //m 中存储一个整数 48
    cout<<"m.a="<<m.a<<endl;
    m.a=65;    //m 中存储一个整数 65，原来存储的数被覆盖
    cout<<"m.a="<<m.a<<"   "<<"m.ch="<<m.ch<<endl;
}
```

程序的运行结果如下：

```
m.a=48
m.a=65   m.ch=A
```

5.2.3 共用体与结构体的联合使用

从前面的介绍及例子可知，共用体虽然可以有多个成员，但在某一时刻，只能使用其中的一个成员。共用体一般不单独使用，通常作为结构体的成员，这样结构体可根据不同情况存储不同类型的数据。

【例 5.6】输入 4 个学生或教师的数据，并输出。学生和教师的数据相同的部分有：姓名、编号和身份；但也有不同的部分：学生需要保存 3 门课程的分数，分数用浮点数表示，教师则保存工作情况简介，用字符串表示。

分析：对于教师和学生的不同数据部分可以用下面的共用体描述：

```
union condition
{   float score[3];
    char situation[80];
};
```

无论是教师还是学生都用下面的结构体表达。结构体的成员 state 为共用体，根据 kind 的值来决定 state 是存储 3 门课程的分数，还是存储教师工作情况简介。例如，教师的 kind 为字符't'，学生的 kind 为字符's'。

```cpp
struct people
{    char name[20];
     char num[10];
     char kind;
   condition state;
}person[4];
```

程序代码如下：

```cpp
//*****ex5_6.cpp*****
#include <iostream>
#include <string>
using namespace std;
union condition
{    float score[3];
     char situation[80];
};
struct people
{    char name[10];
     char num[7];
     char kind;
     condition state;
};
people person[4];
void main()
{    int i,j;
     for(i=0;i<4;i++)
       { cout<<"Enter name:";
         cin>>person[i].name;
         cout<<"Enter num:";
         cin>>person[i].num;
         cout<<"Enter kind(t for teacher, s for student):";
         cin>>person[i].kind;
         if   (person[i].kind=='t')
            {  cout<<"Enter situation:";
               cin>>person[i].state.situation;
            }
         else
            {  cout<<"Enter 3 course score:";
               for(j=0;j<3;j++)
                   cin>>person[i].state.score[j];
            }
       }
     cout<<"The Result is:"<<endl;
     for(i=0;i<4;i++)
     {   cout<<person[i].name<<" ";
```

```
            cout<<person[i].num<<" "<<person[i].kind<<" ";
         if(person[i].kind=='t')
            cout<<person[i].state.situation<<endl;
         else
         {     for(j=0;j<3;j++)
                  cout<<person[i].state.score[j]<<" ";
               cout<<endl;
         }
   }
}
```

程序中向共用体输入什么数据是根据 kind 成员的值来确定的。kind 的值为't'则输入字符串到 person [i].state.situation，否则输入 3 个浮点数到 person [i].state.score [j]。

5.3 枚举类型

如果一个变量只有几种可能的值，可以定义为枚举类型。所谓"枚举"是指将变量的值一一列举出来，变量的值只能在列举出来的值的范围内。用户通常利用枚举类型定义程序中需要使用的一组相关的符号常量，比如一周是由星期一到星期日 7 个符号常量组成的集合。

枚举类型的定义格式为：

enum   枚举类型名 {枚举表};

该语句以 enum 关键字开始，接着为枚举类型名，它是用户命名的一个标识符，以后就可以直接使用它表示该类型，枚举类型名后为该类型的定义体，它是由一对花括号和其中的枚举表所组成，枚举表为一组用逗号分开的由用户命名的符号常量，每个符号常量又称为枚举符。如：

enum color {red, yellow, blue};
enum day {Sun, Mon, Tue, Wed, Thu, Fri, Sat};

第一条语句定义了一个枚举类型 color，用来表示颜色，它包含三个枚举符 red、yellow 和 blue，分别代表红色、黄色和蓝色。第二条语句定义了一个枚举类型 day，用来表示日期，它包含 7 个枚举符，分别表示星期日、星期一至星期六。

一种枚举类型被定义后，就可以利用它来定义相应变量。

定义枚举类型变量的一般格式为：

[enum]   枚举类型名   变量名；

在 C++中，定义枚举类型变量时，允许不写 enum。但保留了 C 的用法，枚举变量一旦被定义，只能在枚举表的范围内取值。

例如：

color c1, c2, c3;

将 c1，c2 和 c3 定义成枚举类型 color 的三个变量，每一个变量都可取该枚举表中列出的任一个值。例如：

c1=red;   //把枚举符 red 赋给变量 c1

枚举类型中列出的每一个枚举符都对应着一个整数值，枚举类型实际上是一个整型符号常量的集合。当定义枚举类型时，枚举符都已经被系统隐含地赋予了一个整型值。在缺省情况下，第一个元素为 0，第二个为 1，依次类推。如上面定义的枚举类型 color 的三个元素 red、yellow 和 blue 的值分别是 0、1、2。

也可以由用户指定，指定方式为在每个枚举符后用等号赋给一个整数值，则该枚举符被赋予了这个整型常量的值，而所有未赋值的枚举符将自动取值，在前一枚举符的值上递增 1。如：

enum day {Sun=7, Mon=1, Tue, Wed, Thu, Fri, Sat};

用户指定了 Sun 的值为 7，Mon 的值为 1，而 Tue、Wed、Thu、Fri、Sat 的值分别为 2、3、4、5、6。

【例 5.7】一个描述三种颜色的枚举类型实例。

程序代码如下：

```
//*****ex5_7.cpp*****
#include <iostream>
using namespace std;
main()
{ enum colors {Red,White,Black};
  colors c1, c2, c;
  c1=White;
  c2=(colors)2;
  cout<<c1<<"   "<<c2<<endl;
  for(c=Red;c<=Black;c=(colors)((int)c+1))
     switch(c)
        {   case Red: cout<<"Red"<<endl;break;
            case White: cout<<"White"<<endl;break;
            case Black: cout<<"Black"<<endl;break;
        }
}
```

程序的运行结果如下：

```
1    2
Red
White
Black
```

说明：

（1）枚举变量的取值必须是所属枚举类型中的某个枚举符。不能直接用整型值为枚举变量赋值。若需要把整型值赋给枚举变量，则必须进行强制类型转换。

例如，在上例中，"c2=(colors)2;"是将整数 2 转换为对应的枚举符 Black。

在 for 循环语句中，用枚举变量 c 为循环变量，c 取值从 Red 开始到 Black 结束，循环变量的自加操作是通过表达式 c=(colors)((int)c+1))实现的，先将 c 转换成整型，然后加 1，再转换成 colors 类型的枚举值赋给 c 变量。

（2）在直接输出某个枚举变量的值时，所显示的是枚举符的整型值而不是枚举类型的枚举符，若要输出枚举符则需要编程实现。

总之，枚举类型通常用于表示只有少量整数取值的情况。如表示是或否、男或女、星期、月份等。在程序中适当地使用枚举类型，可以改善程序的可读性。

5.4 自定义类型

自定义数据类型中除了我们以上所学习的结构体、共用体、枚举类型以外，还可以用 typedef 关键字为一个已有的数据类型定义一个新的名字，也就是为已有的类型名创建同义的类型名，新、旧两个类型名作用等同。在编程中使用 typedef 目的一般有两个，一个是给变量一个易记且意义明确的新名字，另一个是简化一些比较复杂的类型声明。

1. 定义易于记忆的类型名

即进行简单的名字替换，如：

typedef float REAL;

意思是声明用 REAL 代替 float 类型名，这两者等价，在程序中就可以用 REAL 作为类型名来定义单精度实数类型变量了。例如：

REAL x,y;   //相当于 float x,y;

2. 简化一些比较复杂的类型声明

使用 typedef 可以隐藏复杂且难以理解的语法，增强程序的可读性和可移植性。

（1）定义一个类型名代表一个结构体类型。

typedef struct   //注意在 struct 之前用了 typedef，是声明新类型名
{   long num;
     char name[20];
     float score;
}STUDENT;

用 typedef 将一个结构体类型名声明为 STUDENT，以后，就可以用它来定义该结构体类型的变量了。

STUDENT as, bs;   //as,bs 为结构体变量

（2）定义数组或指针类型。

type int NUM[10];   //定义 NUM 为整型数组类型，含 10 个元素
NUM c,d;   //c，d 为包含 10 个元素的整型数组变量
typedef char *STRING;   //定义 STRING 为字符指针类型
STRING p1,s[10];   //p1 为字符指针变量，s 为字符指针数组（含 10 个元素）

习惯上，常把 typedef 定义的类型名用大写字母表示，以便与系统提供的基本类型标识符相区别。

需要注意的是，typedef 只是定义类型名，不能用来定义变量。typedef 只是对已存在的类型增加一个别名，而没有创造新的类型。

在本章自定义数据类型的学习中，需要注意以下两点：

（1）类型与变量是不同的概念，不要混同。对结构体变量来说，在定义时一般先定义一个结构体类型，然后定义变量为该类型。在编译时，对类型是不分配存储空间的，只对变量分配存储空间。

（2）在一般的结构化程序设计语言如 C 语言中，结构体的成员只能是数据；C++作为面向对象的程序设计，其结构体成员既可以是数据成员，也可以是函数成员。但由于 C++提供了类（class）类型，一般情况下，不必使用带函数成员的结构体。

5.5　位段结构

位是指二进制数的一位，其值为 0 或 1。位段是以位为单位定义结构体（或共用体）中成员所占存储空间的长度，含有位段的结构体类型称为位段结构。

1. 位运算

位运算包括位逻辑运算和移位运算，位逻辑运算能够方便地设置或屏蔽内存中某个字节的一位或几位，也可以对两个数按位相加等；移位运算可以对内存中某个二进制数左移或右移几位等。

为了表示数值，可以采用不同的方法，一般有：原码、反码和补码。计算机内部是以补码形式存放数值的。

位运算符主要有六种，如表 5-1 所示。

表 5-1 位运算符及含义

位运算符	含义	举例
&	按位与	a&b
|	按位或	a|b
^	按位异或	a^b
~	按位取反	~a
<<	左移	a<<1
>>	右移	b>>2

说明：

（1）位运算量 a，b 只能是整型或字符型的数据，不能为实型数据。

（2）位运算符中除按位取反运算符~为单目运算符外，其他均为双目运算符，即要求运算符的两侧各有一个运算量。

【例 5.8】假设 a，b 为整型的数据，并且设 a=23，b=36，求 a&b，a|b，a^b，~a。

分析：a，b 两数的补码分别为 00010111 和 00100100（为简便起见，采用 8 位二进制数表示）。

"按位与"运算规则：参加运算的两个运算量，如果两个数相应位的值都是 1，则该位的结果值为 1，否则为 0。

即：   0 & 0 =0； 0 & 1 =0； 1 & 0 =0； 1 & 1 =1。
        a 的补码：   00010111
        b 的补码：   00100100
              &   ————————
        结果的补码：   00000100

即：a&b=0x4。

"按位或"运算规则：参加运算的两个运算量，如果两个数相应位的值都是 0，则该位的结果值为 0，否则为 1。

即：   0 | 0 =0； 0 | 1 =1； 1 | 0 =1； 1 | 1 =1
        a 的补码：   00010111
        b 的补码：   00100100
              | ————————
        结果的补码：   00110111

即：a|b=0x37。

"按位异或"运算规则：参加运算的两个运算量，如果两个数的相应位的值不同，则该位的结果值为 1，否则为 0。

即： 0^0=0； 0^1=1； 1^0=1； 1^1=0
   a 的补码： 00010111
   b 的补码： 00100100
     ^   _____
  结果的补码： 00110011

即：a^b=0x33。

"按位取反"运算规则：对一个运算量的每一位都取反，即将 1 变为 0，0 变为 1。
   a 的补码： 00010111
     ~   _____
  结果的补码： 11101000

即：~a=0xe8。

【例 5.9】 char a=0x17，求 a<<2 的值。

分析：左移运算符运算规则：对运算符<<左边的运算量的每一位全部左移右边运算量表示的位数，右边空出的位补 0。

a<<2 表示将 a 的各位依次向左移 2 位，a 的最高 2 位移出去舍弃，空出的低 2 位以 0 填补。

因此，a<<2 的过程 00010111<<2=01011100

即 a<<2 的值为 0x5c。

左移 1 位相当于该数乘以 2，左移 n 位相当于该数乘以 2^n。

但是，左移 n 位相当于该数乘以 2^n 只适合于未发生溢出的情况，即移出的高位中不含有 1 的情况。

【例 5.10】 char a=0x8a，求 a>>1（算术右移）的值。

分析：右移运算符运算规则：对运算符>>左边的运算量的每一位全部右移右边运算量表示的位数，右边低位被移出去舍弃掉，对正数，空出的高位补 0；对负数，逻辑右移，空出的高位补 0；算术右移补 1。

  a：   10001010   等于十进制数-118
  a>>1： 11000101 0 等于十进制数-59

从上面例子中可以看出，右移 1 位相当于除以 2，同样，右移 n 位相当于除以 2^n。

2. 位段结构

位段结构是指结构体成员可以是以位为单位定义存储长度的结构体。在某些应用中，特别是对硬件端口的操作，需要标志某些端口的状态或特征，而这些状态或特征只需要一个机器字中的一位或连续若干位来表示。采用位段结构既节省存储空间，又可方便操作。

位段结构的定义形式如下：

```
struct  结构类型名
{
    unsigned  成员1：长度；
    unsigned  成员2：长度；
      ……
      ……
}
```

其中，冒号":"左面的成员称为位段，它是一种特殊的结构成员，冒号右面的长度表示存储位段需要占用二进制的位数。

【例 5.11】 定义结构体变量 data，包含 5 个成员，分别是 a、b、c、x、y。

```
struct device {
            unsigned a:1;       //位段 a，占 1 位
            unsigned b:2;       //位段 b，占 2 位
            unsigned c:4;       //位段 c，占 4 位
            int x;
            float y;
            } data;
```

其中，a、b、c 为位段，分别占用 1 个位、2 个位、4 个位，即 a、b、c 共占用 7 个位。这样，用一个字节就可以存储这三个位段，x、y 为基本类型的成员，分别需要 2 个、4 个字节存储。因此，结构体变量 data 需要占用 7 个字节的内存单元，其每个成员在内存中的分配情况如图 5-6 所示。

图 5-6 结构变量 data 的内存分配情况

说明：

（1）位段在一个存储单元中是从高位到低位分配内存还是从低位到高位分配内存因机器而异，在本例中是从低位向高位分配内存，例中第 8 位未用，空闲。

（2）对位段的访问与其他结构体的访问方法一样，可以采用圆点运算符和指向运算符。但必须注意不能对位段进行取地址运算，也不能使用超过位段最大值的数据。

例如：&data.a 是错误的。因为内存地址是以字节为单位的，无法指向位。下面的用法也是不合理的：

data.b=6;

因为 data.b 只占内存的 2 位，而数据 6 需要 3 位存放，因此，data.b 实际上只存储了 6 的二进制 110 的低 2 位 10 即整数 2。

（3）位段的长度不能大于存储单元的长度。

例如：

```
struct
{
    unsigned a:18;  /*错误，data.a 长度是 18 位，超出了 2 个字节*/
    unsigned b:12;  /*正确，data.b 长度为 12 位，*/
} data;
```

（4）如果某个位段要从下一个字节开始存放，可以采用：

```
struct
{
    unsigned a:1;
    unsigned :0;
    unsigned b:2;
} data;
```

这里，data 的第二个成员为无名位段，长度为 0，表示本位段后面定义的位段应从下一个字节开始存放，如图 5-7 所示。

图 5-7　长度为 0 的无名位段占用内存情况

这样，data 需占用内存 2 个字节。

如果无名位段后面的长度不为 0，则表示跳过不用的位数。

例如：

```
struct
{
    unsigned a:1;
    unsigned :2;
    unsigned b:2;
} data;
```

各位段在内存的分配情况如图 5-8 所示，data 只需占用内存 1 个字节。

图 5-8　长度不为 0 的无名位段占用内存情况

（5）位段不能定义位段数组。

（6）位段可以用整型格式符输出。如：

printf("%d,%d,%d",data.a,data.b,data.c);

当然，也可以用%u、%o、%x 等格式符输出。

（7）位段可以在数值表达式中引用，它会被系统自动地转换成整型数据。如：data.a+5/data.b 是合法的。

一、选择题

1. 已知枚举类型声明语句为：
   enum color { white, yellow,green=5,red,black=10};
   则下列说法错误的是（　　）。
   A．枚举常量 yellow 的值为 1　　　　B．枚举常量 red 的值为 6
   C．枚举常量 black 的值为 10　　　　D．枚举常量 white 的值为 1

2. 当定义一个结构体变量时系统分配给它的内存大小是（　　）。
   A．各成员所需内存的总和　　　　　B．结构体中的第一个成员所需内存
   C．成员中所需内存最大者的存储空间　D．结构体中的最后一个成员所需存储容量

3. 已知教师记录的描述为
   struct teacher
   {　int id;
   　　char name[20];

           struct{int y;   int m;   int d; }birth;
       }t;
将变量 t 中的 d 成员赋值为 12 的语句为（   ）。
       A．d=12   B．birth.d=12   C．t.d=12   D．t.birth.d=12
4．以下对共用体类型数据的正确叙述是（   ）。
       A．一旦定义了一个共用体变量后，即可引用该变量或该变量中的任意成员
       B．一个共用体变量中可以同时存放其所有成员
       C．一个共用体变量中不能同时存放其所有成员
       D．共用体类型数据可以出现在结构体类型定义中，但结构体类型数据不能出现在共用体类型定义中
5．以下对枚举类型定义的语句正确的是（   ）。
       A．enum color {red, white, blue};   B．enum color= {"red", "white", "blue"};
       C．enum color={ red=1, white, blue };   D．enum color { "red", "white", "blue"};
6．typedef long int BIG 的作用是（   ）。
       A．建立了一种新的数据类型   B．定义了一个整型变量
       C．定义了一个长整型变量   D．定义了一个新的数据类型标识符

二、填空题

1．写出在定义结构体类型时所用到的 C++关键字_____。
2．C++允许程序员对已有数据类型自行定义类型名，以作为原类型的别名。为此，C++专门提供了一个关键字_____。
3．已知以下枚举类型定义，枚举量 Fortran 的值是_____。
       enum language{Basic=3,Assembly,Ada=100,Cobol,Fortran};
4．在 C++中，动态分配和撤销内存的运算符是_____和_____。

三、程序阅读题

程序 1：
```
#include <iostream>
using namespace std;
void main()
{
    union exx
    {
        int a;
        char ch;
        struct
        {
            int c;
            char d;
        }s;
    }u={20},*p;
    p=&u;
    u.ch=p->a+77;
    u.s.c=p->ch-32;
    u.s.d=(*p).ch+32;
    cout<<(*p).s.c<<"\t"<<(*p).ch<<endl;
```

```
            cout<<p->a<<"\t"<<p->s.d<<endl;
      }
程序 2:
      #include <iostream>
      using namespace std;
      struct st { int x; int *y; }*p;
      int s[]={5,6,7,8};
      st a[]={10,&s[0],20,&s[1], 30,&s[2], 40,&s[3]};
      void main()
      {   p=a;
          cout<<p->x<<",";
          cout<<(++p)->x<<",";
          cout<<*(++p)->y<<",";
          cout<<++(*(++p)->y) <<endl;
      }
```

四、程序设计题

1．定义学生档案结构体类型，描述的数据包括：学号、姓名、性别、出生年月、入学总分和籍贯。输入 5 个学生档案的内容，按总分排序，并输出学生档案。

2．有 10 个学生，每个学生的数据包括学号、姓名、3 门课的成绩，并从键盘输入 10 个学生的数据，要求打印出学生的相关信息（学号、姓名、3 门课的成绩，平均分）、3 门课的平均分，以及最高和最低的平均分的学生姓名。

3．对第 2 题中的 10 个学生的信息，建立链表，其中每个结点包含一个学生的信息。实现以下操作：
（1）在指定的学生前或后插入一个学生信息。
（2）删除特定学生的结点。
（3）输出链表。

4．定义一个描述学生成绩等级的枚举类型{A，B，C，D，F}，成绩等级与分数段的对应关系为 A：90～100；B：80～89；C：70～79；D：60～69；F：0～59；输入 15 个学生的分数，输出学生相应的成绩等级。

第 6 章　类与对象

教学目标

通过本章的学习，掌握 C++类的定义与实现方法；掌握类中成员变量及成员函数的定义和应用方法；掌握对象数组与对象指针的用法；掌握友元函数及友元类的定义和应用；掌握类中成员的共享和数据保护措施。

教学重点和难点

- 面向对象的基本概念；
- 类的定义、对象的构造与析构、对象的使用；
- 友元函数及友元类的应用；
- 类成员的共享与保护。

本章主要介绍面向对象程序设计的基本概念；C++中类和对象的相关知识与使用方法；C++类成员的共享与保护机制。本章内容是面向对象程序设计的基础。

6.1　面向对象程序设计的基本概念

面向对象程序设计（Object-Oriented Programming，OOP）是 20 世纪 80 年代发展起来的一种非常实用的程序设计方法。它以客观世界中的"对象"为中心，利用抽象、分类、归纳等方法来构建软件系统，其基本思想符合人们的思维方式，容易被人接受。下面先介绍面向对象程序设计的几个基本概念。

1. 对象

对象（Object）是面向对象程序设计的核心，是程序的主要组成部分，一个程序就是一组对象的总和。

在现实世界中，人们所面对的任何事物都是由各种对象所组成的。任何事物都是对象，可以是有生命的个体，如一个人或一只蝴蝶。也可以是无生命的个体，如一辆汽车或一台计算机。还可以是一个抽象的概念，如天气的变化或一场足球比赛。因此对象就是现实生活中所有事物的一种映射，是一组变量和相关方法的集合，它具有状态和行为。其中变量表明对象的状态，方法表明对象的行为。在 C++语言中，对象是由数据及对数据进行处理的方法和行为组成的。换言之，对象是具有某种特殊属性（数据）和行为方式（方法）的实体。也就是属性（Property）和行为（Behavior）两个特征。例如，汽车有颜色、型号、车轮的数目、发动机的功率、运行的速度、可乘载的人数、耗油量等属性，另外，还有加速、减速、刹车、转弯等重要的行为操作。

每个对象都有其自身的属性和行为。对同一类对象而言其对象的行为是相同的。但每个对象的属性（即状态）却是相对独立的。如改变汽车的车速是任何一辆汽车都具有的行为，但对每辆汽车而言，其颜色、型号等状态是不同的。再如，现实生活中的人都有年龄、身高、体重的改变等相同行为，但每个人又有各自独立的姓名、年龄、身高、体重等状态。面向对象的语言就是把这些状态和行为封装于对象实体之中，并提供一种访问机制，使对象的"私有数据"仅能由这个对象的行为来访问，用户只能通过向允许公开的行为提出要求（发送消息）才能查询和修改对象的状态。

2. 类

在面向对象程序设计中，对象是程序的基本单位，是一种复合数据类型，是程序的基本要素，它封装了一类对象的状态和方法。

相似的对象可以和传统语言中的变量与类型关系一样，归并到一类（Class）中去，因而对象是由类创建的，类是同一类型对象（具有相似行为的对象）的集合和抽象，是面向对象语言必须提供的由用户定义的数据类型，它将具有相同状态、行为和访问机制的多个对象抽象成一个类。定义类之后，属于这种类的一个对象称为类实例或类对象。类代表一般，而类的一个对象代表具体，描述了属于该类型的所有对象的性质。如小轿车属于汽车类，存在许多共同点，包括可以进行加速、减速和刹车等操作。因此在面向对象语言中，每个类都是一种对象类型的数据，属于不同类的对象具有不同的数据类型，一个对象被称为其类的一个实例，是该类的一次实例化的结果。对象是在执行过程中由其所属的类动态生成的，一个类可以生成多个不同的对象。如汽车类可以生成小轿车和卡车等不同对象。但每一个类的所有对象都具有相同的行为。如汽车类中的各种车都具有刹车和改变速度等相同的行为，同时每个对象的内部状态（即私有属性）却只能由其自身来修改，任何别的对象都不能来修改它，因此同一个类的对象虽然都有相同的属性，但其内部的状态却并非一模一样。

3. 消息和方法

前面所提到的汽车类中所有对象都有改变速度这一行为，那么如何实现速度的改变这一行为，这就需要通过传递消息来实现，所谓消息（Message）就是用来请求对象执行某一处理或回答某些信息的要求，消息统一了数据和控制流。当对某一对象进行相应处理时，如果需要，可以通过传递消息请求其他对象完成某些处理工作或回答某些信息。其他对象在执行所要求的处理时，也可以通过传递消息与别的对象联系。因此，程序的执行是靠对象间消息的传递来完成的。

将消息的传送方称为发送者，消息的接受方称为接收者。消息中只包含了发送者的要求，告诉接收者需要完成什么样的处理，但并不指示接收者怎样完成这些处理，消息完全由接收者解释，接收者独立决定采取什么样的方式去完成所需处理。因此，一个消息应该包括3个方面的内容：接收消息的对象；接收对象应采取的方法；方法所需的参数。同时，接收消息的对象在执行完相应的方法后，可能会给发送者返回一些信息。例如，老师向学生布置作业："11级计算机2班做习题3"。其中，老师和学生都是对象，"11级计算机2班"是消息的接收者，"做习题"是要求目标对象学生执行的方法，"习题3"是要求对象执行方法时所需要的参数。学生也可以向老师返回作业信息。这样，对象之间通过消息机制，建立起了相互关系。由于任何一个对象的所有行为都可以用方法来描述，所以通过消息机制可以完全实现对象之间的交互。

方法（Method）是类的行为属性的总称，是允许作用于该类对象上的各种操作。一个类可以有多种方法，表示该类所具有的功能和操作，通过对象调用类中的方法就可以改变对象域中变量的值。如汽车类具有加速、减速的方法，通过一个对象调用加速方法就可以改变对象中保存当前速度的实例变量的值，即改变状态。

单一对象的存在并没有多大的作用，只有多个对象相互作用才会完成复杂的行为。对象和对象之间就是通过传递消息来完成相互通信的。

由此可以看出，世界的万事万物都是由一个个对象所组成的，可以把这些对象抽象成类。这些类也就是所研究的数据，要对各种数据进行处理则需要通过类所具有的方法由消息传递来实现。

4. 面向对象的基本特征

C++是一种面向对象的程序设计语言，它充分支持面向对象程序设计的 3 个基本特征：封装性、继承性和多态性。这 3 大基本特性进一步简化了 C++求解模型，提高了程序的复用性，节省了程序的代码量，从而提高了软件的生产效率。

（1）封装性。封装性（Encapsulation）是指把对象属性和操作结合在一起，构成独立的单元，它的内部信息对外界是隐蔽的，不允许外界直接存取对象的属性，只能通过有限的接口与对象发生联系。这样，在实现对象本身时，只须考虑如何实现这些需要提供给外部使用的成员方法。在应用或考虑其他对象时，也只须考虑这些对象外在的表现所提供的功能，而不必考虑它们内部的实现机制。这样求解问题的规模就能够通过对象的分解而细分下去，从而使得所需考虑的问题及其求解规模变得越来越小。

对于外界而言，只需要知道对象所表现的外部行为，而不必了解内部实现细节。例如，驾驶汽车的人可以完全不知道汽车的基本原理和汽车的基本结构，只需知道如何启动，如何驾驶汽车。

（2）继承性。类的继承性（Inheritance）指的是从已有的一个类可以构造新的类，使得新类具有原类的所有特性，并且新类还可以增加一些新的特性。根据继承与被继承的关系，可分为父类和子类，子类可以从父类那里获得所有的属性和方法，并且可以对这些获得的属性和方法加以改造，使之具有自己的特点，这样可以提高代码的复用率。例如，奥迪汽车是汽车类的一个子类，奥迪汽车具备了汽车的所有特性，同时奥迪汽车还有一些自己的特性。

父类表现出的是共性和一般性，子类表现出的是个性和特性，父类的抽象级别高于子类。继承具有传递性，子类又可以派生出下一代孙类，相对于孙类，子类将成为其父类，具有较孙类高的抽象级别。继承反映的是类与类之间抽象级别的不同，使得程序设计人员可以在已有的类的基础上定义和实现新类，所以有效地支持了软件组件的复用，使得当需要在系统中增加新特征时所需的新代码最少。

（3）多态性。对象根据接收的消息而做出动作，同样的消息被不同的对象接收时可导致完全不同的行动，这种现象称为多态性（Polymorphism）。多态性机制不仅增加了面向对象软件系统的灵活性，进一步减少了信息冗余，而且显著地提高了软件的可重用性和可扩充性。例如，不同的动物叫声不同，猫的叫声是"喵喵"，狗的叫声是"汪汪"，不同的对象产生了各自的行为。

6.2 类与对象的定义

类是一种数据类型，而对象是具有这种数据类型的变量。当定义了对象之后，系统将为对象变量分配内存空间。前面介绍过变量的定义，例如，有定义语句 int x;，int 为类型符，x

为 int 类型的变量，类与对象的关系就如同 int 类型符与变量 x 之间的关系。

6.2.1　C++面向对象程序的结构

一个面向对象的 C++程序一般由类的声明和类的使用两部分组成。类的使用部分一般由主函数和有关子函数组成。以下是一个典型的 C++程序结构。

```
#include <iostream>
using namespace std;
//类的定义部分
class C
{
    int x,y,z;                    //类 C 的数据成员声明
        …
    f(){…};                       //类 C 的成员函数声明
        …
};
//类的使用部分
void main()
{
    C a;                          //建立一个类 C 的对象 a
        …
    a.f();                        //给对象 a 发消息，调用成员函数 f()
}
```

在 C++程序中，程序设计始终围绕"类"展开。通过声明类，构建了程序所要完成的功能，体现了面向对象程序设计的思想。下面看一个具体的例子，直观地了解一下面向对象程序设计方法与结构化程序设计方法的区别。

【例6.1】类的应用示例。

程序代码如下：

```
//*****ex6_1.cpp*****
#include <iostream>
using namespace std;
class number                     //定义一个 number 类
{
    public:
    void set(int m,int n)        //定义设置数据成员值的函数
    {  a=m;b=n;   }
    void print()                 //定义求和并输出的函数
    {   int i,sum=0;
        for(i=a;i<=b;i++)sum+=i;
        cout<<"Sum="<<sum<<endl;
    }
    private:
    int a,b;                     //定义私有数据成员
};
void main()
{   number ob;                   //建立一个类 number 的对象 ob
    ob.set(10,400);              //调用 set 函数设置数据成员 a 和 b 的值，分别为 10 和 400
```

```
ob.print();                    //调用 print 函数求和并输出
}
```
该程序的功能是设置两个正整数并求区间内各整数之和,程序运行结果如下:
Sum=80155

从程序结构上看,该程序不同于以前的结构化程序,程序不再是以并列形式的函数组成的。此外,从主函数的构成上看,也不是先对变量进行定义,然后是主函数调用其他函数的关系。现在的程序将数据 a 和 b 以及对数据进行操作的函数 set()和 print()都封装在 number 类内部。主函数通过对 number 类的对象 ob 调用函数 set()和 print(),实现对数据 a 和 b 的设置、求和及输出操作。

6.2.2 类的定义

在 C++中,一个类指定一个独立的对象集合,该对象集合由组成该类的对象以及这些对象所允许的操作组成。

1. 类的定义形式

类定义的一般形式如下:
```
class  类名
{
    public:
        数据成员或成员函数的定义
    private:
        数据成员或成员函数的定义
    protected:
        数据成员或成员函数的定义
};
```
类的定义由类头和类体两部分组成。类头由关键字 class 开头,然后是类名,其命名规则与一般标识符的命名规则一致,有时可能有附加的命名规则,例如,Microsoft 公司的 MFC 类库中的所有类均是以大写字母 C 开头的。类体包括所有的细节,并放在一对花括号中。类的定义也是一个语句,所以要有分号结尾,否则,会产生编译错误。

类体定义类的成员,它支持两种类型的成员,一是数据成员,它描述问题的属性,二是成员函数,它描述问题的行为。

可以为各个数据成员和成员函数指定合适的访问权限。类成员有 3 种不同的访问权限:公有(public)成员可以在类外访问;私有(private)成员只能被该类的成员函数访问;保护(protected)成员只能被该类的成员函数或派生类的成员函数访问。有关基类和派生类的概念将在第 8 章介绍。

数据成员通常是私有的。这样,类内部的数据结构整个隐蔽在类中,在类的外部根本无法看到,使数据得到有效的保护,也不会对该类以外的其余部分造成影响,程序模块之间的相互作用就被降低到最小。

成员函数通常是公有的。公有的成员函数可在类外被访问,也称之为类与外界的接口,来自类外部的访问需要通过这种接口来进行。例如,例 6.1 在类 number 中定义了成员函数 set()和 print(),它们都是公有的成员函数,在类外部若想对类 number 的数据进行操作,只能通过这两个函数来实现。

类定义中的私有成员、公有成员与保护成员的先后次序无关紧要。但是,如果把所有的私有成员、公有成员和保护成员归类放在一起，程序将更加清晰。若私有部分处于类体中最开始时，关键字 private 可以省略。这样，如果一个类体中没有访问权限关键字，则其中的成员都默认为私有的。一般认为公有的成员函数放在前面更好，因为，它们是外部访问的接口，有时可能只想知道怎样使用一个类的对象，那只要知道类的公有接口就行了，不必阅读 private 关键字以下的部分。当然也有主张将所有的私有成员放在其他成员的前面，因为一旦漏掉了关键字 private，由于默认值是 private，仍能使数据得到保护。

2. 类成员函数的定义

对类成员函数的定义通常有两种形式，一种是在类体内直接定义函数，一种是在类体外定义函数。前面的例 6.1 就是在类内部定义成员函数，下面再看一个例子。

【例 6.2】求 $y = \sum_{n=1}^{50} f(n)$，其中 $f(n) = (-1)^n \sqrt{2n^2 + 1}$。

程序代码如下：

```cpp
//*****ex6_2.cpp*****
#include <iostream>
#include <cmath>
using namespace std;
class calculate
{
    public:
    float f(int n)              //求 f(n)的成员函数
    {
        int i;
        float s=1.0;
        for(i=1;i<=n;i++)
            s*=-1;
        s=s*sqrt(2.0*n*n+1);
        return s;
    }
    void print()
    {
        float y=0.0;
        int n;
        for(n=1;n<=50;n++)
            y+=f(n);
        cout<<"y="<<y<<endl;
    }
};
void main()
{
    calculate ob;
    ob.print();
}
```

程序运行结果如下：
y=35.1454

在例 6.1 和例 6.2 的类定义中，成员函数都是在类内部实现的。按照类的定义形式，可以

在类定义中只给出成员函数的原型,而在类外部定义具体的成员函数。这种成员函数在类外定义的一般形式如下:

函数返回值的类型 类名::函数名(形参表)
{
    …(函数体)
}

其中双冒号::是作用域运算符,它指出该函数是属于哪一个类的成员函数。改写例6.2后,程序代码如下:

```cpp
//*****ex6_2_2.cpp*****
#include <iostream>
#include <cmath>
using namespace std;
class calculate
{
    public:
        float f(int n);              //成员函数的声明
        void print();
};
float calculate::f(int n)            //成员函数的类外实现
{
    int i;
    float s=1.0;
    for(i=1;i<=n;i++)
    s*=-1;
    s=s*sqrt(2.0*n*n+1);
    return s;
}
void calculate::print()
{
    float y=0.0;
    int n;
    for(n=1;n<=50;n++)
    y+=f(n);
    cout<<"y="<<y<<endl;
}
void main()
{
    calculate ob;
    ob.print();
}
```

改写后的程序在类体内仅仅声明了两个成员函数,而将其具体实现放到了类体外。在类体外定义成员函数时,要用作用域运算符 :: 指明该成员函数所属的类。

从软件工程的角度看,这种将成员函数的声明放在类体内,而将其具体实现放在类体外的类定义方式更为优越,因为它实现了接口和实现方法的分离,类的用户可以不必知道类的内部细节。当为了提高性能而改变函数的实现方法时,只要类的接口保持不变,类的源代码就不必改变,这样更利于程序的修改。

6.2.3 对象的定义与使用

定义了类以后，就可以定义属于类的变量，这种变量称为对象。类定义仅仅提供了一种类型定义，其语法地位等同于结构体类型的定义。类定义本身不占用存储空间，只有在定义了属于类的变量后，系统才会为该变量分配存储空间。不过要注意的是，对象所占据的内存空间只用于存放数据成员，而成员函数并不在每一个对象中存有副本。

1. 对象的定义

对象的定义形式如下：

类名 对象名表;

其中对象名表代表有多个对象名，各对象名之间以逗号分隔。

例如，例 6.2 中定义了 calculate 类，则定义语句：

calculate ob;

定义了一个 calculate 类的对象 ob。

像结构体一样，类类型的变量可以作为函数参数，以值或引用的方式传递，也可以作为函数的返回值，以及在赋值语句中被赋值。

2. 对象成员引用

对象成员包括该对象所属类中定义的数据成员和成员函数。已经知道，结构体变量通过"."运算符访问其数据成员，对象成员的引用形式与结构体变量成员的引用形式相同。具体引用形式为：

对象名.数据成员名

对象名.成员函数名(实参表)

例如，例 6.2 中定义了 calculate 类，又定义了该类的对象 ob，则可用 ob.print()访问 calculate 类 ob 对象的 print()成员函数。

在类的外部只能访问到类的公有成员。在类的内部，所有成员之间都可以通过成员名直接访问，这样就达到了对访问范围的有效控制。

【例 6.3】定义一个时钟类，类中有 3 个私有数据成员（Hour、Minute 和 Second）和 2 个公有成员函数（SetTime 和 ShowTime）。SetTime 根据传递的 3 个参数为对象设置时间，ShowTime 负责将对象表示的时间显示输出。在主函数中，建立一个时间类的对象，先利用默认时间设置，再设置时间为 10 时 23 分 45 秒并显示该时间。

程序代码如下：

```
//*****ex6_3.cpp*****
#include <iostream>
using namespace std;
class Clock
{
    public:
        void SetTime(int NewH,int NewM,int NewS);
        void ShowTime();
    private:
        int Hour,Minute,Second;
};
void Clock::SetTime(int NewH=0,int NewM=0,int NewS=0)
```

```
{
    Hour=NewH;
    Minute=NewM;
    Second=NewS;
}
void Clock::ShowTime()
{
    cout<<Hour<<"时"<<Minute<<"分"<<Second<<"秒"<<endl;
}
void main()
{
    Clock MyClock;                          //定义对象 MyClock
    cout<<"第 1 次：";
    MyClock.SetTime();                      //使用默认值设置时间
    MyClock.ShowTime();                     //输出时间
    cout<<"第 2 次：";
    MyClock.SetTime(10,23,45);              //设置时间为 10:23:45
    MyClock.ShowTime();                     //输出时间
}
```

程序的运行结果如下：
第 1 次：0 时 0 分 0 秒
第 2 次：10 时 23 分 45 秒

6.2.4 类与结构体的区别

在 C++语言中，结构体除了具有原先 C 语言定义的功能外，还具有类似于类的功能，即也可以在其中定义函数。它们之间的区别是：在结构体中，成员的默认访问权限是 public，而类成员的默认访问权限是 private。

【例 6.4】 用结构体定义类的示例。

程序代码如下：

```
//*****ex6_4.cpp*****
#include <iostream>
using namespace std;
struct sample
{
    void initial(int Inumber)               //默认为 public 访问权限
    { number=Inumber; }
    void present()                          //默认为 public 访问权限
    { cout<<"number="<<number<<endl; }
    private:
        int number;
};
void main()
{
    sample test;
    test.initial(56);
    test.present();
}
```

程序运行结果如下:
number=56

如果将 struct 改为 class,即用 class 定义类,则编译时出现错误信息:
cannot access private member declared in class 'sample'
意思是不能访问在 sample 类中声明的私有成员,即类成员的默认访问权限是 private。

6.3 对象的初始化

变量应该被初始化,前面章节已经介绍了简单变量的初始化、数组的初始化等,对象也需要进行初始化。在定义类时是不分配内存单元的,这时谈不上初始化,所以在类的定义中不能给数据成员赋初值。例如,有如下类的定义:

```
class Y
{
    private:
    int x=2007,y=9;
    char c='m';
};
```

在类的定义中,对数据成员进行了初始化,会出现语法错误。

从封装的目的出发,类的数据成员应该多为私有的,对私有数据成员的访问只能通过成员函数,而不能通过成员引用的方式来赋值。例如,例 6.1 中对对象数据成员 a 和 b 的赋值是通过 set()成员函数实现的:
ob.set(10,400);
而下面的语句是非法的:
ob.a=10;
ob.b=400;

提到对象的初始化,该成员函数应该在且仅在定义对象时自动执行一次,否则就不是初始化了。C++中定义了一种特殊的初始化函数,称之为构造函数(Constructor)。在特定对象使用结束时,还将进行一些清除工作。对象清除工作由析构函数(Destructor)来完成。构造函数和析构函数都是类的成员函数,但它们是类的特殊成员函数,用户程序不能直接调用它们,而是由系统自动调用。

6.3.1 构造函数

1. 构造函数的特点

构造函数的作用就是在创建对象时,利用特定的值来初始化对象的数据成员。它除了具有一般成员函数的特征外,还具有一些特殊的性质:

(1)构造函数名与类名相同,且没有返回值,不能指定函数类型。

(2)构造函数必须具有公有属性,但它不能像其他成员函数那样被显式地调用,它是在定义对象的同时被系统自动调用的。

(3)构造函数是特殊的成员函数,函数体可以写在类体内,也可以写在类体外。

(4)构造函数可以重载,即一个类中可以定义多个参数个数或参数类型不同的构造函数。

【例 6.5】使用构造函数替代例 6.3 中的 SetTime()成员函数,并在主函数中,使用构造函数设置时间为 15 时 19 分 56 秒并显示该时间。

程序代码如下：

```cpp
//*****ex6_5.cpp*****
#include <iostream>
using namespace std;
class Clock
{
    public:
        Clock(int H,int M,int S);      //构造函数声明
        void ShowTime();
        private:int Hour,Minute,Second;
};
Clock::Clock(int H,int M,int S)        //构造函数的实现
{
    Hour=H;
    Minute=M;
    Second=S;
}
void Clock::ShowTime()
{
    cout<<Hour<<"时"<<Minute<<"分"<<Second<<"秒"<<endl;
}
void main()
{
    Clock MyClock(15,19,56);           //调用构造函数，设置时间为 15:19:56
    MyClock.ShowTime();                //输出时间
}
```

程序的运行结果如下：

15 时 19 分 56 秒

实例中定义了 Clock()构造函数，由于在此定义的构造函数带有形参，所以在创建对象时必需带有参数作为实参。作为类的成员函数，构造函数可以直接访问类的私有数据成员。

从例 6.3 和例 6.5 可以看出，如果不采用 Clock()构造函数，将不得不调用 SetTime()函数初始化。可见，使用 Clock()构造函数方便了编程，简化了程序代码。

构造函数也可以重载。关于重载的概念将在第 7 章详细介绍，这里先看一个例子。

【例 6.6】构造函数重载定义示例。

程序代码如下：

```cpp
//*****ex6_6.cpp*****
#include <iostream>
#include <cmath>
using namespace std;
class Point
{
    int xVal,yVal;
    public:
        Point(int x,int y)
        { xVal=x;yVal=y;    }
```

```cpp
            Point(float,float);
            Point(void)
            { xVal=yVal=0; }
            void display()
            { cout<<xVal<<'\t'<<yVal<<endl; }
};
Point::Point(float len,float angle)
{
    xVal=(int)(len*cos(angle));
    yVal=(int)(len*sin(angle));
}
void main()
{
    Point obj1(15,70);
    obj1.display();
    Point obj2(78.5f,3.14159f);
    obj2.display();
    Point obj3;
    obj3.display();
}
```

程序运行结果如下：
15   70
-78   0
0   0

Point 类中定义了 3 个重载的构造函数，创建 Point 对象时，可以使用这 3 个构造函数中的任一个，系统在编译时将根据参数决定调用相应的函数，这就是编译时的多态性。

综上所述，构造函数是一个有着特殊名字，在对象创建时被自动调用的一种函数，它的功能就是完成对象的初始化。

2. 默认的构造函数

如果类定义中没有给出构造函数，则 C++编译器自动给出一个默认的构造函数，而且默认的构造函数只能有一个，形式如下：

类名::默认构造函数名()
{ }

若没有定义过任何形式的构造函数，系统会自动生成默认的构造函数。若已经定义过构造函数，则系统不会自动生成默认的构造函数，一旦需要，则要求显式地定义这种形式的构造函数。在程序中，若定义一个静态对象而没有指明初始值时，编译器会按默认的构造函数将对象的数据成员初始化为 0 或空。

【例 6.7】 默认构造函数示例。
程序代码如下：
```cpp
//*****ex6_7.cpp*****
#include <iostream>
using namespace std;
class sample
{
    int i,j;
```

```
public:
    void print()
    { cout<<i<<'\t'<<j<<endl; }
};
void main()
{
    static sample temp;
    temp.print();
}
```

程序的运行结果如下:
0   0

由于在 sample 类中没有定义任何的构造函数,编译器自动生成一个默认的构造函数,在定义对象 temp 时,便调用了该构造函数,将静态对象 temp 的数据成员初始化为 0。

【例 6.8】构造函数的调用。

程序代码如下:
```
//*****ex6_8.cpp*****
#include <iostream>
using namespace std;
class sample
{
    int i,j;
    public:
        sample()                        //显式地定义默认形式的构造函数
        { }
        sample(int ti,int tj)
        { i=ti; j=tj;    }
        void print()
        { cout<<i<<'\t'<<j<<endl; }
};
void main()
{
    static sample t1;                   //若没有默认形式的构造函数,编译时会出错
    sample t2(3,50);
    t1.print();
    t2.print();
}
```

程序的运行结果如下:
0   0
3   50

由于在 sample 类中已经定义了一个有参的构造函数,所以编译器就不会再自动生成默认的构造函数了。若不显式地定义默认形式的构造函数,则在定义对象 t1 时,便没有可以调用的构造函数,这时会出现一个编译错误:

no appropriate default constructor available

6.3.2 析构函数

1. 析构函数的特点

当对象创建时,会自动调用构造函数进行初始化。当对象撤销时,也会自动调用析构函

数进行一些清理工作,如释放分配给对象的内存空间等。与构造函数类似的是:析构函数也与类同名,但在名字前有一个"~"符号,析构函数也具有公有属性,也没有返回类型和返回值,但析构函数不带参数,不能重载,所以析构函数只有一个。

【例 6.9】 析构函数程序举例。

程序代码如下:

```
//*****ex6_9.cpp*****
#include <iostream>
using namespace std;
class Point
{
    int a,b;
    public:
        Point(int a1,int b1)              //构造函数
        {   a=a1;b=b1; }
        ~Point()                          //析构函数
        {   cout<<"调用析构函数"<<endl; }
        void show()
        {   cout<<"a="<<a<<",b="<<b<<endl; }
};
void main()
{
    Point ObjA(31,17);
    ObjA.show();
    Point ObjB(7,4);
    ObjB.show();
}
```

程序的运行结果如下:

a=31,b=17
a=7,b=4
调用析构函数
调用析构函数

从程序中可以看出,对于一般创建的对象,系统自动调用构造函数,而在程序将要结束之前,释放对象 ObjA 和 ObjB 时,系统又会自动调用相应的析构函数。有 2 个对象,所以调用 2 次。

2. 默认的析构函数

和默认构造函数一样,如果类定义中没有给出析构函数,系统也会自动生成一个默认的析构函数,其格式如下:

类名::~默认析构函数名()
{ }

例如,编译系统为类 Point 生成默认的析构函数如下:

Point::~Point()
{ }

对于大多数类而言,默认的析构函数就能满足要求。只有在一个对象完成其操作之前需要做一些内部处理时,才显式地定义析构函数。

6.3.3 复制构造函数

对一个简单变量的初始化方法是用一个常量或变量初始化另一个变量。例如：
char c1='A',c2=c1;

那么能不能像简单变量的初始化一样，直接用一个对象来初始化另一个对象呢？由于同一个类的对象在内存中有完全相同的结构，所以作为一个整体进行复制是完全可行的。这个复制过程只需要复制数据成员，而成员函数是共用的。在建立对象时可用同一类的另一个对象来初始化该对象，这时所用的构造函数称为复制初始化构造函数，简称复制构造函数。

以例 6.9 定义的 Point 类为例，可以用以下定义建立对象 point1 和 point2：
Point point1(15,25);
Point point2=point1;
后一条语句也可以写成：
Point point2(point1);

它是用 point1 初始化 point2，此时，point2 各个成员的值与 point1 各个成员的值相同，也就是说，point1 各个成员的值被复制到 point2 相应的成员中。在这个初始化过程中，实际上调用了一个复制构造函数。当没有显式定义一个复制构造函数时，编译器会隐式定义一个默认的复制构造函数，它具有下面的原型形式：
Point::Point(const Point &);

可见，复制构造函数与构造函数的不同之处在于形参，前者的形参是 Point 对象的引用，其功能是将一个对象的每一个成员复制到另一个对象对应的成员当中。

复制构造函数的作用是使用一个已存在的对象去初始化另一个同类对象，它也是一种构造函数，除了具有一般构造函数的特征外，还具有如下特点：

（1）其形参必须是本类的对象的引用。
（2）某函数的形参是类的对象，调用该函数需要复制构造函数进行形参和实参结合。
（3）函数的返回值是类的对象，函数调用返回的时候需要调用复制构造函数实现类对象的赋值。

每个类都必须有一个复制构造函数，如果用户没有定义类的复制构造函数，系统会自动生成一个默认的复制构造函数,这个默认的复制构造函数的功能是把初始化对象的每个数据成员的值都复制到新建的对象中。

复制构造函数的定义格式如下：
类名::复制构造函数名(const 类名 &对象名)
{
　　…(函数体)
}
复制构造函数与类同名，const 是类型修饰符，被其修饰的对象是个不能被更新的常量。

【例 6.10】默认复制构造函数示例。
程序代码如下：
//*****ex6_10.cpp*****
#include <iostream>
using namespace std;
class sample
{

```
        private:
            int length,width,s;
        public:
            sample(int i,int j)
            {
                length=i;width=j;
                s=length*width;
                cout<<s<<'\t'<<"调用构造函数"<<endl;
            }
            ~sample()
            {
                cout<<length<<'\t'<<width<<'\t';
                cout<<s<<'\t'<<"调用析构函数"<<endl;
            }
    };
    void main()
    {
        sample obj1(15,6);
        sample obj2(obj1);              //建立对象 obj2
        sample obj3=obj1;               //建立对象 obj3
    }
```

程序的运行结果如下:

```
90       调用构造函数
15    6    90    调用析构函数
15    6    90    调用析构函数
15    6    90    调用析构函数
```

对象 obj1、obj2、obj3 在释放时，分别调用析构函数，所以析构函数共调用了 3 次。前已述及，产生一个新的对象时，总要调用相应的构造函数，那么建立对象 obj2 时，调用什么构造函数呢？实际上，编译器为每个类都产生一个默认的复制构造函数，以实现对象的属性复制。对这个例子，默认复制构造函数为：

```
sample::sample(const sample &p)
{
    length=p.length;
    width=p.width;
    s=p.s;
}
```

因此，建立对象 obj2 时相当于调用了默认复制构造函数，默认复制构造函数的功能只是简单地对对象属性进行复制，即相当于：

obj2.length=obj1.length;
obj2.width=obj1.width;
obj2.s=obj1.s

建立对象 obj3 时的语句"sample obj3=obj1;"等价于"sample obj3(obj1);"形式。

【例 6.11】复制构造函数示例。

程序代码如下：

```
//*****ex6_11.cpp*****
#include <iostream>
```

```cpp
using namespace std;
class Point
{
    public:
        Point(int a=0,int b=0)          //构造函数
            {   X=a;Y=b; }
        Point(const Point &p);          //复制构造函数的声明
        int GetX()                      //其他成员函数
            {   return X; }
        int GetY()
            {   return Y; }
    private:
        int X,Y;
};
Point::Point(const Point &p)            //复制构造函数的实现
{
    X=p.X;
    Y=p.Y;
    cout<<"复制构造函数被调用"<<endl;
}
void main(void)
{
    Point A(10,20);
    Point B(A);
    cout<<B.GetX()<<'\t'<<B.GetY()<<endl;
}
```

程序的运行结果如下：

复制构造函数被调用
10   20

普通构造函数在建立对象时被调用，而复制构造函数在用已有对象初始化一个新对象时被调用。复制构造函数被调用通常发生以下 3 种情况：

（1）程序中需要新建一个对象，并用一个类的对象去初始化类的另一个对象的时候。例 6.10 和例 6.11 就是这种情况。

（2）当对象作函数参数时，调用该函数时需要将实参对象完整地传递给形参，这就需要按实参复制一个形参，系统是通过调用复制构造函数来实现的，这样能保证形参具有和实参完全相同的值。例如：

```cpp
void fun(Point p)                   //形参是类的对象
{   cout<<p.GetX()<<'\t'<<p.GetY()<<endl; }
void main()
{
    Point A(10,20);
    fun(A);                         //实参是类的对象，调用函数时将复制一个新对象 p
}
```

（3）当函数的返回值是类的对象。在函数调用完毕需要将返回值带回函数调用处时，需要将函数中的对象复制一个临时对象并传给该函数的调用处。例如：

```cpp
Point fun()
{
    Point A(10,20);
```

```
        return A;                    //返回值是Point类的A对象
    }
    void main()
    {
        Point B;
        B=fun();                     //调用fun函数,返回类的临时对象,并将它赋给B对象
    }
```
由于对象A是在函数fun()中定义的,在调用结束时,A的生命周期就结束了,因此并不是将A带回main()函数,而是在函数fun()结束前执行return语句时,调用Point类中的复制构造函数,按A复制一个新的对象,然后将它赋给B。

以上3种调用复制构造函数都是由编译系统自动完成的,不必由用户自己去调用。

6.4 对象数组与对象指针

对象可以看作一个特殊的变量,既然有简单数据类型的数组,也应该有对象数组。同样指针可以用来指向一般的变量,也可以指向对象。

6.4.1 对象数组

对象数组是指数组的每一个元素都是相同类型对象的数组,也就是说,若一个类有若干个对象,则可将这一系列的对象用一个数组来表示。对象数组的元素是对象,不仅具有数据成员,而且还有成员函数。

对象数组的定义和普通数组的定义类似,一般格式如下:

类名 数组名[第一维数组大小][第二维数组大小]

其中,类名是指该数组元素属于该类的对象,方括号内的数组大小给出了某一维元素的个数。一维对象数组只有一对方括号,二维对象数组要有两对方括号,等等。

例如,若有test类,则定义语句:

test op[5];

定义了test类的对象数组op,该数组含有5个元素,每个元素都是test类的对象,其元素为op[0]、op[1]、op[2]、op[3]、op[4]。

与普通数组一样,在使用对象数组时也只能访问单个数组元素,也就是一个对象,通过这个对象,可以访问它的公有成员,一般形式如下:

数组名[下标].成员名

和普通数组一样,对象数组既可以在定义时初始化,也可以在定义后赋值。假定test类有一个带有单个整型参数的构造函数,则可以赋初值或定义后赋值:

test op[5]={test(1),test(3),test(5),test(7),test(9)};

或

test op[5];
op[0]=test(1);op[1]=test(3);op[2]=test(5);op[3]=test(7);op[4]=test(9);

【例6.12】对象数组应用示例。

程序代码如下:

//*****ex6_12.cpp*****
#include <iostream>

```cpp
using namespace std;
class sample
{
    int x,y;
    public:
        sample(int x1,int y1)
        {   x=x1;y=y1; }
        void display()
        {   cout<<"x="<<x<<'\t'<<"y="<<y<<endl; }
};
void main(void)
{
    int i;
    sample array[3]={sample(10,20),sample(30,40),
        sample(50,60)};
    for(i=0;i<3;i++)    array[i].display();
}
```

程序的运行结果如下：

```
x=10        y=20
x=30        y=40
x=50        y=60
```

6.4.2 对象指针

对象指针就是指向对象的指针，其定义的格式如下：

类名 *对象指针名;

例如，定义语句：

Sample *MyPointer;

定义 MyPointer 是指向 Sample 类对象的指针变量。

对象成员也可以通过指向对象的指针来引用，引用数据成员的具体形式如下：

指向对象的指针->数据成员名

或

(*指向对象的指针).数据成员名

引用成员函数的具体形式如下：

指向对象的指针->成员函数名(实参表)

或

(*指向对象的指针).成员函数名(实参表)

【例 6.13】对象指针应用示例。

程序代码如下：

```cpp
//*****ex6_13.cpp*****
#include <iostream>
using namespace std;
class school
{
    private:
        char *teacher;
```

```
        char *student;
        school *ptr;                    //ptr 是指向 school 类对象的指针
    public:
        void initialize(void);
        void output(school *ptr);
};
school Yali;                            //Yali 是类 school 的对象
void school::initialize(void)
{
    Yali.ptr=&Yali;                     //将对象 Yali 的起始地址赋给 ptr
    Yali.ptr->teacher="John Ming";
    (*Yali.ptr).student="Mary Jasmine";
    Yali.output(Yali.ptr);
}
void school::output(school *ptr)
{
    cout<<"teacher is "<<ptr->teacher<<endl;
    cout <<"student is "<<ptr->student<<endl;
}
void main(void)
{   Yali.initialize(); }
```

程序的运行结果如下：
teacher is John Ming
student is Mary Jasmine

程序定义一个 school 类，定义类的成员 ptr 为指向 school 的指针，通过 ptr 来访问 school 类的 teacher 和 student 成员。

6.4.3 指向类成员的指针

类的成员自身也是一些变量、函数或对象，因此可以定义指向数据成员的指针或指向成员函数的指针，进而可以通过指针访问对象的成员。需要指出的是，通过指向成员的指针只能访问公有的数据成员和成员函数。

1. 指向数据成员的指针

指向数据成员的指针定义格式如下：
类型说明符 类名::*数据成员指针名;

定义了指向数据成员的指针后，需要对其进行赋值，也就是要确定指向类的哪一个成员。对数据成员指针赋值的一般格式如下：
数据成员指针名=&类名::数据成员名;

例如，有一个类 A 的数据成员 int x，指向数据成员 x 的指针可以如下定义：
int A::*MyP=&A::x;

则指针 MyP 指向了 A 类的数据成员 x。

将指针指向类的数据成员后，就可以通过类的对象引用指针所指向的数据成员，其格式有两种：
对象名.*数据成员指针名;
或

对象指针名->*数据成员指针名;

【例 6.14】 指向数据成员指针的应用举例。

程序代码如下：

```cpp
//*****ex6_14.cpp*****
#include <iostream>
using namespace std;
class MyClass
{
    public:
    int a,b;
    void Display()
        {   cout<<"a="<<a<<endl;
            cout<<"b="<<b<<endl;
        }
};
void main()
{
    int MyClass::*p=&MyClass::a;      //定义指针 p，并使它指向类的数据成员 a
    MyClass MyA,*opt=&MyA;            //定义对象 MyA 和指向对象的指针 opt
    MyA.*p=150;                       //对对象 MyA 的数据成员 a 赋值
    p=&MyClass::b;                    //指针 p 指向类的数据成员 b
    opt->*p=400;                      //对对象数据成员 b 赋值
    MyA.Display();
}
```

程序的运行结果如下：

a=150
b=400

2. 指向成员函数的指针

指向成员函数的指针定义格式如下：

函数返回值类型 (类名::* 成员函数指针名)(参数表);

定义成员函数指针后要对其赋值，也就是确定指向类的哪一个成员函数。给指向成员函数指针赋值的一般格式如下：

成员函数指针名=&类名::成员函数名;

例如，有一个 data 类的成员函数 int fun(void)，指向成员函数 fun 的指针可以定义为：

int (data::*pf)()=data::fun;

则指针 pf 指向 data 类的成员函数 fun。

调用成员函数指针所指向函数的格式如下：

(对象名.*成员函数指针名)(实参表)

或

(对象指针名->*成员函数指针名)(实参表)

【例 6.15】 指向类成员函数指针的应用举例。

程序代码如下：

```cpp
//*****ex6_15.cpp*****
#include <iostream>
using namespace std;
```

```
class MyClass
{
    int a,b;
    public:
        void SetData(int x,int y)
        {   a=x; b=y; }
        void Display()
        {   cout<<"a="<<a<<'\t'<<"b="<<b<<endl; }
};
void main()
{
    void(MyClass::*pfun)(int,int);          //指向成员函数的指针
    MyClass MyA,MyB;
    pfun=&MyClass::SetData;                 //成员函数指针指向成员函数 SetData
    (MyA.*pfun)(350,450);                   //通过成员函数的指针调用
                                            //成员函数 SetData 对 a 和 b 赋值
    MyA.Display();
    MyB.SetData(-350,-450);                 //通过成员函数名调用
    //成员函数 SetData 对 a 和 b 赋值
    MyB.Display();
}
```

程序的运行结果如下：
a=350   b=450
a=-350   b=-450

6.4.4 this 指针

类的每一个成员函数都有一个隐含的常量指针，通常称为 this 指针。this 指针的类型就是成员函数所属类的类型。当调用成员函数时，它被初始化为被调用函数的对象的地址。例如，上例中，当执行 MyA.Display()时，this 指针指向对象 MyA，因此输出对象 MyA 的 a、b 值。当执行 MyB.Display()时，this 指针指向对象 MyB，因此输出对象 MyB 的 a、b 值。this 指针在系统中是隐含地存在的，也可以显式地使用。例如，上例中成员函数 Display()的函数体等价于下列语句：

cout<<"a="<<this->a<<'\t'<<"b="<<this->b<<endl;

或

cout<<"a="<<(*this).a<<'\t'<<"b="<<(*this).b<<endl;

【例 6.16】this 指针应用举例。
程序代码如下：
```
//*****ex6_16.cpp*****
#include <iostream>
using namespace std;
class MyClass
{
    int a,b;
    public:
        MyClass(int i=0,int j=0)
```

```
        {   a=i;b=j; }
            void copy(MyClass &ab);
            void Display()
            {   cout<<"a="<<a<<","<<"b="<<b<<endl; }
    };
    void MyClass::copy(MyClass &ab)
    {
        if(this==&ab)return;
        *this=ab;
    }
    void main()
    {
        MyClass s1,s2(15,23);
        s1.Display();
        s1.copy(s2);
        s1.Display();
    }
```

程序的运行结果如下:
a=0,b=0
a=15,b=23

在上述程序中,在 MyClass 类的成员函数 copy()内,出现了两次 this 指针。this 代表操作该成员函数的对象的地址,*this 代表操作该成员函数的对象。执行语句"s1.copy(s2);"时,"*this=ab;"表示将形参 ab 获得的对象 s2 的值赋给操作该成员函数的对象 s1,所以此时输出为"a=15,b=23"。

需要注意的是,this 指针是一个 const 指针,不能在程序中修改它,而且 this 指针的作用域仅在一个对象的内部。

6.5 友元

在面向对象程序设计语言中,出于数据隐藏的目的,通常将类的数据成员说明为私有成员,通过公有成员函数对外提供的接口访问私有数据成员。但是,有时需要定义一些函数,这些函数不是类的一部分,但是又需要访问类的数据成员,为了解决此类问题,可以将此函数说明为友元函数。

6.5.1 友元函数

友元函数是类定义中由关键字 friend 修饰的非成员函数。友元函数可以是一个普通函数,也可以是其他类的成员函数,它不是本类的成员函数,但是在它的函数体中可以通过"对象.成员名"访问类的私有成员和保护成员。

友元函数声明的格式为:
friend 函数返回值类型 友元函数名(参数表);

【例 6.17】友元函数应用举例。
程序代码如下:
```
//*****ex6_17.cpp*****
#include <iostream>
using namespace std;
```

```cpp
class sample
{
    int m;
    public:
        sample()
            {  m=10; }
        sample(int k)
            {  m=k; }
        friend sample power(sample ObjC);        //友元函数声明
        void display()
            {  cout<<"m="<<m<<endl; }
};
sample power(sample ObjC)
{
    return sample(ObjC.m*ObjC.m);               //在友元函数中可以访问类的私有成员
}
void main()
{
    sample ObjA(25), ObjB;
    ObjA.display();
    ObjB.display();
    ObjB=power(ObjA);
    ObjB.display();
}
```

程序的运行结果如下：
m=25
m=10
m=625

程序在类 sample 中说明 power 是该类的友元函数，该函数在类外实现。由于 power 函数是 sample 类的友元函数，所以在该函数体中可以直接引用类的私有数据成员。语句"ObjB=power(ObjA);"传递的参数是 sample 类的对象，函数 power 返回值是 sample 类的对象，并将 power 函数的返回值赋值给该类对象 ObjB，调用 power 函数就像调用普通函数一样。

6.5.2 友元类

和函数一样，类也可以说明为另一个类的友元，这时称该类为友元类。如果 A 类是 B 类的友元类，则 A 类中的私有成员函数都是 B 类的友元函数，都可以访问 B 类的私有和保护成员。友元类说明的格式为：

friend class 类名;

类说明语句可以放在公有部分，也可以放在私有部分或保护部分。例如：

```cpp
class A
{
    …                                           //A 类的成员说明
};
class B
{   …                                           //B 类的成员说明
```

```
        friend class A                    //说明 A 类是 B 类的友元类
        …
};
```

【例 6.18】 友元类应用举例。

程序代码如下：

```
//*****ex6_18.cpp*****
#include <iostream>
using namespace std;
class ClassA
{
    int m;
    public:
        ClassA()
        {  m=100; }
        friend class ClassB;           //说明 ClassB 类是 ClassA 类的友元类
};
class ClassB
{
    public:
        void display(ClassA myobj)
        { cout<<"m="<<myobj.m<<endl; }
};
void main()
{
    ClassA ObjX;
    ClassB ObjY;
    ObjY.display(ObjX);
}
```

程序的运行结果如下：

m=100

友元提供了一种非成员函数访问类的私有成员的方法，这在某些情况下为程序设计提供了一定的方便性。但是面向对象的程序设计要求类的接口与类的实现分开，对对象的访问通过其接口函数进行。如果直接访问对象的私有成员，就破坏了面向对象程序的数据隐藏和封装特性，虽然提供了一些方便，但有可能是得不偿失的，所以，需要慎用友元。

此外，还有两点需要注意：

（1）友元关系不能传递。例如，B 类是 A 类的友元，C 类是 B 类的友元，如果 C 类和 A 类之间没有显式说明，C 类和 A 类之间不是友元关系。

（2）友元关系的单向性。例如，如果 B 类是 A 类的友元，则 B 类的成员函数都是 A 类的友元函数，可以访问 A 类的所有数据成员，但 A 类的成员函数就不是 B 类的友元函数，也就不能访问 B 类的所有数据成员。

6.6 类成员的共享与保护

在较复杂的程序中，数据的共享与保护是十分重要的。C++虽然采取了不少有效的措施（如设 private 保护）以增加数据的安全性，但是有些数据往往是共享的，可以通过不同的途径访问一个数据对象。静态成员即是为了解决同一个类的不同对象之间的数据和函数共享问题。如果既要使数据能在一定范围内共享，又要保证它不被任意修改，这时可以用 const 把有关的数据定义为常量，因为常量在程序运行期间是不可改变的。同样，声明对象时也可以用 const 进行修饰，称为常对象。

6.6.1 静态成员

前已述及，每一个类对象有其公有或私有的数据成员，每一个 public 或 private 函数可以访问其数据成员。有时，可能需要一个或多个公共的数据成员，能够被类的所有对象共享。在 C++中，可以定义静态（static）的数据成员和成员函数，以解决数据共享问题。

1. 静态数据成员

要定义静态数据成员，只要在数据成员的定义前增加 static 关键字。静态数据成员不同于非静态的数据成员，一个类的静态数据成员仅创建和初始化一次，且在程序开始执行的时候创建，然后被该类的所有对象共享，而非静态的数据成员则随着对象的创建而多次创建和初始化。

静态数据成员属于该类的所有对象，它的值对于每一个对象都是一样的。也就是说，静态数据成员在内存中只需存储一次，使用静态数据成员可以节省内存空间。

静态数据成员的定义格式如下：

  static 数据类型 变量名;

静态数据成员初始化的方式也与一般的数据成员不同。静态数据成员初始化应在类外进行，而且应在对象定义之前。一般在 main()函数之前，类定义之后的位置对它进行初始化，格式如下：

  数据类型 类名::静态数据成员名=初始值;

引用静态数据成员的格式如下：

  类名::静态数据成员名

【例 6.19】静态数据成员应用举例。

程序代码如下：

```cpp
//*****ex6_19.cpp*****
#include <iostream>
using namespace std;
class MyObj
{
    int i,s;
    static int k;                    //静态数据成员说明
public:
    MyObj()
    {
        s=0;
        for(i=1;i<=10;i++)
            { s+=i;k++; }
    }
    void Display()
    { cout<<"i="<<i<<",k="<<k<<",s="<<s<<endl; }
};
```

```cpp
int MyObj::k=0;              //静态数据成员初始化
void main()
{
    MyObj A;
    A.Display();
    MyObj B;
    B.Display();
}
```

程序的运行结果如下：

i=11,k=10,s=55
i=11,k=20,s=55

程序中，数据成员 i 和 s 在对象 A 和 B 中各有一个，在创建对象时分别将其设置为 1 和 0，而静态数据成员 k 为所有 MyObj 类对象所共有，其初始化在编译时就已经确定。创建对象 A 时，k 的初值为 0，创建后其值改为 10。创建对象 B 时，k 的初值为 10，创建后将其值调整为 20。

请读者思考，如果 main()函数改为下面的程序段，程序输出结果是什么？

```cpp
void main()
{
    MyObj A,B;
    A.Display();
    B.Display();
}
```

2. 静态成员函数

静态数据成员被所有的对象共享，也就是说，静态数据成员不属于对象，而是属于类的。除静态数据成员外，C++也允许定义静态成员函数。与静态数据成员类似，静态成员函数也是属于类的。定义静态成员函数的格式如下：

static 函数返回值的类型 静态成员函数名(形参表)
{
    …(函数体)
}

静态成员函数仅能访问静态的数据成员，不能访问非静态的数据成员，也不能访问非静态的成员函数，这是由于静态的成员函数没有 this 指针。静态成员函数的调用不需要对象名。类似于静态的数据成员，公有的、静态的成员函数在类外的调用方式如下：

类名::静态成员函数名(实参表)

也允许用对象或指向对象的指针调用静态成员函数，一般格式如下：

对象名.静态成员函数名(实参表)
对象指针->静态成员函数名(实参表)

【例 6.20】静态成员函数应用举例。

程序代码如下：

```cpp
//*****ex6_20.cpp*****
#include <iostream>
using namespace std;
class MyClass
{
```

```cpp
        int A;
        static int B;                          //静态数据成员说明
    public:
        MyClass(int k)
        {
            int i;
            A=k;
            for(i=0;i<5;i++)B+=k;
        }
        static void Display(MyClass ObjC)      //定义静态成员函数
        {   cout<<"A="<<ObjC.A<<",B="<<B<<endl; }
};
int MyClass::B=15;                             //静态数据成员初始化
void main()
{
    MyClass ObjA(10);
    MyClass::Display(ObjA);                    //调用静态成员函数
    MyClass ObjB(30);
    MyClass::Display(ObjB);                    //调用静态成员函数
}
```

程序的运行结果如下：
A=10,B=65
A=30,B=215

在程序中，Display()是静态成员函数，在函数的实现中，引用非静态数据成员要通过对象进行，如 ObjC.A，而引用静态数据成员是直接进行的，如 B。

6.6.2 常对象和常成员

在定义的类的成员函数中，常常有一些成员函数不改变类的数据成员，也就是说，这些函数是"只读"函数，而有一些函数要修改类数据成员的值。如果把不改变数据成员的函数都加上 const 关键字进行标识，显然，可提高程序的可读性。其实，它还能提高程序的可靠性，已定义成 const 的成员函数，一旦企图修改数据成员的值，则编译器按错误处理。

1. 常对象和常成员函数

如果在定义对象时用 const 修饰，则被定义的对象为常对象。常对象的数据成员值在对象的整个生存期内不能被改变，常对象的定义形式如下：

类名 const 对象名(参数表);

或

const 类名 对象名(参数表);

在定义常对象时必须进行初始化，而且不能被更新。假定有一个类 classA，定义该类的常对象的方法为：

const classA objectA(20);

这里，objectA 是类 classA 的一个常对象，20 是传给它的构造函数参数。常对象的数据成员在对象生存期内不能改变。但是，如何保证该类的数据成员不被改变呢？

为了确保常对象的数据成员不会被改变，在 C++中，常对象只能调用常成员函数。如果一个成员函数实际上没有对数据成员作任何形式的修改，但是它没有被 const 关键字限定，也不能被常对象调用。常成员函数的声明格式如下：
　　函数返回值的类型　函数名(参数表)const;
　　const 是函数类型的组成部分，因此在函数的实现部分也要带 const 关键字。常成员函数表示该成员函数只能读类的数据成员，而不能修改类的数据成员。定义常成员函数时，把 const 关键字放在函数的参数表和函数体之间。下面是定义常成员函数的一个实例。

```
class X
{
    int i;
    public:
        int f() const;
};
```

关键字 const 必须用同样的方式重复出现在函数实现里，否则编译器会把它看成一个不同的函数。

```
int X::f() const
{ return i; }
```

如果 f()试图用任何方式改变 i 或调用另一个非常成员函数，编译器将给出错误信息。任何不修改成员数据的函数都应该声明为常成员函数，这样有助于提高程序的可读性和可靠性。

要注意的是，这里不将 const 放在函数声明之前，因为这样做意味着函数的返回值是常量，意义完全不同。

【例 6.21】常对象和常成员函数应用举例。
程序代码如下：

```
//*****ex6_21.cpp*****
#include <iostream>
using namespace std;
class ClassA
{
    int X;
    public:
        int GetX() const
        { return X; }
        ClassA(int Y)
        { X=Y; }
};
void main()
{
    ClassA ObjectA(50);
    const ClassA ObjectB(500);
    cout<<ObjectA.GetX()<<endl;
    cout<<ObjectB.GetX()<<endl;
}
```

程序的运行结果如下：
50
500

ObjectA 是个普通对象，它能调用常成员函数或普通成员函数。ObjectB 是个常对象，它只能调用常成员函数。虽然 GetX()函数实际上并没有改变数据成员 X，但如果没有 const 关键字限定,仍旧不能被 ObjectB 对象调用。

常对象只能调用它的常成员函数,而不能调用普通的成员函数。常成员函数是常对象唯一的对外接口,这是 C++从语法机制上对常对象的保护。常成员函数不能更新对象的数据成员,也不能调用该类中的普通成员函数,这就保证了在常成员函数中不会更新数据成员的值。

2. 常数据成员

使用 const 说明的数据成员称为常数据成员。如果在一个类中说明了常数据成员,那么构造函数就只能通过初始化列表对该数据成员进行初始化,而任何其他函数都不能对该成员赋值。

带有成员初始化列表的构造函数的一般形式如下:

类名::构造函数名([参数表])[:(成员初始化列表)]
{
    …   //构造函数体
}

成员初始化列表的一般形式如下:

数据成员名 1(初始值 1)[,数据成员名 2(初始值 2)[,…]]

【例 6.22】常数据成员应用举例。

程序代码如下:

```
//*****ex6_22.cpp*****
#include <iostream>
using namespace std;
class ClassA
{
    int X;
    const int Y;                    //常数据成员的说明
    public:
        ClassA(int M,int N):Y(N)    //用初始化列表对常数据成员进行初始化
        {   X=M; }
        int GetX()const
        {   return X+Y; }
};
void main()
{
    ClassA ObjectA(50,70);
    cout<<ObjectA.GetX()<<endl;
}
```

程序的运行结果如下:

120

程序在构造函数中对常数据成员初始化的方式与以前用到的数据成员初始化方式不同,它是通过成员初始化列表的方式实现的。事实上,对非常数据成员也可以通过成员初始化列表的方式进行初始化,方法是用逗号分隔不同的数据成员。例如:

ClassA(int M,int N):Y(N),X(M)
{ }

但对常数据成员的初始化只能用初始化列表的方式进行。

6.7 程序实例

类的设计与对象的使用是面向对象程序设计的基础,希望读者能熟练掌握。但学习程序设计没有捷径可走,只有多看、多练、多思考,通过不断编程实践,才能真正掌握好程序设计的思路和方法。下面再介绍一些实际例子。

【例 6.23】已知 $y = \sum_{i=1}^{n} \dfrac{2}{(4i-3)(4i-1)}$,求 y<0.78 时的最大 n 值以及此 n 值对应的 y 值。

程序 1:用普通成员函数实现
程序代码如下:

```cpp
//*****ex6_23.cpp*****
#include <iostream>
using namespace std;
class compute
{
    double y;
    int n;
public:
    void print()                        //输出结果的函数
    { cout<<"y="<<y<<",n="<<n<<endl; }
    void yn();                          //计算 y 和 n 的函数声明
};
void compute::yn()                      //计算 y 和 n 的函数实现
{
    n=1;
    y=0.0;
    double yy;
    while(y<0.78)
        {
            yy=y;
            y+=2.0/(4.0*n-3.0)/(4.0*n-1.0);
            n++;
        }
    y=yy;
    n=n-2;
}
void main()
{
    compute obj;
    obj.yn();
    obj.print();
}
```

程序的运行结果如下:
y=0.779964,n=23
程序 2:用构造函数实现

程序代码如下：
```cpp
//*****ex6_23_2.cpp*****
#include <iostream>
using namespace std;
class compute
{
    double y;
    int n;
    public:
        void print()                           //输出结果的函数
        {   cout<<"y="<<y<<",n="<<n<<endl; }
        compute();                             //计算 y 和 n 的构造函数声明
};
compute::compute()                             //计算 y 和 n 的构造函数实现
{
    n=1;
    y=0.0;
    double yy;
    while(y<0.78)
        {
            yy=y;
            y+=2.0/(4.0*n-3.0)/(4.0*n-1.0);
            n++;
        }
    y=yy;
    n=n-2;
}
void main()
{
    compute obj;
    obj.print();
}
```

程序 3：用友元函数实现

程序代码如下：
```cpp
//*****ex6_23_3.cpp*****
#include <iostream>
using namespace std;
class compute
{
    double y;
    int n;
    public:
        void print()                           //输出结果的函数
        {   cout<<"y="<<y<<",n="<<n<<endl;}
        friend void yn(compute &);             //计算 y 和 n 的友元函数声明
};
void yn(compute &obj)                          //计算 y 和 n 的友元函数实现
```

```cpp
    {
        obj.n=1;
        obj.y=0.0;
        double yy;
        while(obj.y<0.78)
        {
            yy=obj.y;
            obj.y+=2.0/(4.0*obj.n-3.0)/(4.0*obj.n-1.0);
            obj.n++;
        }
        obj.y=yy;
        obj.n=obj.n-2;
    }
    void main()
    {
        compute obj;
        yn(obj);
        obj.print();
    }
```

【例6.24】创建一个 employee 类，该类中有字符数组，分别表示姓名、街道地址、城市、省份和邮政编码。把表示构造函数、changename()、display()的函数的原型放在类定义中，构造函数初始化每个成员，display()函数把完整的对象数据打印出来。其中的数据成员是保护的，函数是公有的。

程序代码如下：

```cpp
//*****ex6_24.cpp*****
#include <iostream>
#include <string>
using namespace std;
class employee
{
    protected:
    char name[10];          //姓名
    char street[20];        //街道地址
    char city[10];          //市
    char prov[10];          //省
    char post[7];           //邮政编码
    int no;                 //记录序号
    public:
    employee(char [],char [],char [],char [],char [],int);
    void changename(char str[]);
    void display();
};
employee::employee(char n[],char s[],char c[],char p1[],char p2[],int num)
{
    strcpy(name,n);
    strcpy(street,s);
    strcpy(city,c);
```

```cpp
        strcpy(prov,p1);
        strcpy(post,p2);
        no=num;
    }
    void employee::changename(char n[])
    {
        strcpy(name,n);
    }
    void employee::display()
    {
        cout<<"输出记录"<<no<<endl;
        cout<<"姓名:"<<name<<endl;
        cout<<"街道地址:"<<street<<endl;
        cout<<"市:"<<city<<endl;
        cout<<"省:"<<prov<<endl;
        cout<<"邮政编码:"<<post<<endl;
    }
    void main()
    {
        employee obj1("何东华","韶山南路 22 号","长沙市","湖南省","410075",1);
        employee obj2("李晨","天津路 130 号","南京市","江苏市","210020",2);
        obj1.display();
        obj2.display();
    }
```

【例 6.25】设计一个 Bank 类，实现银行某账号的资金往来账目管理，包括建账号、存入、取出等。

分析：Bank 类包括私有数据成员 top（当前账指针），date（日期），money（金额），rest（余额）和 sum（累计余额）。另有一个构造函数和 3 个成员函数：bankin()（处理存入账）、bankout()（处理取出账）和 disp()（输出明细账）。

程序代码如下：

```cpp
//*****ex6_25.cpp*****
#include <iostream>
#include <string>
using namespace std;
#define Max 100
class Bank
{
    int top;
    char date[Max][10];        //日期
    int money[Max];            //金额
    int rest[Max];             //余额
    static int sum;            //累计余额
    public:
    Bank(){top=0;}
    void bankin(char d[],int m)
    {
        strcpy(date[top],d);
```

```
            money[top]=m;
            sum=sum+m;
            rest[top]=sum;
            top++;
        }
        void bankout(char d[],int m)
        {
            strcpy(date[top],d);
            money[top]=-m;
            sum=sum-m;
            rest[top]=sum;
            top++;
        }
        void disp();
};
int Bank::sum=0;
void Bank::disp()
{
    int i;
    cout<<"日期\t\t 存入\t 取出\t 余额"<<endl;
    for(i=0;i<top;i++)
    {
        cout<<date[i];
        if(money[i]<0)
            {cout<<"\t\t"<<-money[i];
             cout<<"\t"<<rest[i]<<endl;}
        else
            {cout<<"\t"<<money[i];
             cout<<"\t\t"<<rest[i]<<endl;}
    }
}
void main()
{
    Bank obj;
    obj.bankin("2011-2-5",1000);
    obj.bankin("2011-3-22",2000);
    obj.bankout("2011-4-11",500);
    obj.bankout("2011-4-15",800);
    obj.disp();
    system("pause");
}
```

习题6

一、选择题

1. 下列有关类和对象的叙述,不正确的是( )。
   A. 任何一个对象都归属于一个具体的类

B. 类与对象的关系和数据类型与变量的关系相似

C. 类的数据成员不允许是另一个类的对象

D. 一个类可以被实例化成多个对象

2. 下列能对对象进行初始化的是（　　）。

　　A. 构造函数　　　　B. 析构函数　　　　C. 友元函数　　　　D. 静态成员函数

3. 下列各类函数中，不是类的成员函数的是（　　）。

　　A. 构造函数　　　　B. 友元函数　　　　C. 析构函数　　　　D. 复制构造函数

4. 类的析构函数的作用是（　　）。

　　A. 一般成员函数　　B. 类的初始化　　　C. 对象初始化　　　D. 删除对象

5. 设有定义：

```
class person
{
    int num;
    char name[10];
    public:
        void init(int n, char *m);
};
person s[30];
```

则以下叙述不正确的是（　　）。

　　A. s 是一个含有 30 个元素的对象数组

　　B. s 数组中的每一个元素都是 person 类的对象

　　C. s 数组中的每一个元素都有自己的私有变量 num 和 name

　　D. s 数组中的每一个元素都有各自的成员函数 init

6. 设有以下类的定义：

```
class Ex
{
    int x;
    public:
        void setx(int t=0);
};
```

若在类外定义成员函数 setx()，以下定义形式中正确的是（　　）。

　　A. void setx(int t) {…}　　　　　　　B. void Ex::setx(int t) {…}

　　C. Ex::void setx(int t) {…}　　　　　D. void Ex::setx(){…}

7. 复制构造函数的形参是（　　）。

　　A. 某个对象名　　　　　　　　　　　B. 某个对象的成员名

　　C. 某个对象的引用名　　　　　　　　D. 某个对象的指针名

8. 如果没有显式定义构造函数（包括复制构造函数），C++编译器就（　　）。

　　A. 出现编译错误　　　　　　　　　　B. 没有构造函数

　　C. 必须显式定义　　　　　　　　　　D. 隐式定义默认的构造函数

9. 为了使类中的某个成员不能被类的对象通过成员操作符访问，则不能把该成员的访问权限定义为（　　）。

　　A. public　　　　B. protected　　　　C. private　　　　D. static

10. 关于友元的描述中，（　　）是错误的。

　　A. 友元函数是成员函数，它被说明在类体内

　　B. 友元函数可直接访问类中的私有成员

C. 友元函数破坏封装性，使用时尽量少用
D. 友元类中的所有成员函数都是友元函数

二、填空题

1. 引入类定义的关键字是_____；类的成员函数通常指定为_____，类的数据成员通常指定为_____；指定为_____的类成员可以在类对象所在域中的任何位置访问它们；通常用类的_____成员表示类的属性，用类的_____成员表示类的操作。

2. 一个类有_____个析构函数；_____时，系统会自动调用析构函数。

3. 假定 AB 为一个类，则执行"AB a[10];"语句时,系统自动调用该类的构造函数的次数为_____。

4. 设 A 为 test 类的对象且赋有初值，则语句"test B(A);"表示_____。

5. 利用"对象名.成员变量"形式访问的对象成员仅限于被声明为_____的成员。若要访问其他成员变量，需要通过_____函数或_____函数。

6. 要把类 FriendClass 定义为类 MyClass 的友元类，则应在类 MyClass 的定义中加入语句_____。

三、程序阅读题

程序 1：
```cpp
#include <iostream>
using namespace std;
class Sample
{
    int x,y;
    public:
    Sample(){x=y=0;}
    Sample(int a,int b){x=a;y=b;}
    void disp()
    {
        cout<<"x="<<x<<",y="<<y<<endl;
    }
};
void main()
{
    Sample s1,s2(2,3);
    s1.disp();
    s2.disp();
}
```

程序 2：
```cpp
#include <iostream>
using namespace std;
class Sample
{
    public:
    int x;
    int y;
    void disp()
    {
        cout<<"x="<<x<<",y="<<y<<endl;
```

```
        }
};
void main()
{
    int Sample::*pc;
    Sample s;
    pc=&Sample::x;
    s.*pc=10;
    pc=&Sample::y;
    s.*pc=20;
    s.disp();
}
```

程序3:
```
#include <iostream>
using namespace std;
class Sample
{
    public:
    Sample();
    Sample(int);
    ~Sample();
    void display();
    protected:
    int x;
};
Sample::Sample()
{
    x=0;
    cout<<"constructing normally"<<endl;
}
Sample::Sample(int m)
{
    x=m;
    cout<<"constructing with a number:"<<x<<endl;
}
void Sample::display()
{
    cout<<"display a number:"<<x<<endl;
}
Sample::~Sample()
{
    cout<<"destructing"<<endl;
}
void main()
{
    Sample obj1;
    Sample obj2(20);
    obj1.display();
    obj2.display();
}
```

程序 4：
```
#include <iostream>
using namespace std;
class Sample
{
    int x;
    public:
        Sample(){};
        void setx(int i){x=i;}
        friend int fun(Sample B[],int n)
        {
            int m=0;
            for (int i=0;i<n;i++)
                if (B[i].x>m) m=B[i].x;
            return m;
        }
};
void main()
{
    Sample A[10];
    int Arr[]={90,87,42,78,97,84,60,55,78,65};
    for(int i=0;i<10;i++)
        A[i].setx(Arr[i]);
    cout<<fun(A,10)<<endl;
}
```

四、程序设计题

1. 编写一个程序，利用类求 n!，并输出 10!的值。
2. 定义一个 change 类，用以实现角度和弧度之间的转换。
3. 编写一个程序，已有若干个学生数据，这些数据包括学号、姓名、语文成绩、数学成绩和英语成绩，求各门功课的平均分。要求设计不同的成员函数求各门课程的平均分，并使用成员函数指针调用它们。
4. 编写一个类，声明一个数据成员和一个静态数据成员。让构造函数初始化数据成员，并把静态数据成员加 1，让析构函数把静态数据成员减 1。然后创建 3 个对象，显示它们的数据成员和静态数据成员。
5. 设计一个点类，并为这个点类设置一个友元，这个友元用来计算两个点之间的距离。
6. 商店销售某一商品，每天公布统一的折扣（discount）。同时允许销售人员在销售时灵活掌握售价（price），在此基础上，对一次购 10 件以上者，还可以享受 9.8 折优惠。现已知当天 3 名销售员的销售情况为：

销售员号（num）	销售件数（quantity）	销售单价（price）
101	5	23.5
102	12	24.56
103	100	21.5

编写程序，计算当日此商品的总销售款（sum）以及每件商品的平均售价。要求用静态数据成员和静态成员函数。将折扣 discount、总销售款 sum 和商品销售总件数 n 声明为静态数据成员，再定义静态成员函数 average（求平均售价）和 display（输出结果）。

7. 编写一个程序，在已设置好若干个用户名/口令后，通过输入用户名，查找对应的口令，连续执行这一过程直到用户输入结束标记（"end"）为止。
8. 编写一个程序，输入用户的姓名和电话号码，按姓名的词典顺序排列后，输出用户的姓名和电话号码。

第 7 章 重载与模板

通过本章学习，掌握函数重载和运算符重载的基础知识，掌握函数模板和类模板的定义及其实例化方法。

- 函数重载、运算符重载、函数模板、类模板
- 函数重载、运算符重载

本章主要介绍 C++的重载与模板概念与应用。重载是 C++的一个非常重要的功能，它是用相同的名字实现不同的操作。模板则是 C++的一个重要特征，它使得 C++代码与数据类型无关，实现了代码的可重用。

7.1 重载

自然语言中，一个词可以有许多不同的含义，即该词被重载了。"词的重载"可以使语言更加简练，人们可以通过上下文来判断该词到底是哪种含义。在 C++中，重载指的是同一个函数名或同一个运算符，根据不同的对象可以完成不同的功能和运算，即一个标识符或运算符可同时为多个函数抽象命名。实质上，这些同名函数是有区别的，它们或有不同的参数个数，或虽然参数个数相同但参数的类型不同。调用时使用的参数是被调用函数的语境。该语境决定一个函数调用所使用的标识符或运算符应该被编到哪个函数。

名字重载的目的是为了更好地表达行为共享，这种行为共享相当于对近似操作的分类。相同的标识符或运算符命名了同一个操作类，对该标识符或运算符的使用语境则表达了该操作的一个特定的操作实例。

在程序设计语言中使用重载的直观益处是减少了程序员记忆操作名字的负担。例如，考虑到打印整数和实数操作，在标准的 C 语言中，必须为不同类的对象定义不同的操作名字，比如 PrintInteger 和 PrintFloatPoint。如果需要打印的对象类非常多，程序员需要记忆很多名字。而在 C++中，只需一个名字 Print 来表达不同类的对象的打印操作。根据在调用 Print 操作时所给出的对象的类型信息，编译器将能够唯一地确定打印这些对象所应该使用的正确的方法。

C++的重载机制包含两种类型，一种是函数重载，另一种是运算符重载。所有这些重载函数都在编译时进行静态联编（绑定）。

7.1.1 函数重载

函数重载是指同一个函数名对应着多个函数的实现。函数重载描述了同名函数具有相同功能，但数据类型或参数个数不同的函数管理机制。当一个函数名被几个函数同时使用时，程序在编译或运行时必须将函数名解释为对应的函数体。

【例 7.1】函数重载。

程序代码如下：

```
//*****ex7_1.cpp*****
#include <iostream>
using namespace std;
int add (int a,int b);
float add(float a,float b);
void main()
{
    cout<<add(1,2)<<endl<<add(2.1f,3.14f)<<endl;
    cin.get();
}
int add(int a,int b)
{   return a+b; }
float add(float a,float b)
{   return a+b; }
```

在例 7.1 中对函数 add()定义了多个函数的实现，该函数的功能是求和，即求两个操作数的和。其中，一个函数实现求两个 int 型数之和，另一个函数实现求两个浮点型数之和。每种实现对应着一个函数体，这些函数名字相同，但是函数的参数类型不同，方便了程序员对相同或者相似功能函数的管理。这就是函数重载的概念。函数重载在类和对象的应用中尤其重要。

函数重载要求编译器能够唯一地确定调用一个函数时应执行哪段函数代码，即采用哪个函数实现。确定函数实现时，要求从函数参数的个数和类型上来区分。这就是说，进行函数重载时，要求同名函数或者参数个数上不同，或者参数类型上不同。否则，将无法实现重载。

【例 7.2】参数类型不同的重载函数的例子。

程序代码如下：

```
//*****ex7_2.cpp*****
#include <iostream>
using namespace std;
int max(int,int);
double max(double, double);
void main()
{
    cout<<max(5,10)<<endl;
    cout<<max(5.0,10.5)<<endl;
}
int max(int x,int y)
{   if(x>y)return x;else return y; }
double max(double x,double y)
{   if(x>y)return x;else return y; }
```

程序的运行结果如下:
10
10.5

例 7.2 中,main()函数中调用相同名字 max 的两个函数,前边一个 max()函数对应的是两个 int 型数求最大值的函数实现,而后边一个 max()函数对应的是两个 double 型数求最大值的函数实现。

【例 7.3】 参数个数不同的重载函数。

程序代码如下:

```
//*****ex7_3.cpp*****
#include <iostream >
using namespace std;
int min(int a,int b);
int min(int a,int b,int c);
int min(int a,int b,int c,int d);
void main()
{
    cout<<min(13,5,4,9)<<endl;
    cout<<min(-2,8,0)<<endl;
    cout<<min(24,6)<<endl;
}
int min(int a,int b)
{   return a<b?a:b; }
int min(int a,int b,int c)
{
    int t=min(a,b);
    return min(t,c);
}
int min(int a,int b,int c,int d)
{
    int t1=min(a,b);
    int t2=min(c,d);
    return min(t1,t2);
}
```

程序的运行结果如下:
4
-2
6

例 7.3 用于找出几个 int 型中的最小数,其中出现了函数重载 min(),函数名 min 对应有 3 个不同的实现,系统对 3 个 min()函数的区分依据参数个数不同,这里的 3 个 min()函数,参数个数分别为 2、3 和 4,在调用函数时根据实参的个数来选取不同的函数实现。

实际上,当一个函数在一个特定的域中被多次声明时,编译器解析第二个及后面的函数时是依照下列步骤分析判断函数是否重载。

(1) 参数个数或类型不同,是重载。

```
int min(int,int);
int min(float,float);              //重载函数
int min(int,float);                //重载函数
```

(2) 函数返回类型和参数表完全相同,则认为第二个函数是第一个函数的重复声明,参

数表的比较过程与参数名无关。

（3）如果两个函数的参数表相同但是返回类型不同，则第二个声明被视为第一个的错误重复声明，会被标记为编译错误，例如：

```
unsigned int min(int i1,int i2);
int min(int,int);            //错误:只有返回类型不同，函数的返回类型不足以区分
                             //两个函数是否是重载函数
```

（4）如果在两个函数的参数表中只有缺省实参不同，则第二个声明被视为第一个的重复声明。

```
int max(int *ia,int sz);
int max(int *,int=10);       //声明的是同一函数
```

（5）typedef 为现有的数据类型提供了一个替换名，它并没有创建一个新类型。因此如果两个函数参数表的区别只在于一个使用了 typedef 的命名，而另一个使用了与 typedef 相应的类型，则该参数表视为相同。

```
//typedef 并不引入一个新类型
typedef double DOLLAR;
//重复声明，下述声明相同
extern DOLLAR calc(DOLLAR);
extern double calc(DOLLAR);
extern DOLLAR calc(double);
extern double calc(double);
//错误:相同参数表，不同返回类型
extern DOLLAR calc(DOLLAR);
extern int calc(double);
```

calc()的两个函数声明被视为具有相同的参数表，第二个声明导致编译时错误是它声明的函数与第一个声明的函数仅仅返回类型不同，但参数表完全相同，不符合函数重载的要求。

（6）一般情况下在识别函数声明是否相同时并不考虑 const 和 volatile 修饰符。例如下列两个声明视为声明了同一个函数：

```
//声明了同一个函数
void f(int);
void f(const int);
```

参数是 const 只跟函数的定义有关系，它意味着函数体内的表达式不能改变参数的值，对于按值传递的参数来说，它对函数的用户是完全透明的，用户不可能看到函数对按值传递的实参的改变。当实参按值传递时是否将参数声明为 const，都不会改变传递给该函数的实参种类及值，任何 int 型的实参都可以被用来调用函数 f(const int)，因为两个函数接受的是相同的实参集，所以刚才给出的两个声明视为相同，故没有声明一个重载函数，函数 f() 可以被定义为：

```
void f(int i) { }
```

或

```
void f(const int i) { }
```

这里要特别注意函数声明与定义的差别。若在同一个程序中同时提供这两个函数的定义将产生错误，因为 C++不允许将一个函数定义两次。另外若把 const 或 volatile 应用在指针或引用参数指向的类型上，则在判断函数声明是否相同时，就要考虑 const 和 volatile 修饰符。

```
//声明了不同的函数
void f(int*);
```

```cpp
void f(const int*);
//也声明了不同的函数
void f(int&);
void f(const int&);
```
在某些情况下利用缺省实参可以把多个函数声明压缩在一个函数中，减少没有必要的重载，避免多个函数定义，例如有如下两个重载函数：
```cpp
moveAbs(int,int);
moveAbs(int,int,char*);
```
当这两个函数的功能相似，仅仅需要通过第三个 char*型参数的有无来区分，就可以利用在向函数参数进行传递时，找到一个 char*型缺省实参，它可以表示实参不存在时的意义，则这两个函数就可以被合并。
```cpp
move(int,int,char*=0);
```
（7）using 声明对重载函数的影响。

using 声明为一个名字空间的成员在该声明出现的域中提供了一个别名。通过 using 声明可以一次声明多个重载函数。
```cpp
namespace libs_R_us
{
    int max(int,int);
    int max(double,double);
    extern void print(int);
    extern void print(double);
}
//using 声明
using libs_R_us::max;
using libs_R_us::print(double);         //错误
void func()
{
    max(87,65);                         //调用 libs_R_us::max(int,int)
    max(35.5,76.6);                     //调用 libs_R_us::max(double,double)
}
```
在上述程序段中，第一个 using 声明向全局域中引入了两个 libs_R_us::max()函数。可以在 func()中调用这两个 max()函数，函数调用时的实参类型将决定哪个函数会被调用。第二个 using 声明是个错误。用户不能在 using 声明中为一个函数指定参数表，对于 libs_R_us::print()唯一有效的 using 声明是 using libs_R_us::print;。

当 using 声明向一个域中引入了一个函数而该域中已经存在一个同名的函数时，由于 using 声明只是一个声明，由 using 声明引入的函数就好像在该声明出现的地方被声明一样，因此由 using 声明引入的函数重载了在该声明所出现的域中同名函数的其他声明。

【例7.4】使用 using 声明的函数重载实例。

程序代码如下：
```cpp
//*****ex7_4.cpp*****
#include <string>
using namespace std;
namespace libs_R_us
{
```

```
    extern void print(int);
    extern void print(double);
}
extern void print(const string &);              //声明 print(const string &)函数
//如要声明 libs_R_us::print(int)和 libs_R_us::print(double),可使用 using
using libs_R_us::print;
void fooBar(int ival)
{
    print("Value:");                            //调用全局 print(const string &)
    print(ival);                                //调用 libs_R_us::print(int)
}
```

using 声明向全局域中加入了两个声明:一个是 print(int),一个是 print(double)。这些声明为名字空间 libs_R_us 中的函数提供了别名,这些声明被加入到 print()的重载函数集合中,就已经包含了全局函数 print(const string &),当 fooBar()调用函数时所有的 print()函数都将被考虑。

特别需要注意的是,如果 using 声明向一个域中引入了一个函数,而该域中已经有同名函数,且具有相同的参数表,则该 using 声明就是错误的。例如,如果在全局域中已经存在一个名为 print(int)的函数,则 using 声明不能为名字空间 libs_R_us 中的函数声明别名 print(int)。

```
namespace libs_R_us
{
    void print(int);
    void print(double);
}
void print(int);
using libs_R_us::print;             //错误:print(int)的重复声明
void fooBar(int ival)
{   print(ival); }                  //哪一个 print?是::print 还是 libs_R_us::print?
```

7.1.2 运算符重载

运算符重载就是对已有的运算符赋予多重含义,也就是说运算符重载是用同一个运算符完成不同的运算操作。在 C++这类面向对象的程序设计语言中,运算符重载可以完成两个对象的复杂操作。

1. 运算符重载的概念

在 C++中,每个运算符实际上是一个函数。例如,运算符"+"之所以既能实现实数相加,又能实现虚数相加,还能实现字符串连接,就是预先定义了一系列的重载函数:

```
double operator+(double,double);
Complex operator+(Complex &c);
char operator+(char,char);
```

分别用"+"运算符完成两个实数、两个复数和两个字符串的相关运算。

这就是"+"运算符的重载。而运算符重载是通过运算符重载函数来完成的。当编译器遇到重载运算符,如复数加法:x1+x2 中的加号运算符"+"时,自动调用"+"运算符的重载函数完成两个复数对象的加法操作。

运算符重载具有非常重要的功能,该功能允许编写重新定义特定运算符的函数,从而使该运算符处理类对象时执行特定的动作。这样在处理自定义数据类型的对象时,可以像标准

C++运算符那样很方便地使用+、-、*等重载运算符。C++系统仅预定了少数几个用于基本类型的运算函数,对于更多的类型,需要程序员自己去定义相应的运算符重载函数。运算符重载函数通常是类的成员函数或者是友元函数。

注意,运算符重载功能不允许使用新的运算符,也不允许改变运算符的优先级,因此运算符重载后,在计算表达式的值时优先级与原来的基本运算符相同。

另外,不是所有运算符都能重载。不能重载的运算符有:作用域解析运算符(::)、条件运算符(?:)、直接成员访问运算符(.)、sizeof 运算符、解除对指向类成员的指针的引用运算符(.*)。

2. 二元运算符重载函数为类的成员函数

运算符如果重载为类的成员函数,则可以自由地访问本类的数据成员。二元运算符重载函数为类的成员函数一般定义格式为:

<类型><类名>::<operator><重载运算符>(形参表)
{函数体}

其中,类型为运算符重载函数的返回类型。类名为成员函数所属类的类名。关键字"operator"加上"重载运算符"为重载函数名,即:重载函数名= operator 重载运算符。形参常为参加运算的对象或数据,形参有且仅有一个。

【例7.5】定义一个复数类,重载"="运算符,使该运算符能直接完成复数赋值运算。
程序代码如下:

```cpp
//*****ex7_5.cpp*****
#include <iostream>
using namespace std;
class Complex
{
    private:
        float Real,Image;
    public:
        Complex(float r=0,float i=0)
        {   Real=r;Image=i;   }                //缺省构造函数
        void Show(int i)                        //显示输出复数
        {   cout<<"c"<<i<<"=" <<Real<<"+"<<Image<<"i"<<endl; }
        void operator =(Complex &c)             //"="运算符重载函数完成复数赋值操作
        {   Real=c.Real;
            Image=c.Image;
        }
};
void main(void)
{
    Complex c1(-30,45),c2;
    c1.Show(1);
    c2=c1;
    c2.Show(2);
}
```

程序的运行结果如下:

c1=-30+45i
c2=-30+45i

在例 7.5 中，定义了一个赋值运算符"="的重载函数：
void operator=(Complex &c)
{
　　Real=c.Real;
　　Image=c.Image;
}

该重载函数的函数名为"operator ="，返回类型为 void，形参为复数类对象的引用 Complex &c。当程序执行主函数中的赋值语句 c2=c1 而遇到赋值运算符"="时，自动调用赋值运算符"="重载函数"operator =()"，并将"="运算符右边的操作数 c1 作为实参，左边操作数 c2 作为调用重载函数的对象，即：作了一次 c2.operator=(c1) 的函数调用。在函数的调用过程中，实参 c1 传给形参 c，在函数体内完成了复数实部与虚部的赋值操作。

Real=c1.Real;Image=c1.Image;

因为重载函数是复数对象 c2 的成员函数，所以上式中复数的实部 Real 与虚部 Image 为 c2 的实部 c2.Real 与虚部 c2.Image。因此，上式是将复数对象 c1 的实部与虚部赋给复数对象 c2 的实部与虚部，完成了两个复数的赋值工作。

【例 7.6】重载"+"、"-"运算符，使这两个运算符能直接完成复数的加、减运算。
程序代码如下：

```cpp
//*****ex7_6.cpp*****
#include <iostream>
using namespace std;
class Complex
{
    private:
        float Real,Image;
    public:
        Complex(float r=0,float i=0)
        {   Real=r;Image=i;   }
        void Show(int i)                        //显示输出复数
        {   cout<<"c"<<i<<"="<<Real<<"+"<<Image<<"i"<<endl; }
        Complex operator+(Complex &c);          // "+" 运算符重载函数，复数加法
        Complex operator-(Complex &c);          // "-" 运算符重载函数，复数减法
        Complex operator+(float s);             // "+" 运算符重载函数，实部加实数
        void operator+=(Complex &c);            // "+=" 运算符重载函数，复数=复数+c
        void operator=(Complex &c);             // "=" 运算符重载函数，复数赋值
};
Complex Complex::operator+(Complex &c)
{
    Complex t;
    t.Real=Real+c.Real;
    t.Image=Image+c.Image;
    return t;
}
Complex Complex::operator-(Complex &c)
{
    Complex t;
```

```cpp
        t.Real=Real-c.Real;
        t.Image=Image-c.Image;
        return t;
}
Complex Complex::operator+(float s)
{
        Complex t;
        t.Real=Real+s;
        t.Image=Image;
        return t;
}
void Complex::operator+=(Complex &c)
{
        Real=Real+c.Real;
        Image=Image+c.Image;
}
void Complex::operator=(Complex &c)
{
        Real=c.Real;
        Image=c.Image;
}
void main(void)
{
        Complex c1(15,34),c2(30,57),c3,c4;
        c1.Show(1);
        c2.Show(2);
        c3=c1+c2;                       //c3=(15+34i)+(30+57i)=45+81i
        c3.Show(3);
        c4=c1-c2;                       //c4=(15+34i)+(30+57i)=-15-23i
        c4.Show(4);
        c2+=c1;                         //c2=c2+c1=(15+34i)+(30+57i)=45+81i
        c2.Show(2);
        c1=c1+150;                      //c1=(15+34)+150=165+34i
        c1.Show(1);
}
```

程序的运行结果如下：

c1=15+34i
c2=30+57i
c3=45+91i
c4=-15+-23i
c2=45+91i
c1=165+34i

在例 7.6 中重载了运算符 "+"、"-" "+="、"="，可以实现复数的加法、减法、赋值等操作。从主函数中可以看出，经重载后运算符的使用方法与普通运算符一样方便，但实际执行过程则是完全不同的。如复数 c1 加 c2 赋给 c3 的加法运算：c3=c1+c2，与普通实数加法形式上完全相同，执行时按复数的运算规则即实部与虚部分别相加得到。本例中实现复数加法运算是通过调用加法运算符重载函数来完成的，而对加法运算符重载函数的调用则是由系统自动完成的。如主函数中的表达式 c3=c1+c2;，编译器先将 c1+c2 解释为对"+"运算符重载函数：c1.operator+(c2) 的调用。再将该表达式解释为对"="运算符重载函数：c4.operator=(c1.operator+(c2))的调用。由 c1.operator+(c2)成员函数求出复数 c1+c2 的值 t，并返回一个计算结果 t，然后再由成员函数 c3.operator=(t)，完成复数 c3=t 的赋值运算，将运算结果赋给 c3。

对于运算符重载，应注意以下几点：

（1）运算符重载函数名必须为：operator <运算符>。

（2）运算符的重载是通过调用运算符重载函数来实现的，调用函数时，左操作数为调用重载函数的对象，右操作数作为函数的实参，实参可以是对象、实数等其他类型。

（3）形参说明。若重载函数为成员函数，则参加二元运算的左操作数为调用重载函数的对象。因此，重载函数为成员函数的参数通常为一个，即右操作数。如在上例中，二元加法运算：c1+c2 被解释为对重载成员函数 c1.operator+(c2)的调用，此时重载函数只有一个参数。

（4）运算符重载函数的返回类型。若两个同类对象进行二元运算后的结果类型仍为原类型，则运算符重载函数的返回类型应为原类型。如在例 7.6 中，由于两个复数运算的结果仍为复数，因此上述运算符重载函数的返回类型均为复数类型 Complex。

3. 二元运算符重载函数为友元函数

二元运算符重载函数为友元函数的一般定义格式为：

<函数类型> <operator><重载运算符>(<形参 1,形参 2>)
{<函数体>}
friend<函数类型>operator<重载运算符>(<形参 1,形参 2>)
{<函数体>}

其中，类型为运算符重载函数的返回类型。operator<重载运算符>为重载函数名。形参 1 与形参 2 常为参加运算的两个对象的引用。

对于形参，当重载函数为友元函数时，该重载函数不能用对象调用，因此参加运算的两个对象必须以形参方式传送到重载函数体内，所以运算符重载函数为友元函数时，形参通常为两个参加运算的对象。

【例 7.7】用友元运算符重载函数实现复数的加、减运算。

程序代码如下：

```
#include <iostream>
using namespace std;
namespace std
{class Complex
{
    private:
        float Real,Image;
    public:
        Complex(float r=0,float i=0)
        {   Real=r;Image=i; }
        void Show(int i)
        {   cout<<"c"<<i<<"="<<Real<<"+"<<Image<<"i"<<endl;}
        friend Complex operator+(Complex &,Complex &);
                        //"+"重载函数为友元函数
        friend Complex operator-(Complex &,Complex &);
```

```
                                    // "-"重载函数为友元函数
        friend Complex operator+(Complex &,float);
};
Complex operator+(Complex &c1,Complex &c2)
{
    Complex t;
    t.Real=c1.Real+c2.Real;
    t.Image=c1.Image+c2.Image;
    return t;
}
Complex operator-(Complex &c1,Complex &c2)
{
    Complex t;
    t.Real=c1.Real-c2.Real;
    t.Image=c1.Image-c2.Image;
    return t;
}
Complex operator+(Complex &c,float s)
{
    Complex t;
    t.Real=c.Real+s;
    t.Image=c.Image;
    return t;
}
}
void main(void)
{
    Complex c1(15,34),c2(30,57),c3,c4;
    c1.Show(1);
    c2.Show(2);
    c3=c1+c2;                    //c3=(15+34i)+(30+57i)=45+81i
    c3.Show(3);
    c4=c1-c2;                    //c4=(15+34i)+(30+57i)=-15-23i
    c4.Show(4);
    c1=c1+150;                   //c1=(15+34)+150=165+34i
    c1.Show(1);
}
```

程序的运行结果如下：

c1=15+34i

c2=30+57i

c3=45+91i

c4=-15+-23i

c1=165+34i

在例 7.7 中，"+"与"-"运算符的重载函数均为普通函数，并在复数类中说明成复数类的友元函数。因此在三个运算符重载函数中可以使用复数类对象的私有数据成员，即复数的实部与虚部参加相应的算术运算。例如在主函数中对表达式：c3=c1+c2;的处理是，先将 c1+c2 变换为对友元函数的调用：operator+(c1,c2)；再将函数返回结果（即两复数的和）t 赋给复数 c3，因此表达式 c3=c1+c2; 实际执行了 c3= operator+(c1,c2) 的函数调用及赋值工作。

从对例 7.6 与例 7.7 的主函数调用 "+" 运算操作可以看出，用成员函数与友元函数作为运算符重载函数，就运算符的使用来讲是一样的，但编译器处理方法是不同的。

注意，友元函数与成员函数作为二元运算符重载函数的一个重要区别是：

当重载函数为成员函数时，二元运算符的左操作数为调用重载函数的对象，右操作数为实参。

当重载函数为友元函数时，二元运算符的左操作数为调用重载函数的第一个实参，右操作数为第二个实参。

4. 一元运算符重载函数为类的成员函数

一元运算符重载函数为类的成员函数的格式：

<类型><类名>::operator <一元运算符>(形参)
{ 函数体 }

在 C++中，常见的一元运算符有自增 "++"、自减 "--" 等，这两个运算符既可前置，又可后置，两者在重载时是有差异的。以 "++" 为例。

（1）"++" 为前置运算符

"++" 为前置运算符时，函数格式为：

<类型><类名>::operator++()
{函数体}

（2）"++" 为后置运算符

"++" 为后置运算符时，函数格式为：

<类型><类名>::operator++(int)
{函数体}

由于是用运算符重载函数来实现 "++" 运算，所以这里的 "++" 是广义上的增量运算符。在后置运算符重载函数中，形参 int 仅用作区分前置还是后置，并无实际意义，可以给一个变量名，也可以不给变量名。

【例 7.8】定义一个描述时间计数器的类，其 3 个数据成员分别用于存放时、分和秒。用成员函数重载 "++" 运算符，实现计数器对象的加 1 运算。

程序代码如下：

```cpp
//*****ex7_8.cpp*****
#include <iostream>
using namespace std;
class TCount
{
    private:
        int Hour,Minute,Second;
    public:
        TCount (int h=0,int m=0,int s=0)          //定义缺省值为 0 的构造函数
        { Hour=h;Minute=m;Second=s; }
        TCount operator++();                       //定义"前置++"运算符重载成员函数
        TCount operator++(int);                    //定义"后置++"运算符重载成员函数
```

```cpp
        void Show(int i)                    //定义显示时:分:秒的成员函数
        {   cout<<"t"<<i<<"="<<Hour<<":"<<Minute<<":"<<Second<<endl; }
};
TCount TCount::operator++()
{
    Second++;
    if(Second==60)
    {   Second=0;
        Minute++;
        if (Minute==60)
        {   Minute=0;
            Hour++;
            if (Hour==24) Hour=0;
        }
    }
    return *this;
}
TCount TCount::operator++(int)
{
    TCount temp=*this;
    Second++;
    if (Second==60)
    {   Second=0;
        Minute++;
        if (Minute==60)
        {   Minute=0;
            Hour++;
            if (Hour==24) Hour=0;
        }
    }
    return temp;
}
void main(void)
{
    TCount t1(10,25,50),t2,t3;       //定义时间计数器对象 t1=10:25:50
    t1.Show(1);
    t2=++t1;                          //先加后用，即先将 t1 自加，然后将 t1 赋给 t2
    t1.Show(1);
    t2.Show(2);
    t3=t1++;                          //先用后加，即先将 t1 赋给 t3，然后将 t1 自加
    t1.Show(1);
    t3.Show(3);
}
```

程序的运行结果如下：
t1=10:25:50
t1=10:25:51
t2=10:25:51

t1=10:25:52
t3=10:25:51

说明：

（1）TCount 为描述时间计数器的类，其数据成员 Hour、Minute、Second 分别代表时、分、秒。在主函数中定义时间计数器对象 t1、t2、t3，t1 的初始值为 10 时 25 分 50 秒。

（2）对象的自加操作"++"，是对时间计数器的秒加 1 运算。当秒计满 60 后，将其清 0 并对分加 1。当分计满 60 后，将其清 0 并对时加 1。当时计满 24 后，将其清 0。

（3）"前置++"运算符重载成员函数的说明：

在主函数中执行 t2=++t1 语句时，先将 t1 自加，然后将 t1 赋给 t2。该语句的操作是通过调用"前置++"运算符重载成员函数来实现的。在执行 t2=++t1 语句时，编译系统将 t2=++t1 解释为对重载函数的调用：

t2=t1.operator ++ ();

由于重载函数为对象 t1 成员函数，所以函数体对 Hour、Minute、Second 的自加操作就是对 t1 的数据成员 Hour、Minute、Second 的自加操作，因而可完成对计数器对象 t1 的加 1 操作。

为了实现前置"++"运算，应将加 1 后的对象值 t1 作为返回值，即用 return t1 语句返回当前对象 t1 值。但在重载函数体内并不能直接使用对象 t1，因而无法使用 return t1 语句。这时必须使用指向当前对象 t1 的指针 this。由于*this=t1，所以用 return *this 语句可将自加后的 t1 值返回给调用函数，并赋给对象 t2。由于将对象 t1 值作为函数返回值，所以重载函数的类型应与 t1 的类型相同，为 TCount 类型。

（4）"后置++"运算符重载成员函数的说明：

在主函数中执行 t3=t1++语句时，先将 t1 赋给 t3，然后将 t1 自加。该语句的操作是通过调用"后置++"运算符重载成员函数来实现的。在执行 t3=t1++语句时，编译系统将 t3=t1++解释为对重载函数的调用：

t3=t1.operator ++ (1);

为了实现后置"++"运算，应将加 1 前的对象值 t1 作为返回值，这时应使用指向当前对象 t1 的指针 this。在后置重载函数中先用 TCount 类定义一个临时对象 temp，并将 t1 值（即*this 值）赋给 temp，在函数最后用 return temp 语句将加 1 前的 t1 值返回给函数，并赋给对象 t2。

（5）用成员函数实现一元运算符的重载时，运算符的左操作数或右操作数为调用重载函数的对象。因为要用到隐含的 this 指针，所以运算符重载函数不能定义为静态成员函数，因为静态成员函数中没有 this 指针。

5. 一元运算符重载函数为友元函数

重载一元运算符为友元函数的一般格式为：

<类型> operator <一元运算符>(类名 &对象)
{函数体}

对于"++"、"--"运算符同样存在前置运算与后置运算的问题，因此，运算符重载函数必须分为两类。仍以"++"运算符为例，用友元函数来实现"++"运算符的重载时。

前置"++"运算符重载的一般格式为：

<类型> operator++(类名 &);

后置"++"运算符重载的一般格式为：

　　　　<类型> operator++(类名 &,int);

　　其中形参为要实现"++"运算的对象，而 int 只是用于区分"++"是前置还是后置运算符，并无整型数的含义。

　　【例 7.9】 用一个类来描述时间计数器，用 3 个数据成员分别存放时、分和秒。用友元函数重载"++"运算符，实现计数器对象的加 1 运算。

　　程序代码如下：

```cpp
//*****ex7_9.cpp*****
#include <iostream>
using namespace std;
class TCount
{
    private:
        int Hour,Minute,Second;
    public:
        TCount()
        {   Hour=Minute=Second=0; }
        TCount(int h,int m,int s)
        { Hour=h;Minute=m;Second=s; }
        //定义前置++运算符重载友元函数
        friend TCount operator ++(TCount &t);
        //定义后置++运算符重载友元函数
        friend TCount operator ++(TCount &t,int);
        void Show(int i)
        {   cout<<"t"<<i<<"="<<Hour<<":"<<Minute<<":"<<Second<<endl; }
};
TCount operator++(TCount &t)
{
    t.Second++;
    if(t.Second==60)
    {
        t.Second=0;
        t.Minute++;
        if (t.Minute==60)
        {   t.Minute=0;
            t.Hour++;
            if(t.Hour==24)t.Hour=0;
        }
    }
    return t;
}
TCount operator++(TCount &t,int)
{
    TCount temp=t;
    t.Second++;
    if(t.Second==60)
    {
        t.Second=0;
```

```
            t.Minute++;
            if(t.Minute==60)
            {   t.Minute=0;
                t.Hour++;
                if(t.Hour==24) t.Hour=0;
            }
        }
        return temp;
    }
    void main(void)
    {
        TCount t1(10,25,50),t2,t3;              //t1=10:25:50
        t1.Show(1);
        t2=++t1;                                //先加后用
        t1.Show(1);
        t2.Show(2);
        t3=t1++;                                //先用后加
        t1.Show(1);
        t3.Show(3);
    }
```

程序的运行结果如下：

t1=10:25:50
t1=10:25:51
t2=10:25:51
t1=10:25:52
t3=10:25:51

说明：

（1）对"前置++"运算符重载友元函数的说明。在主函数中 t2=++t1 语句的含义是：先将 t1 自加，然后将自加后的 t1 值赋给 t2。该语句操作是通过调用"前置++"运算符重载友元函数来实现的。在执行 t2=++t1 语句时，编译系统将 t2=++t1 解释为对重载函数的调用：

t2=operator ++(t1);

为了实现对 t1 的自加操作，重载函数的形参 t 必须与实参 t1 占用同一内存空间，使对形参 t 的自加操作变为对实参 t1 的自加操作。为此，形参 t 必须定义为时间计数器类 TCount 的引用，即 TCount &t。此外，为了能将 t 自加的结果通过函数值返回给 t2，重载函数的返回类型必须与形参 t 相同，即为时间计数器类 TCount 的引用。故"前置++"运算符重载友元函数定义为：

```
TCount & operator ++(TCount &t)    //函数返回类型与形参 t 相同，均为 TCount &
{
    t.Second++;
        …
    return t;
}
```

当系统自动调用"前置++"运算符重载友元函数时，对形参 t 与实参 t1 自加后，用 return t 语句将自加的结果通过函数返回并赋给 t2。从而实现对 t1 先加后赋值给 t2 的操作。

（2）对"后置++"运算符重载友元函数的说明。在主函数中 t3=t1++语句的含义是：先将 t1 当前值赋给 t3，然后再对 t1 自加。该语句操作是通过调用"后置++"运算符重载友元函数来实现的。在执行 t3=t1++ 语句时，编译系统将 t3=t1++ 解释为对重载函数的调用：

  t3=operator ++ (t1,1);

为了实现对 t1 的自加操作，重载函数的形参 t 必须与实参 t1 占用同一内存空间，使对形参 t 的自加操作变为对实参 t1 的自加操作。为此，形参 t 必须定义为时间计数器类 TCount 的引用，即 TCount &t。此外，为了能将 t 自加前的结果通过函数值返回给 t3，在重载函数内第一条语句定义了 TCount 类的临时对象 temp，并将自加前 t 值赋给 temp，在函数的最后用 return temp 语句返回自加前的 t 值。重载函数的返回类型必须与对象 temp 相同，即为 TCount 类型。故"后置++"运算符重载友元函数定义为：

TCount operator ++ (TCount &t,int)　　//函数返回类型与 temp 相同，为 TCount 类型
{
  TCount temp=t;
  t.Second++;
   …
  return temp;
}

当系统自动调用"后置++"运算符重载友元函数时，对形参 t 与实参 t1 自加后，用 return temp 语句将自加前的结果通过函数返回并赋给 t3。从而实现先将 t1 赋给 t3 后将 t1 自加的操作。

6. 转换函数

有时需要将类类型数据转换成另一种数据类型，如将人民币类中的元、角、分转换成以分为单位的实数。为此，C++提供了相应的类型转换函数，这种类型转换函数必须由用户在类中定义为成员函数，其一般格式为：

  <类名>::operator <转换后数据类型>()
  {函数体}

该转换函数的函数名为：operator <转换后数据类型>，且无参数，其返回类型为<转换后数据类型>，转换函数的作用是将对象内的数据成员转换成"转换后数据类型"。

【例 7.10】 定义一个时间计数器类 TCount，类中数据成员为时、分、秒。编写类型转换函数，将时、分、秒变成一个以秒为单位的等价实数。

程序代码如下：

```
//*****ex7_10.cpp*****
#include <iostream>
using namespace std;
class TCount
{
    private:
        int Hour,Minute,Second;
    public:
        TCount (int h=0,int m=0,int s=0)
        {   Hour=h;Minute=m;Second=s;   }
        operator float()    //将时、分、秒转换为以秒为单位的实数
        {   float second;
            second=Hour*3600+Minute*60+Second;
            return second;
```

}
};
void main(void)
{
    TCount t(1,20,5);
    float s1,s2,s3;
    s1=t;
    //表达式 s1=t 由编译器将其转换为对转换函数的调用；即：s1=t.operator float();。通过调用转换函数将对象 t 中的数据成员转换为实数后赋给 s1，即：s1=Hour*3600+Minute* 60+Second=1*3600+20*60+5=4805
    s2=float(t);
    //由编译器将其变换为对转换函数的调用；即：s2=t.operator float();
    s3=(float)t;
    //这行中表达式也调用了转换函数，即：s3=t.operator float();。在上面三行语句中虽然转换方式不同，但都调用转换函数 operator float()，完成时间计数器类到实数的数据转换工作
    cout<<"s1="<<s1<<'\n'<<"s2="<<s2<<'\n'<<"s3="<<s3<<endl;
}
程序的运行结果如下：
s1=4805
s2=4805
s3=4805

7. 赋值运算符重载

在相同类型的对象之间是可以直接赋值的，在前面的例子中已多次使用。但当对象的成员中使用了动态数据类型时，就不能直接相互赋值了，否则在程序执行期间会出现错误。

【例 7.11】对象间直接赋值导致程序执行错误的示例。

程序代码如下：

```
//*****ex7_11.cpp*****
#include <iostream>
#include <string>
using namespace std;
class String
{
    private:
        char *ps;
    public:
        String()
        {   ps=0; }
        String(char * s)
        {   ps=new char [strlen(s)+1];
            strcpy(ps,s);
        }
        ~String()
        {   if (ps) delete [] ps; }
        char * GetS()
        {   return ps; }
};
void main(void)
```

```
    {
        String s1("China!"),s2("Computer!");
        cout<<"s1="<<s1.GetS()<<'\t';
        cout<<"s2="<<s2.GetS()<<'\n';
        s1=s2;
        cout<<"s1="<<s1.GetS()<<'\t';
        cout<<"s2="<<s2.GetS()<<'\n';
        char c;
        cin>>c;
    }
```

程序的运行结果如下：

s1=China!   s2=Computer!
s1=Computer!   s2=Computer!

程序执行到 cin>>c 语句输入任意字符（如 a）时发生错误，这是因为执行 s1=s2 后，使 s1、s2 中的 ps 均指向字符串"Computer!"，当系统撤销 s1 时调用析构函数回收了 ps 所指的字符串存储空间，当撤销 s2 调用析构函数时，已无空间可回收，出现错误。

解决上述错误的方法是用重载运算符"="。在本例的类 String 中应增加如下的赋值运算符重载函数：

```
String & operator=(String &b)
{
    if(ps) delete [] ps;
    if(b.ps)
    {   ps=new char [strlen(b.ps)+1];
        strcpy(ps,b.ps);
    }
    else
        ps=0;
    return * this;
}
```

8. 字符串运算符重载

C++系统提供的字符串处理能力比较弱，字符串复制、连接、比较等操作不能直接通过"="、"+"、">"等运算操作符完成，而必须通过字符处理函数来完成。例如，有字符串 s1="ABC"，s2="DEF"，要完成 s=s1+s2="ABCDEF"的工作，则需要调用字符串处理函数 strcpy(s,s1)与 strcat(s,s2)才能完成两个字符串的连接工作。但通过 C++提供的运算符重载机制，可以提供对字符串直接操作的能力，使得对字符串的操作与对一般数据的操作一样方便。如字符串 s1 与 s2 拼接成字符串 s 的工作，用"+"与"="运算符组成的表达式：s=s1+s2 即可完成。下面通过例题说明字符串运算符重载函数的编写方法，及重载后字符串运算符的使用方法。

【**例 7.12**】编写字符串运算符"="、"+"、">"的重载函数，使运算符"="、"+"、">"分别用于字符串的赋值、连接和比较运算，实现字符串直接操作运算。

分析：对于字符串可用指向字符串的指针 Sp 及字符串长度 Length 来描述。因此描述字符串类的数据成员为字符指针 Sp 及其长度 Length。设计缺省构造函数、复制构造函数及初始化构造函数。再设计"="、"+"、">"运算符重载函数，分别完成字符串赋值、连接和比较运算。在主函数中先定义字符串对象，并调用构造函数完成初始化工作。然后使用"="、"+"、">"

运算符，直接完成字符串的赋值、连接和比较运算。

程序代码如下：

```cpp
#include <iostream>
#include <string>
using namespace std;
namespace std{
class String                              //定义字符串类
{
    protected:
        int Length;
        char *Sp;
    public:
        String()                          //定义缺省的构造函数
        {   Sp=0;Length=0;   }
        String(const String &);           //定义复制构造函数
        String(const char *s)             //定义初始化构造函数
        {   Length=strlen(s);
            Sp=new char[Length+1];
            strcpy(Sp,s);
        }
        ~String()                         //定义析构函数
        {   if(Sp)delete[]Sp; }
        void Show()                       //定义显示字符串函数
        {   cout<<Sp<<endl; }
        void operator=(String &);         //定义字符串赋值成员函数
        friend String operator+(const String &,const String &);
                                          //定义字符串拼接友元函数
        int operator>(const String &);    //定义字符串比较成员函数
};
String::String(const String &s)
{
    Length=s.Length;
    if(s.Sp)
    {   Sp=new char [Length+1];
        strcpy(Sp,s.Sp);
    }
    else
        Sp=0;
}
void String::operator=(String &s)
{
    if(Sp)delete[]Sp;
    Length=s.Length;
    if(s.Sp)
    {   Sp=new char [Length+1];
        strcpy(Sp,s.Sp);
    }
```

```cpp
        else
            Sp=0;
}
String operator+(const String &s1,const String &s2)
{
    String t;
    t.Length=s1.Length+s2.Length;
    t.Sp=new char [t.Length+1];
    strcpy(t.Sp,s1.Sp);
    strcat(t.Sp,s2.Sp);
    return t;
}
int String::operator>(const String &s)
{   if(strcmp(Sp,s.Sp)>0)return 1;else return 0; }
void main (void)
{
    String s1("software"),s2("hardware"),s3("design");
    String s4(s1),s5,s6,s7;
    s5=s2;
    s6=s4+s3;
    s7=s5+s3;
    s6.Show();
    s7.Show();
    if(s4>s5)s4.Show();else s5.Show();
}
```

程序的运行结果如下：

softwaredesign
hardwaredesign
software

说明：

（1）定义初始化构造函数中。

```cpp
String(const char *s)
{
    Length=strlen(s);
    Sp=new char[Length +1];
    strcpy(Sp,s);
}
```

形参为字符串指针变量 s，为了防止在构造函数内修改实参字符串的值，须在形参类型前加关键字 const，表示在构造函数内，s 所指字符串是不能修改的。初始化构造函数体内，先用字符串函数 strlen 求出字符串 s 的长度，并赋给 Length。然后用 new 运算符动态建立字符数组，将字符数组首地址赋给字符串指针 Sp，最后用字符串拷贝函数 strcpy 将字符串 s 拷贝到 Sp 所指字符串中。完成 String 类对象数据成员 Length 与 Sp 的初始化工作。

（2）字符串赋值"="运算符重载成员函数中。

```cpp
void String::operator=(String &s)
{
    if(Sp)delete[]Sp;
    Length=s.Length;
```

```
        if(s.Sp)
    {   Sp=new char [Length+1];
        strcpy(Sp,s.Sp);
    }
        else
            Sp=0;
}
```

形参为 String 类的引用 s。在函数体内先删除当前字符串的内容。然后将形参字符串长度赋给当前对象的字符串长度 Length。将形参字符串内容赋给当前对象。

（3）因为字符串"+"运算符重载函数为友元函数，因此参加运算的两个字符串必须以形参方式输入函数体内，故重载函数的形参为两个 String 类型的对象的引用。函数体内先定义一个 String 类型的临时对象 t，用于存放两个字符串连接的结果。再将两个字符串的长度之和赋给 t 的长度 t.Length，用 new 运算符动态分配长度为 t.Length+1 的内存空间，并将其地址赋给 t.Sp。再用 strcpy()函数将 s1 拷贝到 t，用 strcat()将 s2 连接到 t 中，完成 t=s1+s2 的字符串连接操作，最后将 t 返回给调用对象。由于函数返回值为对象 t，所以，重载函数的返回类型为 String。

（4）在主函数中，字符串赋值运算语句 s5=s2;被编译器解释为对"="运算符重载函数的调用（s5.operator=(s2);）；字符串连接运算语句 s6=s4+s3;被编译器解释为对"+"与"="运算符重载函数的调用（s6.operator=(operator+(s4,s3));）；字符串比较运算语句 s4>s5 被编译器解释为对">"运算符重载函数的调用（s4.operator>(s5);）。

7.2 模板

当一个程序的功能是对某种特定的数据类型进行处理，则可以将所处理的数据类型说明为参数，便于在其他数据类型的情况下使用。模板就是以一种完全通用的方法来设计函数或类而不必预先说明将使用的每个对象的类型。

模板分为函数模板（function template）和类模板（class template）。

模板功能应用的典型是通过一系列模板类形成的类库，特别是 STL 和 ATL。标准 C++ 库（STL）提供了很多可重用和灵活的类及算法，而 ATL 则是使用 C++进行 COM 编程的事实标准。

7.2.1 函数模板

函数模板是 C++中的高级概念。C++提供的函数模板可以定义一个任何类型变量进行操作的函数，从而大大提高函数设计的通用性。作为强类型语言 C++，很多时候往往制约了一些较强语言功能的发挥，比如在 Perl/PHP 等脚本语言中，类型的模糊为实现普遍的算法提供了较好的支持，同样的算法可以施加在各种不同的数据类型上，并将这些差别交给解释器完成。在 C 中一般是通过使用宏来达到类似的效果，而 C++则是通过为各种类型编写函数（比如用重载函数）达到目的，其实对于 C++来说，更好的方法却是使用函数模板。

1. 函数模板的定义

函数模板的定义为：
template <类型参数表>
<返回类型><函数名>(形参表)

```
{
    ...                              //函数定义体
}
```

其中，模板类型参数（template type parameter），代表了一种类型；也可以是模板非类型参数（template nontype parameter），代表一个常量表达式。

类型形参由 class 或 typename 后加一个标识符构成，在函数模板参数表中这两个关键字的意义相同，它们表示后面的参数名代表一个潜在的内置或用户定义的类型，模板参数名由程序员选择。如果类型形参多于一个，则每个形参都要使用关键字 class 或 typename，且形参之间用逗号隔开。

【例 7.13】函数模板的说明。

程序代码如下：

```
//*****ex7_13.cpp*****
template <class Glorp>
Glorp min(Glorp a,Glorp b)
{
    return a<b?a:b;
}
```

template nontype parameter 则在模板实例化期间是常量，如同非模板函数一样函数模板也可以被声明为 inline 或 extern，这时应该把指示符 inline 或 extern 放在模板参数表后面，而不是放在关键字 template 前面。例如：

```
template <class Glorp>
inline Glorp min(Glorp a,Glorp b)
{
    return a<b?a:b;
}
```

对函数模板的说明和定义必须是全局作用域，函数模板不能说明为类的成员函数。

特别注意的是函数模板定义的不是一个实实在在的函数，编译系统不为其产生任何代码。该定义只是对函数的描述，表示它每次能单独处理在类型形式参数表中说明的数据类型。

2. 函数模板的实例化

将函数模板创建为模板函数的过程称为函数模板实例化。在函数模板中，函数模板只是说明，不能直接执行，需要实例化为模板函数后才能执行。当编译系统发现一个函数调用时，将根据实参表中的类型生成一个重载函数（即模板函数）。例如有以下函数调用语句：

min(6,7);

由于 6，7 均为 int，故将例 7.13 实例化为以下真正的函数。

```
int min(int a,int b)
{   return a<b?a:b;   }
```

【例 7.14】函数模板的实例化。

程序代码如下：

```
//*****ex7_14.cpp*****
#include <iostream>
using namespace std;
template <class A>
A fab(A x)
```

```
{   return x>=0?x:-x;   }
void main()
{
    int i=5;
    double y=-5.4;
    cout<<"整数的绝对值："<<fab(i)<<endl;
    cout<<"实数的绝对值："<<fab(y)<<endl;
}
```
程序的运行结果如下：
整数的绝对值：5
实数的绝对值：5.4

在例 7.14 中，主函数 main()分别以整数、双精度数调用 fab()函数。由于 fab()设计为函数模板，故只需说明一次。当执行 fab(i)时，创建了 fab()函数模板的实例。生成模板函数中变量类型为 int，int 代替了占位符 A。同样的，当执行 fab(y)时，创建了 fab()函数模板的第二个实例。生成模板函数中变量类型为 double，double 代替了占位符 A。

模板函数有一个特点，模板参数可以实例化各种数据类型，采用模板参数的各参数之间必须保持完全一致的类型。模板类型不具有隐式的类型转换。

7.2.2 类模板

类似于函数模板，模板也可以应用于类。可以用相同的类模板组建任何类型的对象集合。类模板可以用于根据普通模式提供一系列类。

1. 类模板的定义

类模板的定义格式为：

```
template <类型形参表>
class <类名>
{
    …                                           //类说明体
}
template <类型形参表>
<返回类型><类名> <类型名表>::<成员函数 1>(形参表)
{
    …                                           //成员函数定义体
}
template <类型形参表>
<返回类型><类名> <类型名表>::<成员函数 2>(形参表)
{
    …                                           //成员函数定义体
}
…
template <类型形参表>
<返回类型><类名> <类型名表>::<成员函数 n>(形参表)
{
    …                                           //成员函数定义体
}
```

其中类型形参与函数模板中的意义一样，在其后的成员函数定义中，类型名表是类型形参的使用。

类模板本身不是类，而只是某种编译器用来生成类代码的类的"配方"。

【例 7.15】设计一套完整的算术运算来补充 add 函数。

分析：要想设计一套完整的算术运算，可以考虑使用一个类。通过类模板，它就可以根据类型参数化为一个普通类。

程序代码如下：

```cpp
//*****ex7_15.cpp*****
template<class T>
class CCalculator
{
    public:
        CCalculator(const T &x,const T &y):m_x(x),m_y(y)
        { }
        ~CCalculator(void)
        { }
        const T add(void)
        {   return m_x + m_y;   }
        const T sub(void)
        {   return m_x - m_y;   }
        const T mult(void)
        {   return m_x * m_y;   }
        const T div(void)
        {   return m_x / m_y;   }
    private:
        const T m_x;
        const T m_y;
};
```

2. 类模板的实例化

与函数模板一样，类模板不能直接使用，必须实例化为相应的模板类，定义该模板类的对象后才能使用。要实例化模板类，需要提供一个指定类型，创建类模板的实例的一般格式为：

<类名><类型实参表><对象表>；

其中，类型实参表应与该模板中的类型形参表相匹配。类型实参表示模板类（templete class），对象是定义该模板类的一个对象。

对于例 7.15 类模板 CCalculator 的实例化为：

```cpp
CCalculator<int> calc(5,2);     //创建一个整数计算对象
const int z=calc.mult();         //结果应该为 10
```

如函数模板一样，编译器为模板不同类型的引用创建不同的类。这为代码重用提供了一个强大的机制，允许单个模板用于任何兼容的数据类型。

7.3 应用实例

重载是通过一个函数名或运算符对应多个实现，利用重载功能可以将相近功能用同一个函数名或运算符表达。模板是参数化的类型，利用模板功能可以构造相关的函数或类的系列。C++的重载和模板功能不仅仅提高了程序设计效率，而且对提高程序可靠性非常有益。

【例 7.16】分析下列程序，体会函数的重载。

程序代码如下：
```cpp
//*****ex7_16.cpp*****
#include <iostream>
using namespace std;
void func(int);
void func(int,int);
void func(int,double);
void func(double,int);
void func(double,double);
void main()
{
    func(4,2);
    func(4,2.0);
    func(2.0,4);
    func(4.0,2.0);
    func(3);
    system("pause");
}
void func(int x)
{   cout<<x<<"*"<<x<<"*"<<x<<"="<<x*x*x<<endl; }
void func(int x,int y)
{   cout<<x<<"+"<<y<<"="<<x+y<<endl; }
void func(int x,double y)
{   cout<<x<<"-"<<y<<"="<<x-y<<endl; }
void func(double x,int y)
{   cout<<x<<"*"<<y<<"="<<x*y<<endl; }
void func(double x,double y)
{   cout<<x<<"/"<<y<<"="<<x/y<<endl; }
```
程序的运行结果如下：
4+2=6
4-2=2
2*4=8
4/2=2
3*3*3=27

例 7.16 中定义了 5 个同名的重载函数 func()，分别实现不同的功能。

void func(int);   //只有 1 个整型参数，该函数的功能是求一个数的立方
void func(int,int);   //有 2 个参数，均为整型，该函数的功能是求两个整数的和
void func(int,double);   //有 2 个参数，该函数的功能是求整数和双精度实数的差
void func(double,int);   //有 2 个参数，该函数的功能是求双精度实数和整数的积
void func(double,double);   //有 2 个参数，该函数的功能是求两个双精度实数的商

【例 7.17】重载求和的函数，分别求 2 个整数、2 个实数和 2 个双精度实数的和。
程序代码如下：
```cpp
//*****ex7_17.cpp*****
#include <iostream>
using namespace std;
int add(int x,int y)           //求 2 个整数和的函数 add()
{   int z;z=x+y;return z; }
```

```
float add(float x,float y)              //求 2 个实数和的函数 add()
{   float z;z=x+y;return z; }
double add(double x,double y)            //求 2 个双精度数和的函数 add()
{   double z;z=x+y;return z; }
void main(void)
{
    int a,b;
    float m,n;
    double u,v;
    cout<<"input 2 integers:";
    cin>>a>>b;
    cout<<a<<"+"<<b<<"="<<add(a,b)<<endl;
                                         //实参为整数，调用第 1 个 add()函数
    cout<<"input 2 float:";
    cin>>m>>n;
    cout<<m<<"+"<<n<<"="<<add(m,n)<<endl;
                                         //实参为实数，调用第 2 个 add()函数
    cout<<"input 2 double:";
    cin>>u>>v;
    cout<<u<<"+"<<v<<"="<<add(u,v)<<endl;
                                         //实参为双精度数，调用第 3 个 add()函数
}
```

程序的运行结果如下：

Input 2 integers:7 3
7+3=10
Input 2 float:7.5 8.7
7.5+8.7=16.2
Input 2 double:2.55555 3.55555
2.55555+3.55555=6.1111

例 7.17 中定义了 3 个同名的重载函数 add()，分别用于求 2 个整数、2 个实数、2 个双精度数的和。在主函数中是根据实参的类型调用这 3 个重载函数中的一个,完成相应的加法操作。

【例 7.18】重载输出函数 show，可以输出整型、双精度实型和字符串。

程序代码如下：

```
//*****ex7_18.cpp*****
#include <iostream>
using namespace std;
void show(int val)
{   printf("Integer:%d\n",val); }
void show(double val)
{   printf("Double:%lf\n",val); }
void show(char *val)
{   printf("String:%s\n",val); }
int main()
{
    show(12);
    show(3.1415);
    show("Hello World\n");
```

```
        return(0);
}
```
程序的运行结果如下:
```
Integer:12
Double:3.141500
String:Hello World
```
例 7.18 中程序段定义了 3 个有相同名字的函数 show,但形参不同,分别为 int、double 和 char *类型。

【例 7.19】 编写一个程序,计算分别选修 2、3 和 4 门课程的学生的平均分。

分析:计算平均分的方法是一样的,在这里仅仅是课程门数不同,可以将求平均分的函数 avg()设计成重载函数。

程序代码如下:
```
//*****ex7_19.cpp*****
#include <iostream>
using namespace std;
float avg(int,int);
float avg(int,int,int);
float avg(int,int,int,int);
void main()
{
    cout<<"李红明"<<avg(87,92)<<endl;              //选修 2 门课程
    cout<<"黄畅游"<<avg(78,90,88)<<endl;            //选修 3 门课程
    cout<<"张可嘉"<<avg(72,85,84,89)<<endl;         //选修 4 门课程
}
float avg(int c1,int c2)
{   return(c1+c2)/2.0; }
float avg(int c1,int c2,int c3)
{   return(c1+c2+c3)/3.0; }
float avg(int c1,int c2,int c3,int c4)
{   return(c1+c2+c3+c4)/4.0; }
```
程序的运行结果如下:
```
李红明 89.5
黄畅游 85.3333
张可嘉 82.5
```

【例 7.20】 用一个类来描述人民币币值,用两个数据成员分别存放元和分。重载"++"运算符,用运算符重载成员函数实现对象的加 1 运算。

程序代码如下:
```
//*****ex7_20.cpp*****
#include <iostream>
#include <cmath>
using namespace std;
class Money
{
    private:
        double Dollars,Cents;          //定义数据成员元和分
    public:
```

```cpp
        Money()                          //定义默认的构造函数
        {  Dollars=Cents=0;  }
        Money(double,double);            //定义双参数构造函数
        Money(double);                   //定义单参数构造函数
        Money operator ++();             //定义前置"++"运算符重载成员函数
        Money operator ++(int);          //定义后置"++"运算符重载成员函数
        double GetAmount(double & n)     //通过形参n返回元,通过函数返回分
        {  n=Dollars;
           return Cents;  }
        ~ Money() { };                   //缺省的析构函数
        void Show()                      //定义显示元和分的成员函数
        {  cout<<Dollars<<"元"<<Cents<<"分"<<endl;  }
};
Money::Money(double n)                   //初始值n中整数部分为元,小数部分为分
{
    double Frac, num;
    Frac=modf(n,&num);
    //modf(n,&num)将实数n分解为整数与小数两部分,返回小数值给Frac,整数值送到num单元中
    Cents=Frac*100;                      //存分值
    Dollars=num;                         //存元值
}
Money::Money(double d,double c) //d 以元为单位(如d=10.5元)
                                //c 以分为单位(如c=125分)
{
    double sum,dd,cc;
    sum=d+c/100;
    //将d和c转换为以元为单位并存入sum(如sum=10.5+125/100=11.75)
    cc=modf(sum,&dd);                    //将整数(即元)存入dd,小数(即分)存入cc
    Dollars=dd;                          //元存入Dollars
    Cents=cc*100;                        //分存入Cents
}
Money Money::operator++ ()               //定义前置"++"重载函数
{
    Cents++;                             //分加1
    if (Cents>=100)                      //若分大于100,则元加1,分减100
    {  Dollars++;
       Cents=Cents-100;  }
    return *this;                        //返回自加后的人民币对象值
}
Money Money::operator++ (int)
{
    Money temp=*this;                    //将自加前人民币对象值存入临时对象temp
    Cents++;                             //分加1
    if (Cents>=100)                      //若分大于100,则元加1,分减100
    {  Dollars++;
       Cents-=100;  }
    return temp;
}
```

```
void main( void)
{
    Money m1(25,50),m2(105.7),m3(10.5,125);
    //m1=25 元 50 分，m2=105 元 70 分，m3=10.5+125/100=11.75 元
    Money c,d;
    double e1,f1,e2,f2;
    m1.Show();
    c=++m1;      //先加后用，即：先将 m1 加 1，然后将 m1 赋给 c（c=m1=25 元 51 分）
    d=m1++;      //先用后加，即：先将 m1 赋给 d（d=m1=25 元 51 分）然后将 m1 加 1（m1=25 元 52 分）
    c.Show();
    d.Show();
    c=++m2;                                //c=m2=105 元 71 分
    d=m2++;                                //d=105 元 71 分，m2=105 元 72 分
    c.Show();
    d.Show();
    e1=m2.GetAmount(f1);                   //m2=105 元 72 分，f1=105，e1=72
    e2=m3.GetAmount(f2);                   //m3=11 元 75 分，f2=11，e2=75
    cout<<f1+f2<<"元"<<'\t'<<e1+e2<<"分"<<endl;//f1+f2=105+11=116
                                           //e1+e2=72+75=147
}
```

程序的运行结果如下：

25 元 50 分
25 元 51 分
25 元 51 分
105 元 71 分
105 元 71 分
116 元 147 分

说明：

（1）Money 为描述人民币的类，其数据成员 Dollars、Cents 分别代表元和分。

（2）在单参数的构造函数中，使用标准函数 modf(n,&num)将实数 n 分解为整数与小数两部分，返回小数值，整数值送到 num 所指的单元中。最后将整数存入元 Dollars 中，小数部分乘 100 后存入分 Cents 中。

（3）前置"++"运算符重载函数中，先对人民币的分进行加 1 运算，分加 1 存在进位问题，当分加满 100 后，将分 Cents 减 100（即分清零），再将元 Dollars 加 1，最后通过 return *this 语句返回自加后的人民币币值。

（4）后置"++"运算符重载函数中，先将当前人民币币值赋给临时对象 temp，然后对人民币的分进行加 1 运算，当分加满 100 后，将分 Cents 减 100，再将元 Dollars 加 1，最后通过 return temp 返回自加前的人民币币值。

（5）主函数中，c=++m1 语句应解释为对前置重载函数的调用：c=m1.operator();，d=m1++ 语句应解释为对后置重载函数的调用：d=m1.operator(1);。

【例 7.21】定义描述三维空间点(x,y,z)的类，用友元函数实现"++"运算符的重载。对于三维空间点(x,y,z)加 1，则意味着三个坐标 x、y、z 分别加 1。

程序代码如下：

```cpp
//*****ex7_21.cpp*****
#include <iostream>
using namespace std;
class ThreeD
{
    float x,y,z;
    public:
    ThreeD(float a=0,float b=0,float c=0)
    {   x=a;y=b;z=c;    }
    ThreeD operator+(ThreeD & t)           //两个点坐标相加的"+"运算符重载成员函数
    {
        ThreeD temp;
        temp.x=x+t.x;
        temp.y=y+t.y;
        temp.z=z+t.z;
        return temp;
    }
    friend ThreeD & operator++(ThreeD &);    //前置"++"运算符重载友元函数
    friend ThreeD operator++(ThreeD &,int);  //后置"++"运算符重载友元函数
    ~ThreeD() {  }
    void Show()
    {   cout<<"x="<<x<<'\t'<<"y="<<y<<'\t'<<"z="<<z<<endl;   }
};
ThreeD & operator++(ThreeD & t)
{
    t.x++;t.y++;t.z++;
    return t;
}
ThreeD operator++(ThreeD & t,int i)
{
    ThreeD temp=t;
    t.x++;t.y++;t.z++;
    return temp;
}
void main(void)
{
    ThreeD m1(25,50,100),m2(1,2,3),m3;
    m1.Show();
    ++m1;
    m1.Show();
    m2++;
    m2.Show();
    m3=++m1+m2++;
    m3.Show();
}
```

程序的运行结果如下:

```
x=25      y=50      z=100
x=26      y=51      z=101
x=2       y=3       z=4
x=29      y=55      z=106
```

程序中定义的类 ThreeD 描述一个空间点的三维坐标，对对象执行"++"运算，即对该点

坐标的 3 个分量(x,y,z)分别完成加 1 运算。主函数中：

++m1 语句被解释为对前置++运算符重载函数的调用：

operator++(m1); 运算后 m1=(26,51,101)。

m2++语句被解释为对后置++运算符重载函数的调用：

operator++(m2,1); 运算后 m2=(2,3,4)。

m3=++m1+m2++语句的执行将分为三步，

第一步执行对 m1 的前置++运算：++m1

运算结果是返回 m1 自加后的一个对象，若将此对象记作 t1，则 t1=++m1=(27,52,102)。

第二步执行对 m2 的后置++运算：m2++

运算结果将返回 m2 自加前的对象，若将此对象记作 t2，则 t2=m2++=(2,3,4)。

第三步执行将 2 个对象 t1 与 t2 的"和"赋给 m3 运算：m3=t1+t2

该运算被解释为对"+"运算符重载函数的调用：m3=t1.operator+(t2);运算的结果为 m3=(27,52,102)+(2,3,4)=(29,55,106)。

【例 7.22】类模板的运用。

程序代码如下：

```cpp
//*****ex7_22.cpp*****
#include <iostream>
using std::cout;
using std::endl;
class CBox                                    //创建一个 CBox 类
{
    private:
        double m_Length;                      //设置长
        double m_Width;                       //设置宽
        double m_Height;                      //设置高
    public:
        CBox(double lv=1.0,double wv=1.0,double hv=1.0):
            m_Length(lv),m_Width(wv),m_Height(hv)
        {  }
        double Volume()const
        { return m_Length*m_Width*m_Height; }
};
//定义名为 CSamples 的类模板
template <class T>
class CSamples
{
    public:
        CSamples(const T values[],int count);
        CSamples(const T& value);
        CSamples()
        { m_Free=0;   }
        bool Add(const T& value);             //插入一个值
        T Max()const;                         //求最大值
    private:
        T m_Values[100];                      //定义一个数组可以存模板类
```

```cpp
        int m_Free;
};
//类模板的实现
//存放一组模板类数据
template<class T>
CSamples<T>::CSamples(const T values[],int count)
{
    m_Free=count<100? count:100;              //限制数组元素的个数，最大为 100
    for(int i=0;i<m_Free;i++)
        m_Values[i]=values[i];                 //存储模板类数据
}
//存储仅有的一个模板类数据
template<class T>
CSamples<T>::CSamples(const T& value)
{
    m_Values[0]=value;                         //存储模板类数据
    m_Free=1;                                  //设置下一个数据的位置
}
//加载一个模板类数据
template<class T>
bool CSamples<T>::Add(const T& value)
{
    bool OK=m_Free<100;                        //判断模板类数据的个数是否在 100 之内
    if(OK)
        m_Values[m_Free++]=value;              //在数组最后添加新的模板类数据
    return OK;
}
//求数组内最大的数据
template<class T>
T CSamples<T>::Max() const
{
    T theMax=m_Free? m_Values[0]:0;            //设第一个或 0 为最大值
    for(int i=1;i<m_Free;i++)                  //比较所有的值
        if(m_Values[i].Volume()>theMax.Volume())
            theMax=m_Values[i];                //保存最大的值
    return theMax;
}
int main()
{
    CBox boxes[]={                             //定义 boxes 数组
        CBox(8.0,5.0,2.0),                     //为 boxes 赋值
        CBox(5.0,4.0,6.0),
        CBox(4.0,3.0,3.0)
    };
    //定义类属 CSamples 的对象
    CSamples<CBox>myBoxes(boxes,sizeof(boxes)/sizeof(CBox));
    CBox maxBox=myBoxes.Max();                 //求得最大体积
    //输出体积值
```

```
        cout<<"The biggest box has a volume of "
            <<maxBox.Volume()
            <<endl;
        return 0;
}
```
程序的运行结果如下：
The biggest box has a volume of 120

习题 7

一、问答题

1．以下函数是否可以认为是重载函数，为什么？
（1）enum E1{one,two};
　　　enum E2{three,four};
　　　int f(int x,E1 y);
　　　int f(int x,E2 y);
（2）typedef double scientific;
　　　double f(double x);
　　　scientific f(scientific x);
2．何为运算符重载？如何实现运算符重载？运算符重载函数通常为类的哪两种函数？
3．说明使用成员函数和友元函数重载运算符的不同之处。
4．如何区分前置"++"与后置"++"的运算符重载函数？为何前置"++"重载成员函数中，必须要用 this 指针返回运算结果？
5．对类的对象进行自加时，为什么前置"++"运算符重载友元函数的形参必须为该类的引用？为什么前置"++"运算符重载友元函数返回类型必须为该类的引用？

二、程序设计题

1．实现以下重载函数的不同版本。
　　　void swap(int& a,int& b);
　　　void swap(float& x,float& y);
　　　void swap(char*& s,char*& t);
2．定义一个复数类，重载"+="运算符，使这个运算符能直接完成复数的"+="运算。分别用成员函数与友元函数编写运算符重载函数。在主函数中定义复数对象 c1(10,20)、c2(15,30)，进行 c2+=c1 的复数运算，并输出 c1、c2 的复数值。
3．（1）编写一个类属函数 Max，返回两个值中的较大者。
（2）编写一个 Max 函数的重载版本，用于处理 C++字符串。以指向字符的指针作为参数，返回指向较大字符串的指针。
4．编写一个模板类 DataStore，该类具有以下的一些成员函数：
（1）int Insert(T elt)
向具有 5 个 T 类型的元素的私有数组 DataElements 中插入元素 elt。数组中下一个可插入的位置由数据成员 loc 给出，loc 也是数组中数据的个数。如果数组中没有了剩余空间，则该函数返回 0。
（2）int Find(T elt)
在数组 DataElements 中寻找元素 elt，如果找到，返回该元素在数组中的下标，否则返回-1。

（3）int NumElts(void)

返回数组 DataElements 中存储的元素的个数。

（4）T& GetData(int n)

返回数组位置 n 处的元素，如果 n<0 或 n>4 则给出错误信息，并结束程序。

5．编写一个函数

  template<calss T>

  int Max(T Arr[],int n);

用于返回数组中最大值的下标。

6．实现函数

  template<calss T>

  int BinSreach(T A[],T key,int low,int high);

在数组 A 中对关键词 key 进行二分查找，数组 A 中的元素已按升序排序。

7．编写下面的函数：

  template<calss T>

  void InsertOrder(T A[],int n,T elem);

用于往数组 A 中插入元素 elem，并使数组中元素保持升序。注意，当找到插入点后，应使插入点后面的所有元素向后移动一个位置。

8．编写一个模板函数 Copy：

  template<calss T>

  void Copy(T A[],T B[],int n);

该函数将 n 个元素从数组 B 复制到数组 A。编写一个主程序用于测试 Copy。至少包括以下数组。

（1）int Aint[6], Bint[6]={1,3,5,7,9,11};

（2）struct Student

  {

    int field1;

    double field2;

  };

  Student Astudent[3];

  Student Bstudent[3]={{1,3,5},{3,0},{5,5,5}};

第 8 章 继承和派生

通过本章的学习,掌握继承和派生的概念;掌握派生类的构造函数和析构函数;掌握类与派生类成员的访问控制原则;掌握如何使用多重继承从多个基类派生出一个新类。

- 继承和派生的概念;
- 派生类成员的访问控制;
- 派生类的构造函数和析构函数

C++语言面向对象的重要特性是继承与派生,其中继承是实现软件可重用性的重要机制,可以自动地为一个类提供来自另一个类的成员函数和数据成员,人们在软件开发中通过有效继承,可以重复使用已经得到认可、并通过测试的高质量的软件,大大提高软件开发的效率和质量。派生是一个类在继承另一个类成员函数和数据成员的基础上,根据需要,既可以对继承成员函数和数据成员进行覆盖或改写,也可以增加属于自己的成员函数和数据成员,从而产生更具体的对象,以满足更复杂的业务需要。

8.1 继承和派生的概念

8.1.1 基类与派生类

1. 继承与派生

继承与派生作为 C++语言的重要机制,其实不难理解,在现实生活中随处可见,例如:子女会从父母那里继承的特征:种族、姓氏、肤色等;另外随着子女的生长发育,也会发展出一些属于自己的特征:外貌、梦想、成就等,这就是子女在继承父母特征的基础上,通过后天的发展,派生出来的新的特征。

在 C++中,面向对象程序设计的理论认为,继承与派生所表达的是类与类之间的关系,这种关系,使得类既可继承来自其他类的特征和能力,也能发展属于自己的特征和能力。如果类与类之间有继承和派生关系,那么它们之间应具备以下三个特征:

(1)类与类之间应具有共享的特征(包括成员函数和数据成员的共享)。
(2)类与类之间应具有差别或新增特征(包括覆盖、改写或新增成员函数和数据成员)。
(3)类与类之间是一种层次结构。

下面以交通工具为例来说明通过继承与派生，类之间具有的上述三个特征。

图 8-1 展示了交通工具，车，单车、汽车、火车之间的继承与派生关系，交通工具是人类用来提供交通运输的工具的总称，所有的交通工具都具有载重量、运动速度等特征，车是一种高速滚动的交通工具；而单车是依靠人力进行运动的一种车；汽车是使用燃料进行运动的一种车；马车是通过马匹奔跑牵引作为动力的车。图 8-1 中展示了一个小型的三级层次的类结构，它用继承来派生子类，每个类有且仅有一个父类，所有子类都有父类的共享特征，例如：单车是一种车，汽车也是一种车，车是一种交通工具，单车和汽车都是交通工具；不同子类之间具有自己独有特征，例如单车是不需要燃料作为动力，通过人力就能运行的，而汽车需要使用燃料才能运行，而且它是速度最快的。

图 8-1 交通工具类的继承与派生

2. 基类与派生类

在理解继承与派生的概念的基础上，下面来看看 C++中基类与派生类的概念。假设有两个类 A 和 B，如果类 B 继承类 A，那么被继承的类 A 为基类（也称父类或超类）；而称继承类 B 为 A 的派生类（也称子类）。例如：正方形和矩形，正方形首先是一个矩形，但矩形不一定都是正方形，所以可以定义矩形为基类，从矩形派生出正方形，矩形是所有四个内角均为 90 度的四边形，正方形是四边长度相等的矩形，因此，正方形是矩形的派生类。

基类与派生类之间，通过继承与派生，形成了一个树状的层次结构，因此基类与派生类之间存在着层次关系，一个类可以独立存在，但一旦它与其他类存在继承与派生的关系，那么这个类不是供给其他类属性和行为的基类，就是继承了基类属性和行为的派生类，甚至是兼而有之。

8.1.2 继承与派生的作用

继承与派生机制为 C++程序设计提供了重用类的手段，在面向过程软件开发的时代，程序员如已开发了一些函数，再需要开发一个新的程序时，如以前开发的函数中无法找到完全符合要求的，程序员一般只能改编或重写新的函数。有了继承和派生机制后，程序员可以从以前开发并测试过的类中，找相近的类作为基类，通过继承与派生，产生新的符合要求的派生类。所以使用继承与派生可以给软件开发带来三大好处：

（1）避免公用代码的重复开发，在减少代码和数据冗余的同时，节省程序开发的时间，提高程序开发的效率和质量。

（2）通过增强代码一致性来减少模块间的接口和界面。

（3）通过层次关系来组织对象，使得高层类作为低层类的抽象，有利于程序员掌握对象的共性，在此基础上，可更快地掌握低层类中的个性特征，给编程与代码重用带来方便。

既然使用继承与派生有这么多好处，那么什么时候适合使用继承和派生机制呢？

简单来说当对象 A 具有所有对象 B 都具有的最普遍、最一般的特征，而对象 B 有一些与对象 A 不同的特征，即可使用继承和派生，将对象 A 定义为基类，派生出 B。例如：不管是运输汽车还是专业汽车，它们都是一种汽车，都像汽车一样，具有发动机、方向盘、轮胎等汽车的特征，所以通过从汽车类继承产生运输汽车类和专业汽车类；同样的，客车和货车从运输汽车继承了运输特征，所以在客车和货车类中就没必要再指出它们的用途是进行运输的。消防车和救护车都是专业汽车，但由于它们在专业用途上的不同，所以它们都具有自己独特的特征，比如消防车有消防龙头，救护车有担架，所以从专业汽车派生出消防车和救护车，只需定义它们具有的这些特征就行了。

8.1.3 派生类的声明

从前面介绍的继承与派生，基类与派生类的概念，可以了解继承与派生的好处以及何时需要使用继承与派生，那么如何从一个基类派生一个派生类呢？C++中派生类的声明须遵循三个原则：

（1）C++允许从一个类和多个类派生出一个类，派生类继承基类的所有成员。

（2）派生类可以改变继承过来的成员的访问控制权限，方法是在基类中的声明前面加上存取说明符。

（3）合法的存取说明符是 public、protected 和 private。

声明一个派生类的一般格式为：

class 派生类名 : 派生存取说明符（可省） 基类名
{
  //派生类新增的数据成员和成员函数
};

这里，"派生类名"是要从基类派生出的新类的名字，"基类名"是一个已经定义好的基类的名字，"派生存取说明符"可以是关键字 public、protected 或 private，派生存取说明符的作用在 8.2 节"派生类成员的访问控制"中介绍，"派生存取说明符"可以省略，这时默认为 private，即私有派生。例如：

```
//定义一个基类（学生类）
class Student
{
    public:
        char name[10];          //姓名
        int age;                //年龄
        char sex;               //性别
        char classname[20];     //班级名称
};
//定义一个派生类（研究生类）
class GraduateStudent : public Student
{
    public:
        char Advisorname[10];   //导师
```

```
            int qualifiergrade;           //资格考试分
};
```

在这个例子中有两个类,学生和研究生类,由于研究生是一类特殊的学生,他除了具有他自己特有的性质外,还具有所有学生具有的特征,所以选择将学生定义为基类,并从学生类派生出研究生类。首先定义学生(Student)类,在这个类中,定义了学生的共有数据成员:姓名,年龄,性别和班级名称;然后通过 class GraduateStudent : public Student,从 Student 类公有派生出研究生(GraduateStudent)类,GraduateStudent 作为 Student 的派生类,不仅可以从基类继承姓名,年龄,性别和班级名称等数据成员,同时还定义了研究生特有的数据成员:导师和资格考试分。本例中介绍了如何从基类公有派生出子类,下一节将讨论私有(private)派生和保护(protected)派生,并给大家介绍三类派生之间的区别。

8.2 派生类成员的访问控制

8.2.1 派生类成员访问控制简介

在 C++中,类的成员在声明时,可以在一个或多个类成员的声明前带上特定的存取说明符,来指定这些类成员的访问控制权限;从基类派生出子类时,可以通过指定派生时的存取说明符来实现对派生类成员的访问控制。通过类与派生类成员的访问控制,实现了面向对象程序设计中的对象封装。

8.2.2 private、protected 与 public 类成员

声明一个类成员时可以使用的存取特征符分为私有的(private)、保护的(protected)和公有的(public)三种,使用不同存取说明符声明的类成员,具有不同的访问控制特征。

1. private 类成员

一个类中的私有(private)成员(包括数据成员和成员函数)只能被它们所在类的成员函数和友元函数访问,在 C++中,缺省情况下的存取特征都是私有的(private)。

下面是一个类私有成员定义和访问的例子,定义了一个 Person 类并在主程序中访问它,如下所示:

【例 8.1】类私有成员的定义和访问。

```
//*****ex8_1.cpp*****
#include <iostream>
using namespace std;
class Person
{       //Person 类的三个私有成员
        char name[10];          //姓名
        private:
        int age;                //年龄
        char sex;               //性别
};
main()
{
        Person P1;
```

```
        P1.age=20;                  //非法，不能设置私有类数据成员 age 的值
        cout<<P1.name<<endl;        //非法，不能读取私有类数据成员 name 的值
        return 0;
}
```

在这个例子中定义了一个 Person 类，并声明了姓名、年龄和性别三个成员，其中年龄和性别都用 private 声明为私有成员，然后在主程序中试图直接设置年龄和打印出姓名，运行这个程序会发现，系统提示这两个访问都是非法的。由此可以了解，不管是显式用 private 存取说明符来声明还是缺省情况下，一个类的成员都是私有成员，不能被它们所在类的成员函数和友元函数之外的程序访问。

2. public 类成员

一个类中的公有（public）成员（包括数据成员和成员函数）可以被程序中任何代码（包括函数）访问，一般情况下，应尽量将类的数据成员声明为私有（private），仅为需要被类外部访问的数据成员声明公有的成员函数，实现对私有成员的设置和访问，这种结构能够向类的客户很好的隐藏实现方法，在有效减少错误的同时，可以增强程序的可修改性。

下面来看一个类公有（public）成员函数声明的例子，还是前面的 Person 类，但是增加两个公有成员函数 setage 和 getage：

```
class Person
{       //Person 类的三个私有成员
        char name[10];              //姓名
        int age;                    //年龄
        char sex;                   //性别
//定义公有成员函数
public:
        void setage(int newage)     //设置年龄
        {
                age=newage;
        }
        int getage()                //获取当前年龄
        {
                return age;
        }
//…
};
```

这个例子将 Person 类的姓名、年龄和性别三个成员缺省声明为私有成员，通过定义公有的成员函数 setage 和 getage 存取年龄。由于年龄是类 Person 的一个私有成员，所以在类以外的程序如果要访问修改它，必须通过 setage 这个公有成员函数才能实现。

3. protected 类成员

前面讨论了类的私有成员和公有成员的访问控制特征，C++中还有一类专门供派生类使用的存取控制符：保护的（protected），使用 protected 声明的称为保护成员。任何一个类的保护成员仅可以被其自己和派生类的所有非静态成员函数和友元函数直接访问，也就是说其他的外部函数是不能访问它的。因此，对于那些既要对外界隐藏，又要能被派生类访问的成员，可以将它们声明为保护成员。

下面是一个类保护（protected）成员函数声明的例子，还是前面的 Person 类，它的两个成

员函数 setage 和 getage 被声明为保护成员函数，同时，从 Person 类派生出一个 Student 类。

【例 8.2】类保护（protected）成员函数的声明。

```cpp
//*****ex8_2.cpp*****
#include <iostream>
using namespace std;
class Person
{       //Person 类的三个私有成员
        char name[10];              //姓名
        int age;                    //年龄
        char sex;                   //性别
    //定义保护的成员函数
        protected:
            void setage(int newage)  //设置年龄
            {
                age=newage;
            }
            int getage()             //获取当前年龄
            {
                return age;
            }
//...
};
class Student : public Person
{
    public:
      void showage()
      {
          cout<< getage()<<endl;   //合法，类的保护成员可以被子类的成员函数访问
      }
};
main()
{
    Person P1;
    Student S1;
    cout<< P1.getage()<<endl;     //非法，类的保护成员不能被外部函数访问
    S1.showage();                 //合法，类的保护成员可以通过子类的成员函数访问
    return 0;
}
```

在这个例子中，Person 类的成员函数 setage 和 getage 声明为保护成员。Person 类派生出子类 Student 类，在 Student 类中声明一个公有成员函数 showage，在 showage 函数中可以访问基类的保护成员函数 getage 打印出学生的年龄，在后面的主程序中，如果试图直接通过访问 Person 类的保护成员函数 getage 打印出年龄，实际运行中将会报错。

8.2.3 三种派生方式的定义

前面介绍了类成员的访问控制原则，回顾 8.1.3 节派生类的声明中的内容，派生类通过派生存取说明符可以改变继承过来的成员的访问控制权限。从基类派生子类时，可使用的派生存

取说明符有 private、protected 和 public，即私有派生、保护派生和公有派生。若不指定派生存取说明符系统缺省为 private 派生。下面介绍这三种派生方式将怎样改变从基类继承成员的访问控制权限。

1. 私有（private）派生

通过私有派生得到的子类，从基类继承的成员都变为私有成员，即通过私有派生，派生类从基类继承来的公有成员和保护成员都将变成派生类的私有成员,这些成员将只能被派生类的成员函数和友元函数访问。需要重点说明的是，基类的私有成员经过私有派生后继续保持其基类的私有成员身份，无法被派生类访问，这很重要，因为类的私有成员的真正意义就在于它可以限制对这些成员的外在访问，如果派生类能继承对这些成员的访问，那么私有就失去了其保护意义。下面通过一个例子来说明私有派生类成员的访问控制特征。

【例 8.3】私有派生的类成员访问控制。

```
//*****ex8_3.cpp*****
#include <iostream>
using namespace std;
class line
{
    int length;
    protected:
    void setlength(int n)
    {
        length=n;
    }
    public:
    int getlength()
    {
        return length;
    }
//....
};
class rectangle : private line          //声明一个私有派生类
{
    int width;
    public:
    void setlw(int m,int n)
    {
        setlength(m);
        width=n;
    }
    int area()
    {
        return length*width;    //非法，派生类的成员函数不能访问基类的私有成员
    }
//...
};
main()
```

```
{
    line L1;
    rectangle R1;
    //…
    R1.setlw(5,6);
    cout<<L1.getlength()<<endl;    //合法，基类的公有成员函数可以被主程序访问
    R1.setlength(5);               //非法，私有派生后基类的保护成员函数 setlength
    //在派生类中成了私有成员函数，无法被主程序访问
    cout<<R1.getlength()<<endl;    //非法，私有派生后基类的公有成员函数
    //getlength 在派生类中成了私有成员函数，无法被主程序访问
    return 0;
}
```

本例中，定义了基类 line，它有一个私有数据 length、一个保护成员函数 setlength 和一个公有成员函数 getlength，从基类 line 私有派生出子类 rectangle，派生类除了继承了基类的成员外，还声明了只属于自己的成员，包括一个私有数据成员 width，两个公有成员函数 setlw 和 area。在主程序中访问基类 line 对象 L1 的公有成员函数 getlength 是合法的，但试图通过 rectangle 对象 R1 访问它从基类继承的公有成员函数 getlength 和保护成员函数 setlength 都是非法的，因为它们经过私有派生后，成为了私有成员函数。

2. 保护（protected）派生

由保护派生得到的派生类，它从基类继承的公有和保护成员都将变为派生类的保护成员。基类的私有成员经过保护派生后继续保持其基类的私有成员身份，依然无法被派生类访问。下面通过一个例子来说明保护派生类成员的访问控制特征。

【例 8.4】保护派生的类成员访问控制。

```
//*****ex8_4.cpp*****
#include <iostream>
using namespace std;
class line
{
    int length;
protected:
    void setlength(int n)
    {
        length=n;
    }
public:
    int getlength()
    {
        return length;
    }
    //….
};
class rectangle : protected line        //声明一个保护派生类
{
    int width;
public:
```

```
        int area()
        {
            return length*width;      //非法，派生类的成员函数不能访问基类的私有成员
        }
        //…
    };
    class showrectangle : rectangle      //从 rectangle 私有派生出子类 showrectangle
    {
        public:
        void  showlength (int m)
        {
            setlength(m);             //合法
            cout<< getlength()<<endl; //合法
        }
        //…
    };
    main()
    {
        line L1;
        rectangle R1;
        showrectangle S1;
        //…
        cout<<L1.getlength()<<endl;   //合法，基类的公有成员函数可以被主程序访问
        R1.setlength(5);              //非法，保护派生后基类的保护成员函数 setlength
        //在派生类中成了保护成员函数，无法被主程序访问
        cout<<R1.getlength()<<endl;   //非法，保护派生后基类的公有成员函数
        //getlength 在派生类中成了保护成员函数，无法被主程序访问
        S1.showlength(5);             //合法
        return 0;
    }
```

上例中，首先从基类 line 保护派生出子类 rectangle，派生类 rectangle 除了继承了基类的成员外，还声明了只属于自己的成员，包括一个私有数据成员 width，一个公有成员函数 area，然后从 rectangle 中私有派生了子类 showrectangle，并声明了一个公有成员函数 showlength。在主程序中访问基类 line 对象 L1 的公有成员函数 getlength 是合法的，试图通过 rectangle 对象 R1 访问它从基类继承的公有成员函数 getlength 和保护成员函数 setlength 都是非法的，因为它们经过保护派生后，成了保护成员函数，但主程序可以通过其子类 showrectangle 的公有成员函数 showlength 访问它们。

3. 公有（public）派生

由公有派生得到的派生类，从基类继承的成员都将维持原有访问控制特征，即通过公有派生后,派生类从基类继承的公有成员在派生类中仍然是公有成员，保护成员仍然是保护成员，而基类的私有成员经过公有派生后继续保持其基类的私有成员身份，依然无法被派生类访问。下面通过一个例子来说明公有派生类成员的访问控制特征。

【例 8.5】公有派生的类成员访问控制。
```
//*****ex8_5.cpp*****
#include <iostream >
```

```cpp
using namespace std;
class line
{
    int length;
protected:
    void setlength(int n)
    {
        length=n;
    }
public:
    int getlength()
    {
        return length;
    }
//....
};
class rectangle : public line            //声明一个公有派生类
{
    int width;
public:
    int area()
    {
        return length*width;             //非法，派生类的成员函数不能访问基类的私有成员
    }
    //…
};
class showrectangle : rectangle          //从 rectangle 派生出子类 showrectangle
{
public:
    void  showlength (int m)
    {
        setlength(m);                    //合法
        cout<< getlength()<<endl;        //合法
    }
    //…
};
main()
{
    line L1;
    rectangle R1;
    showrectangle S1;
    //…
    cout<<L1.getlength()<<endl;          //合法，基类的公有成员函数可以被主程序访问
    R1.setlength(5);                     //非法，公有派生后基类的保护成员函数 setlength
                                         //在派生类中还是保护成员函数，无法被主程序访问
    cout<<R1.getlength()<<endl;          //合法，公有派生后基类的公有成员函数
    //getlength 在派生类中还是公有成员函数，可以被主程序访问
    S1.showlength(6);                    //合法
```

        return 0;
    }

例中，首先从基类 line 公有派生出子类 rectangle，派生类 rectangle 除了继承了基类的成员外，还声明了只属于自己的成员，包括一个私有数据成员 width，一个公有成员函数 area，然后从 rectangle 中私有派生了子类 showrectangle，并声明了一个公有成员函数 showlength。在主程序中访问基类 line 对象 L1 的公有成员函数 getlength 是合法的，通过 rectangle 对象 R1 访问它从基类继承的公有成员函数 getlength 也是合法的，而访问保护成员函数 setlength 就是非法的了，因为它们经过公有派生后，依然是保护成员函数，但主程序可以通过其子类 showrectangle 的公有成员函数 showlength 访问 setlength 这个保护成员函数。

8.2.4 派生类成员访问控制规则

总结：在不同的派生方式下，派生类成员的访问控制分为两部分：即派生类新增成员的访问控制和基类成员在派生类中的访问控制。

派生类中新增成员的访问控制遵循类成员访问控制的规则，如表 8-1 所示。

表 8-1 类成员访问控制规则

存取说明符	访问控制规则
Private	此派生类的非静态成员函数和友元函数可以直接访问
Protected	此派生类和其子类非静态成员函数和友元函数可以访问
Public	任何非静态成员函数、友元函数和非成员函数都可以直接访问

类成员在派生类中的访问控制规则，如表 8-2 所示。

表 8-2 基类成员在派生类中的访问控制规则

基类成员的存取说明符	派生方式		
	public 派生	protected 派生	private 派生
Private	在派生类中被隐藏	在派生类中被隐藏	在派生类中被隐藏
Protected	派生类中为 protected	派生类中为 protected	派生类中为 private
Public	派生类中为 public	派生类中为 protected	派生类中为 private

注意：不管是何种派生，基类的 private 成员永远都不能被其派生类直接访问，但可以通过基类的 public 和 protected 成员函数访问。

8.3 派生类的构造函数和析构函数

8.3.1 派生类的构造函数和析构函数的声明

前面的章节中介绍了类的构造函数是类的一种特殊的成员函数，其作用主要是为对象分配内存、进行初始化；析构函数的作用与构造函数正相反。派生类不能继承基类的构造函数和析构函数。所以当基类含有带参数的构造函数时，派生类必须定义构造函数，以提供把参数传递给基类构造函数的途径。派生类的构造函数和析构函数的声明除了遵循第 6 章所述的规则外，有其特定的声明格式，一般情况下派生类的构造函数声明格式如下。

派生类的构造函数名称（参数表）：基类的构造函数名（参数表）
{
  //…   //派生类构造函数体
}

下面的例子说明了如何声明派生类的构造函数和析构函数。

```cpp
class Point
{
    int x,y;
    public:
        Point(int a,int b)                  //基类的构造函数
        {
            x=a;
            y=b;
            cout<<"Constructing Point class \n";
        }
        ~Point()                            //基类的析构函数
        {
            cout<<"Destructing Point class \n";
        }
};

class Circle :public Point
{
    double radius;
    public :
        Circle (double r,int a,int b):Point(a,b)   //派生类的构造函数
        {
            radius =r;
            cout<<"Constructing Circle class \n";
        }
        ~ Circle ()                         //派生类的析构函数
        {
            cout<<"Destructing Circle class \n";
        }
};
//…
```

如果派生类中含有对象成员时，其构造函数的声明格式如下：

派生类的构造函数名称（参数表）：基类的构造函数名（参数表），对象成员名1（参数表），…对象成员名N（参数表）
{
  //…   //派生类构造函数体
}

下面的例子说明了当一个派生类含有对象成员时，如何声明派生类的构造函数和析构函数，新的子类Circle2还是从上例中的Point派生出来的，这个派生类Circle2含有一个基类Point的对象成员P1。

```cpp
class Circle2 :public Point
{
    double radius;
    Point P1;
    public:
        Circle2 (double r,int a,int b):Point(a,b),P1(a,b)   //派生类的构造函数，定义时
        //指定了基类的构造函数和对象成员 P1 的构造函数
        {
            radius =r;
            cout<<"Constructing Circle2 class \n";
        }
        ~ Circle2 ()                                        //派生类的析构函数
        {
            cout<<"Destructing Circle2 class \n";
        }
};
//…
```

注意：派生类的构造函数的参数表在声明时根据情况可以省略，基类的构造函数名称和参数表也可以省略，具体的构造规则在 8.3.2 节中介绍。派生类的析构函数可以省略，其声明格式与类的析构函数声明格式相同。

8.3.2 派生类的构造函数和析构函数的构造规则

声明一个派生类时，根据其所继承基类的构造函数的声明情况的不同，必须采用不同的方式声明和定义派生类的构造函数；派生类的析构函数均不带参数，而且在派生类中是否需要定义析构函数仅与派生类自身有关，与它的基类无关，基类与派生类的析构函数是各自独立的。派生类的构造函数的构造规则如下：

1. 基类显式定义了构造函数时

若基类显式地定义了构造函数时，根据基类显式定义的构造函数是否带有参数，决定了派生类构造函数的构造规则。

（1）基类定义了不带参数的构造函数。若基类定义有不带参数的构造函数时，派生类既可以不定义构造函数，也可以根据需要定义自己的构造函数，构造函数可以带参数也可以省略，在派生类中定义构造函数时还可省略":基类构造函数名（参数表）"。

（2）基类仅定义了带参数的构造函数。若基类仅定义有带参数的构造函数时，则派生类必须显式地定义其构造函数，并在声明时指定其基类的某一构造函数和参数表，把参数传递给基类构造函数。

2. 基类具有隐式的构造函数时

若基类没有显式地定义（即隐式的定义）构造函数时，派生类可以根据需要定义自己的构造函数，派生类构造函数的参数表、基类的构造函数名和参数表都可以根据需要省略。

8.3.3 派生类的构造函数和析构函数的调用顺序

因为派生类继承了基类的成员，所以在构造派生类的对象时，派生类必须调用其基类的构造函数，初始化派生类对象中的基类成员，如果派生类中的构造函数没有显式地调用基类的构造函数，那么将调用基类的默认构造函数；如果派生类没有声明构造函数，那么派生类默认

的构造函数将调用基类默认的构造函数；同样的，析构函数也是如此。

在派生类的对象创建和销毁时，构造函数和析构函数的调用顺序如下：

1. 构造函数的调用顺序

派生类对象创建的时候，构造函数的执行顺序为：

（1）基类的构造函数。

（2）对象成员的构造函数。

（3）派生类自身的构造函数。

2. 析构函数的调用顺序

与构造函数的调用顺序正好相反。即：

（1）派生类自身的析构函数。

（2）对象成员的构造函数。

（3）基类的析构函数。

下面的例子说明了派生类的构造函数和析构函数的执行顺序，此例中使用了前面声明的派生类 Circle2。

【例 8.6】派生类 Circle2 的构造函数和析构函数的执行顺序。

```
//*****ex8_6.cpp*****
//...Point 和 Circle2 类的定义
main()
{
    Circle2 C1(0.0,1,1);
    cout<<"---------------program line--------------------- \n";
    return 0;
}
```

程序的执行结果如下：

Constructing Point class
Constructing Point class
Constructing Circle2 class
----------------program line----------------------
Destructing Circle2 class
Destructing Point class
Destructing Point class

在这个程序中，主程序创建了一个 Circle2 类的对象 C1，并打印了一行分割线，然后退出主程序的运行，这时系统自动销毁了 C1 对象。

从程序的执行结果分析，派生类在创建和销毁时，构造函数和析构函数的执行顺序与前面介绍的顺序是完全一致的。

8.4 多重继承

8.4.1 多重继承的声明

在本章前面内容介绍的继承均为单一继承，即派生类只有一个基类，也称单基派生。在 C++中还允许从多个基类中派生出新的子类，这种派生方法称为多重继承（或多基派生）。这一强大的派生功能能大大提高软件重用的灵活性，例如：在 Windows 操作系统中，用户常见的窗口、按钮、文本框、滚动条等组件都是以类的形式来实现的，假设需要实现一个可以编辑和查看多页文本的文本框，可以从文本框和滚动条两个基类，通过多重派生得到新的子类：可滚动的文本框。多重继承在声明的格式上与单一继承类似，只是原来的冒号后面的一个派生存取说明符和基类名变成了由多个派生存取说明符和基类名组成的派生基类表，其中各个基类之间需用逗号进行分隔，声明的格式如下：

```
class 派生类名：派生存取说明符（可省）1 基类名 1,...,派生存取说明符 N 基类名 N
{
    //派生类新增的数据成员和成员函数
};
```

从此声明的格式可以看出，在多重继承中，派生类通过派生存取说明符 i（i=1,2...,n）定义派生类按什么方式从基类 i 派生，如果省略则缺省的派生方式为私有派生（private）。

下面通过一个程序例子来加以说明。

【例 8.7】多重继承的声明。

```cpp
//*****ex8_7.cpp*****
#include <iostream>
using namespace std;
class Circle1            //基类 Circle1
{
    protected:
        int r;
    public:
    void setx (int x)
    {   r=x;
    }
    void draw()
    {
        cout<<"drawing...\n";
    }
};
class Circle2            //基类 Circle2
{
    protected:
        int r;
    public:
    void setx (int x)
    {   r=x;
    }
    void write()
    {
        cout<<"writing...\n";
    }
};

class Circle: public Circle1,public Circle2    //类 Circle 公有继承了 Circle1 和 Circle2
{   public:
    void show()
```

```
            {
                cout<<"showing…\n";
            }
    };
    void main()
    {
        Circle cc;
        cc.draw();
        cc.write();
        cc.show();
    }
```

运行结果为：

drawing…

writing…

showing…

Circle 继承了两个基类的所有成员，所以 cc.draw() 和 cc.write() 调用是合法的。另外 Circle 还有它自己的成员 show()。

8.4.2 多重继承的几点说明

多重继承作为 C++ 中一个非常重要的特性，不仅可以大大地改进软件的重用性，还具有很好的灵活性，但必须正确和谨慎使用多重继承，以免造成逻辑错误或出现歧义。

（1）在多重继承中派生类成员的访问控制规则与单一继承规则相同。

（2）多重继承的构造函数与析构函数定义与单一继承相似，只是在构造函数定义时 N 个基类的构造函数之间用逗号分隔。

（3）多重继承虽功能强大，但很容易造成系统的复杂性，设计时务必正确和谨慎，能用单一继承时尽量不用多重继承。

（4）多重继承容易产生模糊性，在引用时要注意。例如前面例 8.7 如果按照下面来引用：

```
void main()
{
    Circle cc;
    cc.setx(10);     //Circle1 的 setx 还是 Circle2 的 setx？
}
```

这个程序在编译时会因为名称冲突，将予以拒绝。Circle1 和 Circle2 都有一个成员 r，问题是 Circle 继承哪个 r 呢？既然两者都继承，而且两者有相同的名字 r，使得对 r 的引用变得模糊不清。所以程序必须在 r 前面说明基类。

```
void main()
{
    Circle cc;
    cc.Circle1::setx(10);    //说明是 Circle1 中的 r 为 10
}
```

8.4.3 虚基类

1. 虚基类的概念

通常定义类，都假定该类型的对象能被实例化并使用，但是，程序员会需要定义一些类，而不想将其实例化为任何对象，这样的类称为"虚类"或"抽象类"，因为虚类一般都用作基类，所以又称为"虚基类"或"抽象基类"。虚基类是不能被实例化为对象的，可以实例化的基类称为"实基类"或"具体基类"。

2. 虚基类的声明

虚基类在声明时需要用关键字 virtual 进行显式的声明，其声明格式如下。

class 派生类名 : virtual 派生存取说明符（可省） 虚基类名
{
　　//派生类新增的数据成员和成员函数
};

3. 虚基类的初始化

虚基类初始化时，构造函数的调用顺序规则如下。

（1）同一层派生中包含多个虚基类时，虚基类的构造函数按它们派生时声明的先后次序调用。下面通过一个例子来说明。

【例 8.8】从虚基类多重派生时构造函数的调用顺序。

```
//*****ex8_8.cpp*****
#include <iostream>
using namespace std;
class Base1                                  //虚基类 1
{
    public:Base1()
    {
        cout<<" Constructing Base1 class"<<endl;
    }
};
class Base2                                  //虚基类 2
{
    public:Base2()
    {
        cout<<" Constructing Base2 class"<<endl;
    }
};
class Derived: virtual public Base1,virtual Base2     //从两个虚基类多重派生出子类
{
    public: Derived ()
    {
        cout<<" Constructing Derived class"<<endl;
    }
};
main ()
{
    Derived D1;
    return 0;
}
```

程序的执行结果如下：

Constructing Base1 class
Constructing Base2 class
Constructing Derived class

（2）如某虚基类是由实基类派生而来，则先调用此实基类的构造函数，再调用虚基类的构造函数，最后才是派生类的构造函数。下面通过一个例子来说明。

【例 8.9】 虚基类从实基类派生时构造函数的调用顺序。

```cpp
//*****ex8_9.cpp*****
#include <iostream>
using namespace std;
class Base1                    //实基类 Base1
{
    public: Base1 ()
    {
        cout<<" Constructing Base1 class"<<endl;
    }
};
class Base2: public Base1       //虚基类 Base2，从实基类 Base1 派生
{
    public: Base2 ()
    {
        cout<<" Constructing Base2 class"<<endl;
    }
};
class Derived: virtual Base2    //从虚基类 Base2 派生
{
    public: Derived ()
    {
        cout<<" Constructing Derived class"<<endl;
    }
};
main ()
{
    Derived D1;
    return 0;
}
```

程序的执行结果如下：
Constructing Base1 class
Constructing Base2 class
Constructing Derived class

（3）若同一层派生中，同时存在虚基类与实基类，应先调用虚基类的构造函数，再调用实基类的构造函数，最后调用派生类的构造函数。下面通过一个例子来说明。

【例 8.10】 从虚基类和实基类多重派生时构造函数的调用顺序。

```cpp
//*****ex8_10.cpp*****
#include <iostream>
using namespace std;
class Base1//实基类 1
{
    public: Base1 ()
    {
```

```cpp
            cout<<" Constructing Base1 class"<<endl;
        }
};
class Base2                //虚基类 2
{
        public: Base2 ()
        {
            cout<<" Constructing Base2 class"<<endl;
        }
};
class Derived: public Base1,virtual Base2
{
        public: Derived ()
        {
            cout<<" Constructing Derived class"<<endl;
        }
};
main ()
{
    Derived D1;
    return 0;
}
```

程序的执行结果如下：
Constructing Base2 class
Constructing Base1 class
Constructing Derived class

4. 虚基类的作用

虚基类的作用就是为其他类提供一个合适的基类，以便派生类可以从它那里继承和实现所需的接口。在多重继承时，当派生类的多个基类有一个共同的基类时，为防止产生二义性问题可使用虚基类方法。

【例 8.11】 存在二义性的虚基类多重派生。

```cpp
//*****ex8_11.cpp*****
#include <iostream >
using namespace std;
class Base                       //基类
{
    protected:
        int b;
    public:Base()
    {
        b =1;
        cout<<" Constructing Base class"<<endl;
    }
};
class Base1:public Base          //基类 1 从 Base 派生
{
```

```cpp
        public:Base1()
        {
                cout<<" Constructing Base1 class"<<endl;
                cout<<"Base b="<<b<<endl;
        }
};
class Base2:public Base            //基类 2 从 Base 派生
{
        public:Base2()
        {
                cout<<" Constructing Base2 class"<<endl;
                cout<<"Base b="<<b<<endl;
        }
};
class Derived: public Base1, Base2   //从两个基类 Base1 和 Base2 多重派生出子类
{
        public: Derived ()
        {
                cout<<" Constructing Derived class"<<endl;
                cout<<"Base b="<<b<<endl;
        }
};
main ()
{
        Derived D1;
        return 0;
}
```

在这个程序中，类 Base 作为最上层的基类，单一派生出了 Base1 和 Base2，Derived 从 Base1 和 Base2 多重继承产生。但这是一个有问题的程序，问题就出在派生类 Derived 的构造函数试图访问基类 Base 的成员 b，因为当程序访问派生类的成员时，首先会在派生类自身的作用域中寻找此成员，如没找到则到它的基类中寻找，而 b 的值可以通过 Base1 的派生路径继承下来，也可以从类 Base2 的派生路径上继承下来，这样有了两个基类 Base 对象拷贝，从程序中无法明确判断是从哪个派生路径继承下来，如果在声明类 Base1 和 Base2 时改成如下语句：

class Base1: virtual public Base

class Base2: virtual public Base

那么在派生类 Derived 的对象中将只产生一个基类 Base 对象的拷贝，避免了在派生类访问这个共同基类 Base 对象的成员时产生二义性问题。

8.5 基类和派生类的转换

8.5.1 什么是基类和派生类的转换

由于派生类是从基类继承而来的，所以任何派生类的对象，也属于基类的对象。在 public 继承方式下，派生类的对象可以视为基类对象，这是因为派生类中有与其基类一一对应的成员，

因此在对象赋值等操作中，均可将派生类对象直接转换为基类对象使用。由于派生的缘故，派生类的成员可能比基类更多，所以反过来直接将基类对象转换为派生类对象就可能是非法的了，因为这会导致派生类中的新成员不被定义的错误，如果要这么做，一般需要提供适当的重载操作符和"与/或"转换的构造函数。大多数时候基类和派生类的转换发生在对象之间进行赋值的时候。

8.5.2 基类与派生类的转换方法

派生类对象到基类对象的自动转换通常称为赋值兼容规则。当派生类从基类公有继承时，允许以下 4 种派生类对象到基类对象的自动转换。

（1）可以用派生类对象为基类对象赋值。
（2）可以用派生类对象初始化基类引用对象。
（3）可以把指向派生类对象的指针赋给基类对象的指针。
（4）可以把派生类对象的地址赋给基类对象的指针。

8.6 继承与组合

C++中的重用特性，既可以通过继承和派生的方式从已有的类产生一个新类，还可以通过将一个或多个类作为类成员的方式来产生一个新的类，这种方式就是组合。例如：已经有 Date 类、TelephoneNumber 类和 Address 类，如果需要定义一个 Employee 类，不管从三个类中哪个类派生出来 Employee 类都不合适，因为一个 Employee 应该既有生日（birthday），也有联系电话（phonenumber）和地址（homeaddress），所以可以将 Employee 的成员 birthday、phonenumber 和 homeaddress 分别定义成这三个类的对象来实现。如：

```
class Date                   //基类 Date
{
    //…
};
class TelephoneNumber        //基类 TelephoneNumber
{
    //…
};
class Address                //基类 Address
{
    //…
};
class Employee               // Employee 类中包含类对象成员，组合了三个类
{
    protected:
        Date birthday;
        TelephoneNumber phonenumber;
        Address homeaddress;
        //…
};
```

继承与组合都是软件重用的重要机制，它们都鼓励重用现有的类，在其基础上建立更具

体和实用的新类,但它们在概念上有本质的区别,即通过继承方式产生的派生类是基类的一种,所以派生类享有基类的一切待遇。而组合方式产生的新类,其成员中有一个或多个类,它们之间不是继承关系。

习题8

一、选择题

1. 以下对派生类的描述中不正确的是(　　)。
    A. 一个派生类可以作为另一个派生类的基类
    B. 一个派生类可以有多个基类
    C. 具有继承关系时,基类成员在派生类中的访问权限不变
    D. 派生类的构造函数与基类的构造函数有成员初始化参数传递关系
2. 设有基类定义:
    class cbase
    {   private: int a;
        protected: int b;
        public: int c;
    };
派生类采用何种继承方式可以使成员变量 b 成为自己的私有成员(　　)。
    A. 私有继承   B. 保护继承
    C. 公有继承   D. 私有、保护、公有均有
3. 以下叙述正确的是(　　)。
    A. 派生类中不可以定义与基类中同名的成员变量
    B. 派生类中不可以重载成员函数
    C. 派生类中不能调用基类中的同名函数
    D. 以上三项均不正确
4. 设 cbase 为基类,cderived 是 cbase 的派生类,且有以下定义:
    cbase a1,*b1;
    cderived aa1,*bb1;
则以下语句不合乎语法的是(　　)。
    A. b1=bb1;   B. aa1=a1;   C. b1=&aa1;   D. bb1=(cbase*)b1;

二、填空题

1. 在继承机制下,当对象消亡时,编译系统先执行_____的析构函数,然后才会执行_____的析构函数。
2. 在继承关系中_____称为多重继承;_____称为多层继承。
3. 派生时若不指定派生存取说明符系统缺省为_____派生。
4. 若两个类有继承关系,那么基类中的保护成员的含义是_____。
5. 生成一个派生类对象时,先调用_____的构造函数然后调用_____的构造函数。
6. 下列程序中_____数据可访问?_____不可访问?
    class A
    { public:
        int x;

```cpp
    protected:
        int w;
    private:
        int z;
};
class B: public A
{ public:
        void setw (int a) { w=a; }
  protected:
        int y;
};
void main()
{ B bb;
    bb.x=5;
    bb.y=10;
    bb.w=15;
    bb.z=20;
    bb.setw(10);
}
```

第 9 章 多态性与虚函数

通过对本章的学习，掌握多态的基本概念及利用虚函数实现动态多态的方法，理解纯虚函数和抽象类的含义及简单应用。

- 多态的基本概念；
- 虚函数在多重继承中的作用；
- 虚函数的使用。

多态性指的是一个名称可以具有多种语义。它是面向对象程序设计的一个重要特征，虚函数是实现多态性的重要机制之一，利用多态性和虚函数可以设计和实现一个更加易于扩展的系统。可以说多态性是 C++中一个关键和核心的特性。本章先介绍多态性和虚函数的概念，然后介绍多态性和虚函数的应用。

9.1 多态性的概念

面向对象方法学认为：每个对象都有各自内部的状态和运动规律，在外界对象或环境的影响下对象本身根据发生的具体事件而作出不同的反映，因此，用户可以向多个对象发送消息，而将如何处理该消息留给接收消息的对象，对象会根据自己的需要对所接收到的消息进行处理。这也是多态性的基本含义：不同类的对象对于同一消息的处理具有不同的实现。

在实际生活中有许多多态的例子。如幼儿园老师让小朋友们画房子（相当于发出一个消息），小朋友（不同的对象）会画出各自熟悉的房子（不同的实现），有的可能会画一幢高大的楼房，有的可能会画一个精致的小房子。在得到画画这个消息时，每个小朋友都知道自己应当怎么做（事先设计好的实现），这就是多态现象。

多态性在 C++中表现为同一形式的函数调用，可能调用不同的函数实现。从系统实现的角度看，C++的多态性分为两类，一类称为编译时多态性，另一类称为运行时多态性，也称动态多态性。对一些函数的调用，如果编译器在编译时就可以确定所要调用的是函数的哪一个具体实现，这种多态性称为编译时多态性，也称静态多态性，这种在编译时进行的函数调用与被调用函数实现的对应被称为静态联编，也称静态绑定。当函数的调用在编译时无法得知所调用的到底是函数的哪一个实现，需要在运行时才能够决定，这种多态性称为动态多态性，而这种在运行时将函数调用与具体实现代码相对应的方法称为动态联编，也称动态绑定。

9.1.1 编译时的多态性

C++编译时多态性通过重载(函数重载和运算符重载)来实现,编译器在编译时通过对所调用函数参数的分析,可以确定与所调用函数相对应的具体实现,然后用该实现代码调用代替源程序中的函数调用。

静态联编的特点是可执行程序运行速度快,因为函数调用与具体实现的对应关系是在编译时决定的,在程序运行时需要花费的时间仅仅是参数的传递、执行函数的调用、栈的清除等,没有额外的运行开销。

【例9.1】编译时的多态性——运算符重载:下面这段程序建立 Rectangle 类和 Cuboid 类,并重载运算符"+=",使之能用于相应类对象的运算。

程序代码如下:

```cpp
//***** ex9_1.cpp *****
#include <iostream>
using namespace std;
class Rectangle                                      //定义矩形类
{
    public:
        Rectangle(double w=0,double l=0);            //缺省构造函数
        void set_wl(double w,double l);
        double get_w()const;
        double get_l()const;
        double area();
        ~Rectangle() {};                             //析构函数
        Rectangle& operator+=(Rectangle& rec_add)    //重载运算符+=
        {   width += rec_add.width;
            length += rec_add.length;
            return *this;                            //返回当前对象
        }
    protected:
        int width;
        int length;
};
Rectangle::Rectangle(double w, double l):width(w),length(l){}
void Rectangle::set_wl(double w,double l)
{   width=w; length=l; }
double Rectangle::get_w() const
{   return width; }
double Rectangle::get_l() const
{   return length; }
double Rectangle::area()
{   return width*length; }
class Cuboid:public Rectangle                        //定义长方体类
{
    public:
        Cuboid(double w=0,double l=0,double h=0);
```

```cpp
        void set_wlh(double w,double l,double h);
        double get_h() const;
        double area();
        Cuboid& operator+=(Cuboid& cub_add)
        {
            width += cub_add.width;
            length += cub_add.length;
            height += cub_add.height;
            return *this;                    //返回当前对象
        }
    protected:
        double height;
};
Cuboid::Cuboid(double w,double l,double h):Rectangle(w,l),height(h){ }
void Cuboid::set_wlh(double w,double l,double h)
{   width=w;length=l;height=h; }
double Cuboid::get_h() const
{   return height; }
double Cuboid::area()
{   return 2*(width*length+width*height+length*height); } //求长方体的表面积
int main()
{
    Rectangle rec1(1,2);
    Rectangle rec2;
    Cuboid cub1(1,2,3);
    Cuboid cub2;
    rec2.set_wl(2,4);
    cub2.set_wlh(5,10,15);
    cout<<"rec1:(width="<<rec1.get_w()<<",length="<<rec1.get_l()<<" )"<<endl;
    cout<<"rec2:(width="<<rec2.get_w()<<",length="<<rec2.get_l()<<" )"<<endl;
    rec2+=rec1;                              //调用 Rectangle 类的重载运算符：+=
    cout<<"rec2.width=("<<rec2.get_w()<<",length="<<rec2.get_l()<<" )"<<endl;
    cout<<"cub1:(width="<<cub1.get_w()<<",length="<<cub1.get_l()<<",height=";
    cout<<cub1.get_h()<<")"<<endl;
    cout<<"cub2:(width="<<cub2.get_w()<<",length="<<cub2.get_l()<<",height=";
    cout<<cub2.get_h()<<")"<<endl;
    cub2+=cub1;                              //调用 Cuboid 类的重载运算符：+=
    cout<<"cub2:(width="<<cub2.get_w()<<",length="<<cub2.get_l()<<",height=";
    cout<<cub2.get_h()<<")"<<endl;
    cout<<"rec2's area is "<<rec2.area()<<endl;
    cout<<"cub2's area is "<<cub2.area()<<endl;
    return 0;
}
```

程序的运行结果如下：

rec1:(width=1,length=2)
rec2:(width=2,length=4)
rec2:(width=3,length=6)

cub1:(width=1,length=2,height=3)
cub2:(width=5,length=10,height=15)
cub2:(width=6,length=12,height=18)
rec2's area is 18
cub2's area is 792

在例 9.1 中，Rectangle 类中的成员函数 get_w 和 get_l 声明为常成员函数，作用是只允许函数引用类中的数据，而不允许修改它们，以保证类中数据的安全。数据成员 width，length 声明为 protected，这样可以被派生类 Cuboid 访问。

可以看到，在 Rectangle 类和 Cuboid 类中都声明了运算符"+="，两次重载的运算符"+="的参数个数不同，编译系统会根据参数个数决定调用哪一个运算符重载函数。

主函数对 cub2.area() 的引用直观上看既可能是 Rectangle 类中的 area() 又可能是 Cuboid 类中的 area()，但是编译器在编译时可以根据支配规则（同名覆盖）判断出所要调用的是 Cuboid 类的 area()。

9.1.2 运行时的多态性

运行时多态的实现是指在程序运行过程中根据具体情况来确定调用的是哪一个函数，它是通过动态联编机制实现的，其运行效率低于静态多态，因为要花额外的开销去推测所调用的是哪一个函数。虽然运行时多态的运行效率低于静态多态，但是动态多态为程序的具体实现带来了巨大的灵活性，使得对各种不同问题空间对象的描述变得容易，使函数调用的风格比较接近人们的习惯。

【例 9.2】运行时的多态性。仍然用例 9.1 中定义的 Rectangle 类和 Cuboid 类。
程序代码如下：

```
//***** ex9_2.cpp *****
//此处加上例 9.1 中定义的 Rectangle 类和 Cuboid 类
int main()
{
    Rectangle *r;
    Cuboid cub3(1,2,3);
    cout<<"cub3=("<<cub3.get_w()<<","<<cub3.get_l()<<",";
    cout<<cub3.get_h()<<")"<<endl;
    r=&cub3;                        //用基类指针指向派生类对象
    cout<<"cub3's area is(*r)"<<r->area()<<endl;
    cout<<"cub3's area is (cub3)"<<cub3.area()<<endl;
    return 0;
}
```

程序的运行结果如下：
cub3=(1,2,3)
cub3's area is(*r)2
cub3's area is(cub3)22

main 函数中通过 Cuboid 的基类指针 r 调用了 Rectangle 类的函数 area()，在 main 函数中通过 r=&cub3 语句将对象 cub3 的地址赋给 r，希望 r 能够记住它此刻所指为 Cuboid 类的对象，进而通过 r->area() 调用 Cuboid 类的 area() 函数，但是实际上 r 是指向基类 Rectangle 的 area()，输出的是矩形的面积。要达到编程者的目的就需要用到运行时的多态性，即动态联编来解决。

C++通过提供虚函数来支持运行时的多态性。

运行时的多态是面向对象的一个非常重要的特征，再来看一个结构化编程中的例子。

【例9.3】 下面这段程序是利用多分支结构编程模拟实现求图形面积的函数。

程序代码如下：

```cpp
//***** ex9_3.cpp *****
void area(int obj_figure)
{
    switch(obj_figure)
    case 0:                          //rectangle
        area_rectangle();            //cout<<"area of rectangle"<<endl;
        break;
    case 1:                          //triangle
        area_triangle();             //cout<<"area of triangle"<<endl;
        break;
    case 2:                          //circle
        area_circle();               //cout<<"area of circle"<<endl;
        break;
}
```

例9.3是一个求图形面积实例。不同图形的面积求法可能不相同，这样我们要根据不同图形的类型调用特定的求面积方法。在程序编译时系统预先绑定了各种求面积方法的函数，即静态联编。但使用 switch 逻辑有许多问题：程序员可能忘记在需要的时候进行这样的类型测试，也可能忘记在 switch 中测试所有可能的情况；如果通过添加新类型而修改基于 switch 的系统，则程序员可能忘记在所有现有的 switch 语句中插入新的情况，处理新类型而添加或删除类要求修改系统中的每条 switch 语句，而且容易出错。

显然这种编程方式使得程序的可维护性和可扩充性都变得很差。那么有没有更好的方法实现上述例子？看看下面的程序段：

```cpp
void area(void * f)
{
    (*f)();
}
```

可以传递一个函数指针给程序，根据不同的函数指针调用不同的求图形面积的函数，这就是程序的"动态联编"，也称"后期绑定"，编译器一开始并不决定调用哪一种求图形面积的函数，而在程序运行时根据参数（函数指针）决定调用哪一种求图形面积的函数。

面向对象技术中的运行时多态性就是运用了"动态联编"技术，可以在基类中定义一个虚函数，然后在派生类中覆盖它，当调用此方法时，系统会根据对象的类型来决定调用哪一个对象的方法。这样利用多态性编程可以不需要 switch 逻辑。程序员可以使用虚函数机制自动执行等价的逻辑，从而避免与 switch 逻辑相关的各种错误。下一节将详细介绍虚函数的用法。

9.2 虚函数

虚函数从表现形式看是指那些被 virtual 关键字修饰的成员函数。类的一个成员函数如果被说明为虚函数，表明它目前的具体实现仅是一种适用于当前类的实现，而在该类的继承层次链条中有可能重新定义这个成员函数的实现,即这个虚函数可能会被派生类的同名函数所覆盖(override)。

虚函数的定义可以参考如下程序段:
```
class <ClassName>
{
    …
    virtual void MyFunction();
    …
};
void <ClassName>::MyFunction()
{…}
```
当某一个成员函数在基类中被定义为虚函数,那么只要同名函数出现在派生类中,如果在类型、参数等方面均保持相同,那么,即使在派生类中的相同函数前没有关键字 virtual,它也被默认地看成是一个虚函数。

9.2.1 虚函数的作用

多态性是通过虚函数实现的,当通过基类指针(或者引用)发出请求使用虚函数时,执行程序可以在与对象相关的正确的派生类中选择正确的覆盖函数。

在例 9.2 中,在基类 Rectangle 中定义了非虚成员函数 area(),而且在派生类 Cuboid 中被同名函数覆盖。如果通过指向派生类对象的基类指针来调用成员函数 area(),则实际调用的是基类的成员函数 area()。如果通过派生类指针来调用成员函数,则使用派生类对象的成员函数 area(),这是非多态行为。

对例 9.1 的程序稍作修改,在 Rectangle 类中声明 area()函数时,在最左边加一个关键字 virtual,即:

virtual double area();

这样 Rectangle 类的 area()函数就被声明为虚函数。类的其他部分都不改动,再运行例 9.2 程序,会得到下面的结果:

cub3=(1,2,3)
cub3's area is(*r)22
cub3's area is(cub3)22

这时 r->area()调用的是我们所希望的 cub3 对象(Cuboid 类)的 area()函数而不是基类(Rectangle 类)对象的 area()函数。对于 r 这个基类指针来说,它可以调用同一类层次结构中不同类对象的虚函数。对同一消息,不同对象(r 指向的不同对象)有不同的响应方式,这就是多态性。

再看用面向对象中的多态性改写例 9.3 得到如下的程序。

【例 9.4】虚函数的作用。

(1)不使用虚函数。程序代码如下:
```
//***** ex9_4.cpp *****
#include <iostream>
using std::cout;
using std::endl;
class figure
{
```

```cpp
    public:
    void draw()
    {
        cout<<"draw figure"<<endl;
    }
};
class rectangle:public figure
{
    void draw()
    {
        cout<<"draw rectangle"<<endl;
    }
};
class triangle:public figure
{
    void draw()
    {
        cout<<"draw triangle"<<endl;
    }
};
int main()
{
    figure *f;
    rectangle r1;
    triangle t1;
    f=&r1;                          //基类指针 f 指向派生类对象 r1
    f->draw();                      //调用基类的成员函数 draw()
    f=&t1;                          //基类指针 f 指向派生类对象 t1
    f->draw();                      //调用基类的成员函数 draw()
    return 0;
}
```

程序的运行结果如下：

draw figure
draw figure

（2）使用虚函数。程序代码如下：

```cpp
//***** ex9_4_2.cpp *****
#include <iostream>
using std::cout;
using std::endl;
class figure
{
    public:
    virtual void draw()             //将 draw()定义为虚函数
    {
        cout<<"draw figure"<<endl;
    }
};
```

```cpp
class rectangle:public figure
{
    void draw()
    {
        cout<<"draw rectangle"<<endl;
    }
};
class triangle:public figure
{
    void draw()
    {
        cout<<"draw triangle"<<endl;
    }
};
int main()
{
    figure *f;
    rectangle r1;
    triangle t1;
    f=&r1;              //基类指针 f 指向派生类对象 r1
    f->draw();          //调用 r1 的成员函数 draw()
    f=&t1;              //基类指针 f 指向派生类对象 t1
    f->draw();          //调用 t1 的成员函数 draw()
    return 0;
}
```

程序的运行结果如下：

draw rectangle

draw triangle

对上面的两个例子进行对比可以看出，本来基类指针是用来指向基类对象的，如果用它指向派生类对象，则进行指针类型转换，将派生类对象的指针转换为基类的指针，因此基类指针指向的是派生类对象的基类部分。在未使用虚函数的第一个程序中，无法通过基类指针去调用派生类对象中的成员函数。而第二个程序通过声明基类的成员函数为虚函数，使基类指针指向派生类对象后，调用虚函数时就调用了派生类的虚函数。由于在编译时是不能确定指针所指向的函数的，这就要靠动态联编来实现。

那么系统是怎么实现动态联编或者后期绑定的，也就是说系统是如何知道该调用哪一个对象的函数呢？这就是虚函数的作用，其实当把一个函数声明为虚函数时，编译器就在类结构里加上一个指针，该指针被称为虚指针，它指向的是一个虚函数表（Vtable），该表包含了类中所有虚函数的地址，也包含其基类。这样，对于声明了虚函数的类对象，系统在得到对象的指针后会查找虚函数表，找到该对象的虚函数的函数指针后调用该函数，如果此虚函数未被派生类实现那么系统会调用其基类的虚函数。

9.2.2 虚函数的使用

虚函数的实现机制和调用方式与非虚函数不同，虚函数的使用需要注意以下几点：

1. 虚函数的声明

只能将类的成员函数声明为虚函数，而不能将类外的普通函数声明为虚函数。虚函数的作用是允许在派生类中对基类的虚函数进行重新定义，因而它只能用于类的继承层次结构中。

一旦成员函数被声明为虚函数，则从那时开始，在继承层次中，它总是虚函数，即使当派生类覆盖它的时候没有使用关键字 virtual 也是如此。

即使因为在较高的类层次中进行了声明，而使某些函数成为隐含的虚函数，但还是应该在任何层次上都显式使用 virtual 关键字声明这些函数是虚函数，以使程序更加清晰。

2. 虚函数的访问权限

派生类中虚函数的访问权限并不影响虚函数的动态联编，如下面的例 9.5，其中派生类 CDerived 中重新定义了虚函数 F4()，在程序的运行中由于虚函数的机制，在 CBase::F3()中调用 F4()时会调用 CDerived::F4()，而该函数的访问权限是私有的。

3. 成员函数中调用虚函数

在类的成员函数中可以直接调用相应类中定义或重新定义的虚函数，分析这类函数的调用次序时要注意成员函数的调用一般是隐式调用，应该将其看成是通过 this 指针的显式调用。

【例 9.5】在成员函数中调用虚函数。

程序代码如下：

```cpp
//***** ex9_5.cpp *****
#include <iostream>
using namespace std;
class CBase
{
    public:
    void F1()
    {   cout<<"=>CBase-F1=>";
        F2();
    }
    void F2()
    {   cout<<"CBase-F2=>";
        F3();
    }
    virtual void F3()
    {   cout<<"CBase-F3=>";
        F4();                                        //即 this->F4()
    }
    virtual void F4()
    {   cout<<"CBase-F4=>";   }
};
class CDerived:public CBase
{
    private:
    virtual void F4()
    {   cout<<"Derived-F4=>out"<<endl;   }
    public:
    void F1()
    {   cout<<"=>Derived-F1=>";
        CBase::F2();
    }
    void F2()
```

```
    {   cout<<"=>Derived-F2=>";
        F3();                                          //即 this->F3()
    }
};
int main()
{
    CBase *pB;
    CDerived Obj;
    pB=&Obj;
    pB->F1();
    Obj.F1();
    return 0;
}
```

程序的运行结果如下：

=>CBase-F1=>CBase-F2=>CBase-F3=>Derived-F4=>out
=>Derived-F1=>CBase-F2=>CBase-F3=>Derived-F4=>out

在例 9.5 中，类的成员函数引用了虚函数，其引用形式与引用非虚函数相同，但是由于虚函数的调用将与调用者相匹配，因此函数的调用顺序更复杂。在父类成员函数中调用虚函数可能导致对子类虚函数的调用。如上述程序中，Obj.F1()调用的是子类的非虚函数 CDerived::F1()，在这个函数中调用父类中的 CBase::F2()，在 CBase::F2()中对虚函数 F3()进行调用，等价于 this->F3()，这时 this 指向的是 CDerived 类的 Obj 对象，由于 CDerived 类中没有定义 F3()虚函数，因此调用基类的 F3()，该函数对虚函数 F4()的调用等价于 this->F4()，this 指向 CDerived 类，因此调用的是 CDerived::F4()。

程序中 pB->F1()的调用情况也可类似分析，F1()不是虚函数，因此 pB 指针虽然指向子类对象 Obj，但 pB 的类型为 CBase *，因而调用 CBase::F1()，接下来的函数调用顺序与 Obj.F1()的函数调用顺序相同。

4. 构造函数和析构函数调用虚函数

对于出现在构造函数和析构函数中的虚函数，C++编译器采取静态联编的方式决定所调用的具体函数，因此调用的虚函数只能是基类或自己所属类中的虚函数，这样规定是因为子类实例的创建是在父类初始化之后，所以在构造函数中无法调用子类的虚函数；另一方面，子类析构函数的调用又在父类实例消亡之前，所以在析构函数中同样无法调用子类的虚函数。

构造函数本身不能是虚函数，因为构造时对象还是一片未定型的空间。只有在构造完成后，对象才能成为一个类的名副其实的实例。

5. 空虚函数

有时，在类层次结构的某个子类中需要定义虚函数，但并不是每个虚函数都需要具体实现，可以在该层定义空虚函数，即函数体是空的。

在什么情况下需要将一个成员函数声明为虚函数，首先要看成员函数所在的类是否会作为基类。然后看该成员函数在派生类中是否需要改变功能，如果希望改变其功能的，一般应将其声明为虚函数。

9.2.3 多重继承与虚函数

在类的多重继承情况中也可以使用虚函数。

【例 9.6】 多重继承和虚函数。

程序代码如下:

```cpp
//***** ex9_6.cpp *****
#include<iostream>
using namespace std;
class CA
{
    public:
        virtual void Fun()
        { cout<<"CA::Fun"<<endl; }
};
class CB
{
    public:
        virtual void Fun()
        { cout<<"CB::Fun"<<endl; }
};
class CC:public CA,public CB
{
    public:
        virtual void Fun()
        { cout<<"CC::Fun"<<endl; }
};
int main()
{
    CA *pA=new CC;              //建立一个类 CC 的临时对象,将其地址赋给指针变量 pA
    CB *pB=new CC;
    pA->Fun();
    pB->Fun();
    return 0;
}
```

程序的运行结果如下:

CC::Fun
CC::Fun

程序中指向父类 CA、CB 的指针 pA、pB 分别被赋予了派生类 CC 对象的地址,由于 Fun()函数为虚函数,因此通过两个指针调用该函数的结果都是调用了派生类的函数 CC::Fun()。

在多层次多重继承结构中,为了使派生类只保持基类的一份拷贝,对基类的继承可以声明为虚基类继承方式,这时的虚函数调用会比较复杂。

【例 9.7】 具有虚函数的虚基类。

程序代码如下:

```cpp
//***** ex9_7.cpp *****
#include <iostream>
using namespace std;
class CBase
{
    public:
```

```cpp
        virtual void Fun1(){}
};
class CDerived1:virtual public CBase
{
    public:
        virtual void Fun1()
        {   cout<<"CDerived1::Fun1"<<endl; }
};
class CDerived2:virtual public CBase
{
    public:
        virtual void Fun2()
        {   cout<<"CDerived2::Fun2"<<endl;
            Fun1();
        }
};
class CDerived:virtual public CDerived1,virtual public CDerived2
{};
int  main()
{
    CDerived2 *p=new CDerived;
    p->Fun2();
    return 0;
}
```

程序的运行结果如下：
CDerived2::Fun2
CDerived1::Fun1

在例 9.7 的类 CDerived1 和类 CDerived2 中分别定义了虚函数 Fun1()和 Fun2()，在基类 CBase 中定义了空虚函数 Fun1()，注意函数 CDerived1::Fun2()调用了成员函数 Fun1()，由于类 CDerived2 中没有定义 Fun1()，因此调用会指向基类的 CBase::Fun1()函数，而 CBase::Fun1() 定义的是虚函数，最终会调用哪个 Fun1()成员函数取决于指针所指的对象。

主函数中的 CDerived 基类指针 p 指向的对象是 CDerived 类对象，因此 p->Fun2()会查找 CDerived 类对象中是否定义了该虚函数，没有则调用 CDerived2::Fun2()并将 this 指针（指向 Derived 类对象）传给 CDerived2::Fun2()函数，该函数执行时对 Fun1()的调用等价于 this->Fun1()，根据虚函数的调用原则，会寻找 CDerived 中的 Fun1()，同样该类也没有定义这个虚函数，因此调用其继承过来的父类中的函数，即 CDerived1::Fun1()。通过上述这种继承层次结构，一条路径对虚函数的调用会激活另一条路径上的虚函数，因此通过这种形式可以实现作为父类的两个兄弟类实例之间的通信。

9.2.4 虚析构函数

析构函数的作用是在对象撤销之前做必要的清理工作，如关闭文件，释放内存资源等。当派生类的对象从内存中撤销时一般先调用派生类的析构函数，再调用基类的析构函数。但如果用 new 运算符建立了临时对象，若基类中有析构函数，并且定义了一个指向该基类的指针变量，那么，当用 delete 运算符撤销该指针所指向的对象时，系统会只执行基类的析构函数，而不执行派生类的析构函数。

【例 9.8】 派生类对象的析构函数。

程序代码如下：
```cpp
//***** ex9_8.cpp *****
#include <iostream>
using namespace std;
class CBase
{
    public:
    ~CBase()
    {   cout<<"In CBase::~CBase()"<<endl; }
};
class CDerived:public CBase
{
    public:
    ~CDerived()
    {   cout<<"In CDerived::~CDerived()"<<endl; }
};
int main()
{
    CBase *p=new CDerived;
    delete p;
    return 0;
}
```

程序的运行结果如下：

In CBase::~CBase()

在例 9.8 中，p 是基类 CBase 的指针变量，指向 new 开辟的动态存储空间，用 delete p 希望释放 p 所指向的空间。

结果表明程序只执行了基类 CBase 对象的析构函数，而没有执行派生类 CDerived 对象的析构函数。这个问题有一个简单的解决方案，即将基类的析构函数声明为虚析构函数。将程序作如下修改。

【例 9.9】 派生类对象的虚析构函数。

程序代码如下：
```cpp
//***** ex9_9.cpp *****
#include <iostream>
using namespace std;
class CBase
{
    public:
    virtual ~CBase()
    {   cout<<"In CBase::~CBase()"<<endl; }
};
class CDerived:public CBase
{
    public:
```

```
        virtual ~CDerived()
        {   cout<<"In CDerived::~CDerived()"<<endl; }
};
int main()
{
    CBase *p=new CDerived;
    delete p;
    return 0;
}
```
程序的运行结果如下：
In CDerived::~CDerived()
In CBase::~CBase()

定义虚析构函数后，程序中删除 p 所指对象时会自动判断所指对象的具体类型，然后调用适当的析构函数，上述程序执行语句 delete p 时会调用 CDerived::~CDerived()，而不是基类的析构函数。CDerived::~CDerived()不但对 CDerived 类的成员进行了析构，而且在退出前会根据析构函数调用机制自动调用父类 CBase 的析构函数，从而完成整个对象的析构。

说明虚析构函数的目的在于：使用 delete 运算符删除一个对象时，能确保析构函数被正确地执行。这是因为，设置虚析构函数后，可以利用动态联编方式选择析构函数。

9.3 纯虚函数与抽象类

9.3.1 纯虚函数

与问题空间的客观系统相对应，一个软件系统的功能由类层次中的各个类所实现，不同的类提供了相应层次的功能实现，通过类的用户接口可以调用这些功能，人们所习惯的不是将在不同类层次的功能实现用不同的接口表示，而是将概念上相似的功能用一个统一的接口表示。例如，一个图形处理系统可能提供了"绘图"这一功能，但"绘图"对各个不同的对象的含义是不同的，如对"圆"这个对象来说，"绘图"就是绘制一个圆形，而对"方形"来说，"绘图"就是绘制一个方形，这些"绘图"功能的具体实现由各个类提供，但对整个系统来讲它们应该具有相同的接口，在调用时应能够根据具体情况确定调用哪一个具体实现。虚函数可以帮助人们做到这一点，将若干个概念上相似的操作描述为一个虚函数，该虚函数在较高层次上表示一种功能的接口，而在不同类中对该函数的重新定义就是该项功能在不同层次上的实现，虚函数调用机制可以保证虚函数的某个恰当的实现被调用。这样，利用虚函数，可以使系统中多个相似的功能具有统一的接口，从而改善了类的用户接口。

在程序设计中，通常会在类层次的顶层以虚函数的形式给出该类层次所提供的某些操作的统一接口，由于层次较高，有些操作无法（也无必要）给出具体的实现，对于这种情况可以不对虚函数的实现进行定义，而将它们说明为纯虚函数。纯虚函数是在声明虚函数时被"初始化"为 0 的函数。声明纯虚函数的一般形式为：

virtual <函数类型> <函数名>(参数表列)=0;

注意：①纯虚函数无函数体，只起到为派生类提供一个统一接口的作用，在派生类中只有重新定义了虚函数的函数体，该函数才成为具有实际意义的虚函数。②声明最后面的"=0"并不表示函数返回值为 0，它只起形式上的作用，告诉编译程序"这是纯虚函数"。③这是一个声明语句，最后应有分号。

纯虚函数只有函数的名字而不具备函数的功能，不能被调用。它的作用是在基类中为其派生类保留一个函数的名字，以便派生类根据需要对它进行定义。如果在基类中没有保留函数名字，则无法实现多态性。

在类的成员函数中可以调用纯虚函数，实际上这只是一个对该种接口所代表操作的一个调用，而不是指对真正的纯虚函数的调用。由于成员函数中对其他成员函数的调用是一种隐式调用，在成员函数中保存有指向调用该成员函数的对象的指针（this 指针），因此成员函数中虚函数的调用等价于通过 this 指针直接调用纯虚函数。根据虚函数的调用机制，将调用 this 指针所指对象中对应的虚函数，该虚函数是它的基类纯虚函数的具体实现。

9.3.2 抽象类

具有纯虚函数的类无法用于创建对象，因为它的纯虚函数无函数体，所以又把这种含有纯虚函数的类称为抽象类。抽象类的主要作用是为一个族类提供统一的公共接口，用户在这个基础上根据自己的需要定义出功能各异的派生类，以有效地发挥多态的特性。

使用抽象类时应注意以下问题：

（1）抽象类只能用作其他类的基类，不能建立抽象类的对象。因为它的纯虚函数没有定义功能。

（2）抽象类不能用作参数类型、函数的返回类型或显式转换的类型。

（3）可以声明抽象类的指针和引用，通过它们，可以指向并访问派生类对象，从而访问派生类的成员。

（4）如果在抽象类所派生出的新类中对基类的所有纯虚函数进行了定义，那么这些函数就被赋予了功能，可以被调用。这个派生类就不是抽象类，而是可以用来定义对象的具体类。如果在派生类中没有对所有纯虚函数进行定义，则此派生类仍然是抽象类，不能用来定义对象。

一个类层次结构中可以不包含任何抽象类，每一层次的类都是可以用来建立对象的。但是，许多好的面向对象系统，其层次结构的顶层是一个抽象类，甚至顶部好几层都是抽象类。

抽象类的使用有时还具有另外一种意义：客观事物某些组成部分之间有时缺少类之间的直接联系（如派生、聚合、关联等），但人们通过抽象和分类，把它们归属于同一类，使得它们建立起一种抽象的关系，这样可以借助抽象类的概念，将这些无直接关系的类通过抽象类联系在一起，形成一个系统。例如，对于已存在的描述圆的 CCircle 类和描述矩形的 CRectangle 类，如果将这两个类构成一个系统，那么好的风格是将这两个类通过一个抽象类（如 CShape）联系起来，这个 CShape 抽象类描述的既不是圆也不是矩形，同时又和它们都有关，是一个抽象的图形。

9.4 抽象类实例

一个抽象类就是一个接口。类层次结构是一种逐步递增地建立类的方式。有些抽象类也提供了重要的功能，支持进一步向上构造。类层次结构中的各个类一方面为用户提供了有用的功能，同时也作为实现更高级或者更特殊类的构造块。这种层次结构对于支持以逐步求精方式进行的程序设计是非常理想的。

下面是一个完整的实例。

【例 9.10】 抽象类实例。

程序代码如下：

```cpp
//***** ex9_10.cpp *****
#include <iostream>
using namespace std;
class CShape                                    //定义为一个抽象类，即一个图形接口
{
    public:
    virtual double area()const {return 0.0;}    //定义为虚函数，允许后面覆盖
    virtual void printShapeName()const=0;       //定义为纯虚函数，由派生类负责实现
    virtual void draw()const=0;                 //定义为纯虚函数
};
class CPoint:public CShape                      //公有继承 CShape
{
    public:
    CPoint(int=0,int=0);                        //声明构造函数
    void setPoint(int,int);
    int getX() const
        { return x; }
    int getY() const
        { return y; }
    virtual void printShapeName()const           //覆盖 CShape 基类的纯虚函数
        { cout<<"Point:"; }
    virtual void draw()const;
    private:
    int x,y;
};
CPoint::CPoint(int a,int b)                      //CPoint 构造函数的实现
{   setPoint(a,b); }
void CPoint::setPoint(int a,int b)
{   x=a;
    y=b;
}
void CPoint::draw()const
{   cout<<"["<<x<<", "<<y<<"]"; }
class CCircle:public CPoint
{
    public:
        CCircle(double r=0.0, int x=0,int y=0);
        void setRadius(double);
        double getRadius()const;
        virtual double area()const;
        virtual void printShapeName()const
            { cout<<"Circle:"; }
        virtual void draw()const;
    private:
        double radius;
```

```cpp
};
CCircle::CCircle(double r,int a,int b):CPoint(a,b)
{   setRadius(r); }
void CCircle::setRadius(double r)
{   radius=r>0?r:0; }
double CCircle::getRadius()const
{   return radius; }
double CCircle::area() const
{   return 3.1415926*radius*radius; }
void CCircle::draw()const
{   CPoint::draw();
    cout<<"; Radius="<<radius;
}
class CRectangle:public CPoint
{
    public:
        CRectangle(double width=0.0,double height=0.0,int x=0,int y=0);
        void setWidth(double);
        double getWidth();
        void setHeight(double);
        double getHeight();
        virtual double area()const;
        virtual void printShapeName()const
        {   cout<<"Rectangle: ";}
        virtual void draw()const;
    private:
        double width;
        double height;
};
CRectangle::CRectangle(double w,double h,int x,int y):CPoint(x,y)
{   setWidth(w);
    setHeight(h);
}
void CRectangle::setWidth(double w)
{   width=w>0?w:0; }
void CRectangle::setHeight(double h)
{   height=h>0?h:0; }
double CRectangle::getWidth()
{   return width; }
double CRectangle::getHeight()
{   return height; }
double CRectangle::area() const
{   return width*height; }
void CRectangle::draw() const
{   CPoint::draw();
    cout<<" width="<<width<<"; Height= "<<height;
}
void ViaPointer(const CShape *);
```

```cpp
void ViaReference(const CShape &);
int main()
{
    CPoint point(5,9);                          //定义 point 对象并初始化
    CCircle circle(4.5,14,8);                   //定义 circle 对象并初始化
    CRectangle rectangle(12,3.5,8,9);           //定义 rectangle 对象并初始化
    point.printShapeName();                     //静态绑定
    point.draw();                               //静态绑定
    cout<<endl;
    circle.printShapeName();                    //静态绑定
    circle.draw();                              //静态绑定
    cout<<endl;
    rectangle.printShapeName();                 //静态绑定
    rectangle.draw();                           //静态绑定
    cout<<endl;
    CShape *Shapes[3];
    Shapes[0]=&point;                           //指向 point 对象的基类指针
    Shapes[1]=&circle;                          //指向 circle 对象的基类指针
    Shapes[2]=&rectangle;                       //指向 rectangle 对象的基类指针
    cout<<"Virtual function calls made off"<<"base-class pointers"<<endl;
    for(int i=0;i<3;i++)
        ViaPointer(Shapes[i]);                  //指针作为实参
    cout<<"Virtual function calls made off"<<"base-class references"<<endl;
    for(int j=0;j<3;j++)
        ViaReference(*Shapes[j]);               //指针所指对象作为实参
    return 0;
}
void ViaPointer(const CShape *basePtr)          //基类指针
{   basePtr->printShapeName();                  //动态绑定,即运行时多态
    basePtr->draw();                            //动态绑定
    cout<<";Area="<<basePtr->area()<<endl;
}
void ViaReference(const CShape &baseClassRef)   //基类对象的引用
{   baseClassRef.printShapeName();              //动态绑定
    baseClassRef.draw();                        //动态绑定
    cout<<";Area="<<baseClassRef.area()<<endl;
}
```

程序的运行结果如下:
```
Point:[5, 9]
Circle:[14, 8]; Radius=4.5
Rectangle: [8, 9] width=12; Height= 3.5
Virtual function calls made offbase-class pointers
Point:[5, 9];Area=0
Circle:[14, 8]; Radius=4.5;Area=63.6173
Rectangle: [8, 9] width=12; Height= 3.5;Area=42
Virtual function calls made offbase-class references
Point:[5, 9];Area=0
Circle:[14, 8]; Radius=4.5;Area=63.6173
Rectangle: [8, 9] width=12; Height= 3.5;Area=42
```

在例 9.10 中,抽象基类 CShape 以 3 个公有虚函数的形式提供了可继承的接口。函数

printShapeName 和 draw 是纯虚函数，所以派生类中将覆盖它们。函数 area 定义为返回 0。当派生类有不同的 area 计算方法时，这个函数在派生类中将被覆盖。

类 CPoint 是以公用继承关系从 CShape 派生的。CPoint 的面积为 0，因此没有在这里覆盖基类成员函数 area。函数 printShapeName 和 draw 是在基类中作为纯虚函数定义的实现，如果没有在类 CPoint 中覆盖这些函数，那么 CPoint 也会是抽象类，那就不能实例化 CPoint 对象。

类 CCircle 是以公用继承关系从 CPoint 派生的。CCircle 没有非 0 的面积，所以在这个类中覆盖了函数 area。函数 printShapeName 和 draw 是对 CShape 类中的纯虚函数的实现。如果没有在这里覆盖这些函数，则将继承这些函数的 CPoint 版本。

类 CRectangle 是以公用继承关系从 CPoint 派生的。CRectangle 同样没有非 0 的面积，因此在这个类中覆盖了 area 函数。函数 printShapeName 和 draw 函数是对 CShape 类中的纯虚函数的实现。如果没有在这里覆盖这些函数，则同样将继承这些函数的 CPoint 版本。

main 函数首先实例化 CPoint、CCircle、CRectangle 3 个类，并通过实例化的对象 point、circle、rectangle 分别调用函数 printShapeName 和 draw 来输出对象的名称和与对象相关的属性。这些调用都使用了静态绑定，即编译时编译程序已经知道调用 printShapeName 和 draw 的每个对象的类型。

接着程序声明了数组 Shapes，每个元素都是类型 Cshape *。这个基类指针数组用于指向每个派生类对象。然后程序分别通过指针（ViaPointer）和引用（ViaReference）方式调用了派生类对象定义的虚函数，这些调用都使用了动态绑定，即运行时多态。从结果可以看出，使用基类引用所产生的输出和使用基类指针的输出是一样的。

从上面的例子中可以进一步看出，抽象基类允许包含一个或者一个以上的纯虚函数，抽象基类的主要作用在于作为本类族的公共接口，因此能响应同一形式的消息，如例子中的 basePtr->draw()，但响应的方式因对象不同而不同，这是因为不同的类中对虚函数的定义不同。因此在通过虚函数实现运行时多态性时，可以不必考虑对象是哪一个派生类的，而都通过基类的指针调用同一类族中不同类的虚函数，给程序设计带来了很大的方便性和灵活性。

习题 9

一、填空题

1．运行时多态是指借助于指向对象的_____或引用调用一个虚函数。
2．多态性可分为两类：_____和_____。
3．在 C++中，编译时的多态性是通过_____和模板体现的。
4．如果在类中定义了一个成员函数为_____，则表明在该继承层次链条的派生类中有可能重新定义这个成员函数的实现，即这个_____可能会被派生类的同名函数所覆盖（override）。

二、程序阅读题

1.
```
#include<iostream>
using namespace std;
class A
{
```

```cpp
public:
    virtual void disp()
    {
        cout<<"Base class A."<<endl;
    }
};
class B:public A
{
public:
    virtual void disp()
    {
        cout<<"Derived class B."<<endl;
    }
};
class C:public A
{
public:
    virtual void disp()
    {
        cout<<"Derived classC."<<endl;
    }
};
void main()
{
    A *ptr;
    A a;
    B b;
    C c;
    ptr=&a;
    ptr->disp();
    ptr=&b;
    ptr->disp();
    ptr=&c;
    ptr->disp();
}
```

2.
```cpp
#include<iostream>
using namespace std;
class C1
{
public:
    virtual void f()
    {
        cout<<"Base class C1."<<endl;
    }
};
class C11:public C1
{
```

```cpp
    public:
        void f()
        {
            cout<<"Derived class C11."<<endl;
        }
};
void fun(C1 &x)
{
    x.f();
}
void main()
{
    C1 a;
    C11 b;
    fun(a);
    fun(b);
}
```

四、程序设计题

1. 编写一个程序，设计一个 base 基类，它有两个私有数据成员（x 和 y）以及一个虚函数 multiply()，由它派生出 two 类和 three 类，后者添加一个私有数据成员 z，在这些派生类中实现 multiply ()成员函数。并用数据进行测试。

2. 编写一个程序，定义抽象基类 CShape，由它派生出 3 个类：CCircle（圆形）、CSquare（方形）、CTriangle（三角形）。用虚函数分别计算几种图形面积，并求它们的和。要求用基类指针数组，使它的每一个元素指向一个派生类对象。

第 10 章 输入输出流

通过本章的学习,掌握 C++中数据输入输出的基本方法;熟悉流对象和常用流类库;掌握文件的读写方法和字符串流的操作。

- 数据输入输出的基本方法
- 文件操作
- 字符串流的操作

在程序设计中,数据输入输出操作是必不可少的,C++的数据输入输出操作是通过 I/O 流类库来实现的,这种机制比 C 的输入输出机制更简单、灵活,而且更安全。本章介绍 C++的 I/O 流类库及该类库所提供的常用操作。

10.1 C++的输入输出

C++的输入输出是以流(字节序列)的形式进行的,其输入输出方式主要有以下三种:
(1)从标准的输入设备(即键盘)输入数据,结果输出到标准的输出设备(即屏幕)。这种输入输出称为标准的输入输出,简称标准 I/O。
(2)以外存磁盘文件为对象进行的输入输出,称为文件的输入输出。
(3)以内存指定的空间(通常指定一个字符数组)为对象进行的输入输出,称为字符串输入输出。

为了实现数据的有效流动,C++系统提供了 I/O 流类库,通过调用不同的类去实现以上三种输入输出。

10.1.1 C++流的概念

输入输出是数据传送的过程,数据如流水一样从一处流向另一处,C++形象地将此过程称为流。

1. 流与流类

C++的输入输出流是由若干字节组成的字节序列,这些字节中的数据按一定的顺序从一个对象传送到另一个对象。流具有方向性,输出流表示数据从内存传送到某个载体或设备中,输入流表示数据从某个载体或设备传送到内存中。从流中获取数据的操作称为提取操作,向流中添加数据的操作称为插入操作。

C++提供了一些供程序设计者使用的类,在这些类中封装了可以实现输入输出操作的函数,这些类统称为 I/O 流类。流是用流类定义的对象,如 cin、cout 等,向程序设计者提供输入输出接口,该接口使得程序的设计与所访问的具体设备无关。

2. 流的分类

系统在内存中开辟的用于临时存放输入输出流信息的区域称为缓冲区,如图 10-1 所示。输入输出流按照是否使用缓冲区分成缓冲流与非缓冲流。

图 10-1　数据缓冲区

对于非缓冲流,一旦数据送入流中,立即进行处理。而对于缓冲流,只有当缓冲区满时,或当前送入的数据为新的一行字符时,系统才对流中的数据进行处理(称为刷新)。引入缓冲的主要目的是为了提高系统的效率,因为输入输出设备的速度要比 CPU 慢得多,频繁地与外设交换信息必将占用大量的 CPU 时间,从而降低程序的运行速度。使用缓冲后,CPU 只要从缓冲区中取数据或者把数据输入缓冲区,而不要等待速度低的设备完成实际的输入输出操作。

10.1.2　C++流类库

C++的流类库是用继承方法建立起来的输入输出类库,由支持标准输入输出操作的基类和支持特定种类的源和目标的输入输出操作的类组成。它具有两个平行的基类:streambuf 类和 ios 类,所有其他的流类都是从它们直接或间接地派生出来的。

streambuf 类提供对流缓冲区的低级操作,如设置缓冲区、对缓冲区指针进行操作、从缓冲区取字符、向缓冲区存储字符等。

ios 类提供对设备、文件的读写操作,该流类体系在头文件"iostream.h"中作了说明。

1. 通用 I/O 流类库

通用 I/O 流类为用户提供了使用标准输入输出流的接口。类名中 i 代表输入(input),o 代表输出(output)。

(1)基类 ios。类 ios 是所有基本输入输出流类的基类。它以枚举方式声明了一系列与输入输出有关的状态标志、工作方式等常量,定义了一系列涉及输入输出格式的成员函数。其他基本流类均由该类派生出来。

(2)输入类 istream。输入类 istream 提供输入(提取)操作的成员函数,使输入流对象能通过其成员函数完成数据输入操作。由输入类 istream 派生出 istream_withassign 类,而输入流 cin 就是由 istream_withassign 类定义的对象。

(3)输出类 ostream。输出类 ostream 提供输出(插入)操作的成员函数,使输出流对象能通过其成员函数完成数据输出操作。由输出类 ostream 派生出 ostream_withassign 类,而输出流 cout 就是由 ostream_withassign 类定义的对象。

（4）输入输出类 iostream。类 iostream 是类 istream 和 ostream 共同派生的，该类并没有提供新的成员函数，只是将类 istream 和 ostream 组合在一起，以支持一个流对象既可完成输入操作，又可完成输出操作。

2. 文件 I/O 流类库

文件 I/O 流类库支持对磁盘文件的输入输出操作，类名中的字母 f 代表文件（file）。

（1）ofstream 类。实现将数据写入到文件中的各种操作。

（2）ifstream 类。实现从文件中读数据的各种操作。

（3）fstream 类。提供了对文件数据的读/写操作。

3. 字符串 I/O 流类库

字符串 I/O 流类库支持对内存中的数据进行读/写操作，类名中的字母 str 代表字符串（string）。

（1）ostrstream 类。实现将不同类型的数据转化为字符串，并存放到一个字符数组中。

（2）istrstream 类。实现将存放在字符数组的文本数据转换为变量所对应的数据类型。

（3）strstream 类。实现文本数据和其他类型数据的相互转换。

C++流类库是通过类的继承、类成员函数的重载来实现的。利用类的可继承性和多态性，使用户程序使用统一的函数接口操作标准输入输出设备、文件、存储块等。通过函数重载，为每种内部类型的数据定义了流输入输出函数，使得用户可以用相同的方式对各种数据类型进行操作，编译程序根据数据的类型自动选择相应的输入输出函数，不必将所有函数一并加载。同时，它拥有很好的扩展性，用户通过重载还可以对自定义对象进行流的操作。

10.1.3 与 iostream 类库有关的头文件

iostream 类库中不同的类的声明被放在不同的头文件中，头文件是程序与类库的接口。常用的与流操作有关的头文件包括：

（1）iostream.h：包含对输入输出流进行操作的基本信息，当程序中需要进行标准流输入输出操作时，则必须包含头文件 iostream.h。

（2）fstream.h：包含管理文件输入输出操作的有关信息，当程序中需要进行文件流输入输出操作时，则必须包含头文件 fstream.h。

（3）strstream.h：包含对内存中数据进行输入输出操作的有关信息，当程序中需要进行字符串流读/写操作时，则必须包含头文件 strstream.h。

（4）stdiostream.h：包含按 C 的方式进行输入输出操作的有关信息。

（5）iomanip.h：包含输入输出流的格式控制符（manipulator）的有关信息。

10.1.4 插入与提取运算符的重载

符号"<<"和">>"本来在 C++中被定义为左位移运算符和右位移运算符，由于在文件 iostream.h 中对它们进行了重载，使得它们能用作标准类型数据的输入输出运算符。从流中获取数据的操作称为提取操作，使用提取运算符">>"；向流中添加数据的操作称为插入操作，使用插入运算符"<<"。例如：

```
cin>>a ;        //将标准输入流中的数据提取出来赋给变量 a
cout<<a;        //将 a 中存储的数据插入标准输出流
```

在 C++的 ostream 类和 istream 类中，对于基本数据类型（如 int、char、float、double、 char*等），预先对插入运算符"<<"以及提取运算符">>"进行了运算符重载定义，从而使得对上述基本数据类型的某表达式 x，使用"cout<<x;"的运算符调用方式完全等同于"cout.operator<<(x);"的函数调用方式。例如：

  (cout.operator<<(x)).operator<<(y);   //函数调用方式

等同于

  cout<<x<<y;   //运算符调用方式

对自定义数据类型重载插入运算符"<<"与提取运算符">>"时，通常以友元方式来重载，而且大都使用类似于如下的重载格式：

  friend istream& operator>>(istream& in, complex& com);
  friend ostream& operator<<(ostream& out, complex& com);

其中的"operator>>"用于完成从 istream 类的流类对象 in 上提取一个复型数放入对象 com 中；而"operator<<"则用于实现往 ostream 类的流类对象 out 上插入对象 com 的内容。以上两个重载的输入输出运算符的返回类型均为引用。

10.2 格式化输入输出

将键盘和屏幕作为输入输出设备的数据传递过程称为标准输入输出。流是一个抽象的概念，进行 I/O 操作时，必须将流与一种具体的物理设备联系起来。

10.2.1 标准输入输出流类

命名空间 std 的 iostream 类库中包括四个标准输入输出流对象的说明。

- cin：类 istream 的对象，用来处理标准输入，即键盘输入。
- cout：类 ostream 的对象，用来处理标准输出，即屏幕输出。
- cerr 和 clog：类 ostream 的对象，与错误信息的标准输出设备（屏幕）相关联，前者为非缓冲方式，后者为缓冲方式。

用这四个标准流进行输入输出时，系统自动完成数据类型的转换。对于输入流，要将输入缓冲区的字符序列形式的数据变换为计算机内部形式的数据后，再赋给变量，变换后的格式由变量类型确定；对于输出流，将送到缓冲区的数据变换成字符串后，再传送到输出设备。

1. 标准输入流

在 C++流类体系中定义的标准输入流是 cin，cin 是由输入类 istream 的派生类 istream_withassign 定义的对象，在缺省的情况下，cin 所关联的外部设备为键盘。标准输入流 cin 通过重载运算符 ">>" 执行数据的输入操作，执行输入操作可看作是从流中提取一个字符序列，因此将 ">>" 运算符称为提取运算符。因为提取操作的数据要通过缓冲区才能传送给对象的数据成员，因此 cin 为缓冲流。

从键盘上输入数据时，只有当输入完数据并按下回车键后，系统才把该行数据送入到键盘缓冲区，供 cin 流按顺序读取给变量。从键盘上输入的各项数据之间用空格、制表符或回车符分隔。

2. 标准输出流

在 C++流类体系中定义的标准输出流是 cout、cerr、clog，是由输出类 ostream 的派生类 ostream_withassign 定义的对象，在缺省的情况下，cout、cerr、clog 所关联的外部设备为屏幕。

标准输出流 cout、cerr、clog 是通过重载"<<"运算符执行数据的输出操作,执行输出操作看作是向流中插入一个字符序列,因此将"<<"称为插入运算符。在三个标准输出流中,cout、clog 为缓冲流,而 cerr 为非缓冲流。

当系统执行 cout<<x 操作时,首先根据 x 值的类型调用相应的插入操作符重载函数,把 x 的值按值传送给对应的形参,接着执行函数体,把 x 的值转换成字符串输出到屏幕上。

【例 10.1】输入 x,输出 x^2。

```
//*****ex10_1.cpp*****
#include <iostream>
using namespace std;
void main()
{   float x;
    cerr<<"输入变量 x 的值:";
    cin >>x;
    clog<<"x*x="<<x*x<<endl;
}
```

在本例中,可用 cout 代替 cerr 和 clog,作用完全相同。作为输出提示信息或运算结果来说,这三个输出流的用法相同。不同之处在于:cout 流允许输出重定向,而 cerr 和 clog 流不允许输出重定向。在程序中采用重定向技术,可以实现将输出的结果送到一个磁盘文件中。

10.2.2 数据输入输出成员函数

数据的输入输出除了使用插入运算符"<<"和提取运算符">>"外,还可使用流的成员函数来实现。

1. 数据输入成员函数

当程序使用提取运算符">>"输入时,数据项间用空白符和行结束符间隔。根据所需输入的值,如需读取一整行文本并且指定读取数据的域宽,则要使用流对象 cin 的输入成员函数。

(1) 字符输入成员函数。成员函数 get() 可以从输入流中获取字符,并将它存放在指定的变量中。该函数有以下两种格式:

ch=cin.get()
cin.get(ch)

函数实现从输入流中读取一个字符,赋给字符变量 ch。采用第二种格式时,如果读取数据成功则函数返回非 0 值(真),否则(遇结束标志符)返回 0 值(假)。

【例 10.2】读取字符。

```
//*****ex10_2.cpp*****
#include <iostream>
using namespace std;
void main()
{   char   c1,c2,c3;
    cout<<"输入字符:";
    c1=cin.get();
    cin.get(c2);
    cin.get(c3);
    cout<<"c1="<<c1<<endl;
    cout<<"c2="<<c2<<endl;
```

```
        cout<<"c3="<<c3<<endl;
}
```
程序运行结果如下：
输入字符：a b c↙
c1=a
c2=
c3=b

与提取运算符 ">>" 不同，用成员函数 get()提取字符时，不跳过空白字符（空格、制表符、换行符），因字符 a 与 b 间为空格，故 c2 为空格。

（2）字符串输入成员函数。从输入流中一次读取一串字符，有以下两种方式：
- cin.get（字符数组或字符指针，字符个数 n，终止字符）
- cin.getline（字符数组或字符指针，字符个数 n，终止字符）

两种方式均实现从输入流中读取 n-1 个字符，赋给指定的字符数组（或字符指针指向的数组）。如果在读取 n-1 个字符之前遇到指定的终止字符，则提前结束读取。如果读取成功则函数返回非 0 值（真），否则（遇文件结束符）返回 0 值（假）。第三个参数缺省为换行符。

【例 10.3】读取字符串。

```
//*****ex10_3.cpp*****
#include <iostream>
using namespace std;
void main()
{   char  str[20];
    cout<<"输入一行字符串：  ";
    cin.getline(str,20);                //也可用 cin.get(str,20);
    cout<<"str="<<str<<endl;
}
```
程序运行结果如下：
输入一行字符串： Hello,everyone. ↙
str= Hello,everyone.

用 getline()函数提取字符串时，当实际提取的字符个数小于第二个参数指定的字符个数时，遇到字符串结束标志字符时结束，指针定位于该结束标志之后，下一个输入成员函数将从该结束标志的下一个字符开始继续读入。如果用 get 函数从输入流中读取字符时，遇到字符串结束标志字符时停止读取，指针定位于该结束标志，下一个输入成员函数将读入该结束标志。

2. 数据输出成员函数

利用插入运算符 "<<" 输出流中的数据首先会被转换成简单的字节流的形式，然后再输出。若需要将数据直接输出而不进行任何的转换，可使用 ostream 类提供的成员函数 put()与 write()。

（1）字符输出成员函数。函数 put()用于输出单个字符，格式如下：
cout.put(char c);
put 函数的参数 c 可以是字符或字符的 ASCII 码，例如：
cout.put('a');   //在屏幕上显示字符 a
cout.put('a'+5);   //在屏幕上显示字符 f
由于该函数的返回类型为 ostream 类对象的引用，所以可以被串联使用，例如：
cout.put('C').put('+').put('+');   //在屏幕上显示 C++

（2）字符串输出成员函数。函数write()用于输出一个指定长度的字符串，格式如下：
cout.write(字符串,字符个数 n);
例如：
cout.write("This is a book. \n",20);
数据输出成员函数不仅可以被 cout 流对象调用，而且也可以被 ostream 类的其他输出流对象调用。

10.2.3 格式控制成员函数

数据输出的格式控制可通过两种途径实现：一种是使用第 2 章中介绍的预定义格式控制符，另一种是使用由 ios 类定义的格式控制成员函数。预定义格式控制符分为带参数（如 setw(n)）和不带参数（如 dec）两种，带参数的格式控制符在头文件 iomanip.h 中定义，不带参数的格式控制符在头文件 iostream.h 中定义，要使用格式控制符时，程序中应包含相应的头文件。格式控制成员函数在头文件 iostream.h 中说明，要使用这类函数必须在程序中包含头文件 iostream.h。本小节介绍第二种方式。

1. 输出宽度和填充字符

输出宽度和填充字符可通过由 ios 类中定义的输出域宽控制成员函数 width(n)和填充成员函数 fill(c)实现。其中 n 为输出数据的宽度，c 为填充字符。

【例 10.4】使用成员函数控制输出宽度及填充方式。

```
//*****ex10_4.cpp*****
#include <iostream>
using namespace std;
void main()
{   double a=1234.56;
    cout.fill('*');
    for (int i=0;i<4;i++)
    {   cout.width(i+6);
        cout<<a<<endl;
    }
}
```

程序运行后输出：
1234.56
 1234.56
*1234.56
**1234.56

说明：

① 输出流默认的对齐方式为右对齐，输出 6 位有效数字，在有效数字前填充字符"*"。如果没有指定填充字符，空格是默认的填充符。

② 成员函数 width 与格式控制符 setw 一样，都不截断数值。若数值位数超过了指定宽度，则会全部显示。如例 10.4 程序中第一次输出时设置域宽为 6，而输出的数（包括小数点）宽为 7，数据全部显示。

③ 在用函数 fill 设置填充字符后，其设置的控制格式将一直保持下去，直到用 fill 函数重新设置为止。而 width 仅对其后的第一个输出项有效，若要为多个数据项分别指定宽度，则使

用 C++预定义格式控制符 setw 要简单得多。

2. 其他格式控制

若要改变流的其他输出格式（如对齐方式），可使用 ios 类中定义的成员函数 setf 来实现，函数格式如下：

  cout.setf(格式标志)

格式标志在类 ios 中被定义为枚举值，在引用这些格式标志时要在前面加上类名 ios 和域运算符"::"。格式标志见表 10-1。

表 10-1 设置格式状态的格式标志

格式标志	作用
ios::left	输出数据在本域宽范围内向左对齐。
ios::right	输出数据在本域宽范围内向右对齐。
ios::internal	数值的符号位在本域宽范围内左对齐，数值右对齐，中间由填充字符填充
ios::dec	指定输入输出格式为十进制（默认方式）。
ios::oct	指定输入输出格式为八进制。
ios::hex	指定输入输出格式为十六进制
ios::showbase	强制输出整数的基数（八进制以 0 开头，十六进制以 0x 开头）。
ios::showpoint	强制输出浮点数的小数点及尾数 0。
ios::uppercase	用大写字母显示十六进制数及科学记数法中的 E。
ios::showpos	对于正数显示正号(+)
ios::scientific	以科学记数法显示浮点数。
ios::fixed	以定点格式显示浮点数
ios::unitbuf	每次输出之后刷新所有的流。
ios::stdio	每次输出之后清除 stdout 和 stderr

说明：

① 在用 setf 函数设置输出格式状态后，其设置的控制格式将一直保持下去，直到用 unsetf 函数取消该格式设置为止。

② 在表 10-1 中的输出格式状态分为 5 组，每一组中同时只能选用一种（例如，dec、oct、hex 中只能选一个，它们是互相排斥的）。

③ 用 setf 函数设置格式状态时，可以包含多个格式标志。这些格式状态标志在 ios 类中被定义为枚举值，每一个格式标志对应一个二进制位，因此可以用位或运算符"|"组合多个格式标志。

【例 10.5】将商品名称与单价通过初始化赋给数组 mname、price，输出各商品的名称和单价，指定商品名称域宽为 10 个字符、左对齐，单价为右对齐、用定点方式、小数点后有 2 位有效数字。

分析：浮点数默认的输出精度为 6（即输出 6 位有效数字），例如浮点数 3456.7891 显示为 3456.79。若要实现指定小数点后显示几位有效数字，应先用 setf 设置定点方式，再用成员函数 precision(n)设置小数点后 n 位有效数字。

  //*****ex10_5.cpp*****
  #include <iostream>

```cpp
using namespace std;
void main()
{   char *mname[]={"pencil","pen","book","pencilbox","bag"};
    double   price[]={1.9,17.2, 8.63, 24,65};
    for (int i=0;i<5;i++)
        {   cout.setf(ios::left);                    //设置左对齐
            cout.width(10);                          //设置域宽为 10
            cout<<mname[i];
            cout.unsetf(ios::left);
            cout.setf(ios::fixed);                   //设置定点方式
            cout.precision(2);                       //设置小数点后 2 位有效数字
            cout<<price[i]<<'\n';
        }
}
```

程序运行后，输出如下：
```
pencil     1.90
pen        17.20
book       8.63
pencilbox  24.00
bag        65.00
```

10.3 文件输入输出

在 C++中有两类文件：外设文件（如键盘、屏幕、打印机等）和磁盘文件。上一节介绍的标准输入流 cin、输出流 cout 是通过外设文件（如键盘、屏幕）输入输出数据，本节将讨论如何通过磁盘文件输入输出数据。

10.3.1 文件的概念

1．文件

文件（File）指存储于外部介质上的信息集合，每个文件有一个包括设备及路径信息的文件名。

文件分为文本文件和二进制文件。文本文件中的每一个字节分别为一个字符对应的 ASCII 码；二进制文件则是按数据在内存中的存储形式原样输出到磁盘上存放。例如整数 1025，以文本形式（4948 5053 H）存储占用四个字节，以二进制形式（0401 H）存储则只占用两个字节。

2．文件的操作

C++对文件的建立、打开、读/写、关闭操作都是通过文件流类体系来实现的。在头文件 fstream.h 中定义了 C++的文件流类体系，当程序中要对文件进行操作时，要包含头文件 fstream.h。

文件操作分成 4 步：

（1）定义文件流对象。文件的使用通常有三种方式，即读文件、写文件、读/写文件。根据这三种文件使用方式，应用文件流类 ifstream、ofstream、fstream 定义三种文件流对象，即：文件输入流对象、文件输出流对象与文件输入/输出流对象，格式如下：

ifstream　文件输入流对象;
ofstream　文件输出流对象;
fstream　文件输入/输出流对象;

定义了文件流对象后，可以用该文件流对象调用成员函数，实现对文件的读/写操作。为了叙述方便，将文件流对象简称为文件流。

（2）打开文件。使用一个文件必须在程序中先打开一个文件，其目的是将一个文件流与一个具体的磁盘文件联系起来，然后使用文件流提供的成员函数进行数据的读/写操作。打开文件调用成员函数 open()，函数格式如下：

文件流对象.open(磁盘文件名,输入输出模式)

磁盘文件名指定打开文件的路径、名称，输入输出模式指定文件打开方式。常用的文件输入输出模式如表 10-2 所示。

表 10-2　文件输入输出模式设置值

方式	作用
ios::in	以读方式打开文件。若文件不存在，则自动建立新文件。这是文件输入流的缺省方式
ios::out	以写方式打开文件。若文件已存在，则先删空文件中数据，然后再向文件写入数据。若文件不存在，则自动建立新文件。这是文件输出流的缺省方式
ios::app	按写方式打开文件，写入的数据添加在文件尾。若文件不存在，则自动建立新文件
ios::binay	打开二进制文件，如不指定则打开文本文件

也可以在定义文件流对象时指定文件打开模式，在构造过程中打开该文件。定义方式如下：

ifstream　文件流对象(磁盘文件名,输入模式);
ofstream　文件流对象(磁盘文件名,输出模式);
fstream　文件流对象(磁盘文件名,输入输出模式);

例如以读方式打开文本文件 file1.txt：

ifstream infile("file1.txt");

该语句与以下两条语句的作用是等同的。

ifstream infile;
infile.open("file1.txt");

说明：

① out 和 app 模式只能用于指定与 ofstream 或 fstream 对象关联的文件；in 模式只能用于指定与 ifstream 或 fstream 对象关联的文件。可用或运算符"|"进行几种打开方式的组合。例如：

iofile.open("bfile.dat",ios::binary | ios::in | ios::out);

② 若文件打开成功，则流对象的返回值为非零值；若打开不成功，则返回值为 0。

③ 若文件名中包含路径信息，应注意符号"\"的使用方法。例如，打开 e 盘 exercise 文件夹下的文件 test.txt 采用以下语句：

ifstream infile("e:\\exercise\\test.txt");

（3）读/写文件。三个文件流类 ifstream、ofstream、fstream 并没有直接定义文件操作的成员函数，对文件的操作是通过调用其父类 ios、istream、ostream 中说明的成员函数来实现的。因此，对文件的基本操作与标准输入输出流的操作方式相同。

（4）关闭文件。打开一个文件且对文件进行读或写操作后，应该调用文件流的成员函数来关闭相应的文件，释放系统为该文件分配的资源（如缓冲区等）。函数格式如下：

文件流对象.close();

关闭文件时，系统将与该文件相关联的内存缓冲区中的数据写到文件中，并收回与该文件相关的主存空间，将文件名与文件对象之间建立的关联断开。

10.3.2 文本文件的读写

文本文件中的数据流由一个个的字符组成，每个字符占一个字节。对文本文件的读/写操作有两种方法。

1. 使用提取运算符或插入运算符对文件进行读写操作

【例 10.6】使用提取运算符和插入运算符将源文件中的前 100 个字符复制到目标文件中。

```cpp
//*****ex10_6.cpp*****
#include <iostream>
#include <fstream>
using namespace std;
void main()
{   char fname1[20],fname2[20];
    cout<<"输入源文件名:";
    cin>>fname1;
    ifstream infile(fname1);        //定义文件输入流对象，打开源文件
    if (!infile)
    {   cout<<"不能打开源文件："<<fname1<<endl;
        return;         }
    cout<<"输入目标文件名:";
    cin>>fname2;
    ofstream outfile(fname2);       //定义文件输出流对象，打开目标文件
    char ch;
    int i;
    i=0;
    while(i<100)
    {   infile>>ch;                 //从源文件中提取一个字符到变量 ch 中
        outfile<<ch;                //将 ch 中的字符写入目标文件中
        i=i+1; }
    infile.close();                 //关闭源文件
    outfile.close();                //关闭目标文件
}
```

执行该程序前，先在 e:\exercise 目录下，用记事本建立一个名为 file.txt 的文本文件。然后执行上述程序，按屏幕提示输入文件名，如下所示：

   输入源文件名：e:\exercise\file.txt✓
   输入目标文件名：e:\exercise\filenew.txt✓

程序运行结束后，e:\exercise 目录下新增了一个文件 filenew.txt，文件大小为 100 字节。

说明：

① 用 ifstream 类定义的流对象打开磁盘文件时，默认采用输入模式；用 ofstream 类定义的流对象打开磁盘文件时，默认采用输出模式。

② 如果文件打开成功，则文件流对象的返回值为非 0 值，否则返回值为 0。程序中用该

返回值判断文件打开是否成功,成功则继续,不成功则结束运行。

③ 如果源文件中包含空格、制表符或回车符,">>"会跳过这些字符,因此目标文件中不包含这些字符。

2. 使用成员函数进行文件的读写操作

【例 10.7】使用成员函数 get 与 put 将源文件的内容复制到目标文件中。

分析:先打开源文件和目标文件,依次从源文件中读取一个字符,并将所读字符写入目标文件中,直到源文件中所有字符读完为止。

```cpp
//*****ex10_7.cpp*****
#include <iostream>
#include <fstream>
using namespace std;
void main()
{   char fname1[20],fname2[20];
    cout<<"输入源文件名:";
    cin>>fname1;
    ifstream infile;                    //定义文件输入流对象
    infile.open(fname1, ios::in );      //打开源文件
    if (!infile)
    {   cout<<"源文件不存在!"<<fname1<<endl;
        return;           }
    cout<<"输入目标文件名:";
    cin>>fname2;
    ofstream outfile;                   //定义文件输出流对象
    outfile.open(fname2,ios::out );     //打开目标文件
    char ch;
    while (infile.get(ch))              //从源文件中提取一个字符到变量 ch 中
        outfile.put(ch);                //将 ch 中的字符写入目标文件中
    infile.close();
    outfile.close();
}
```

说明:

① infile.open(fname1,ios::in); 表示只能打开已存在的文件。当 fname1 对应的文件存在时,则打开成功,否则打开失败。

② outfile.open(fname2,ios::out); 表示以输出方式打开文件。当 fname2 对应的文件存在时,直接打开该文件,否则创建一个文件并打开。

③ 用成员函数 get 获取字符时,不跳过其中的空白字符,因此可以复制源文件中的所有字符。

④ while (infile.get(ch))用于判断读入的字符是否为文件结束标志"/0"。

10.3.3 二进制文件的读写

二进制文件是将内存中的数据不加转换地传送到磁盘文件,又称为内存数据的映像文件或字节文件。

对二进制文件进行读/写操作，不能通过标准输入输出流的提取与插入运算符实现文件的输入输出，而只能通过二进制文件的读/写成员函数 read 与 write 来实现。

1. 二进制文件的写操作

二进制文件的写操作通过成员函数 write() 来实现：

write(字符数组或字符指针，字节数);

函数的作用是将指定长度的字符类型数据写入二进制文件。

【例 10.8】把 0～90 度的正弦值写到二进制文件 bin.dat 中。

```
//*****ex10_8.cpp*****
#include <iostream>
#include <fstream>
#include <cmath>
using namespace std;
void main ()
{   fstream outfile("bin.dat",ios::out | ios::binary);
    int i;
    if (!outfile)
    {   cout<<"不能打开输出文件\n";
        return;
    }
    double s[91];
    for (i=0;i<=90;i++) s[i]=sin(i*3.1415926/180);
    outfile.write((char * )s,sizeof(double) * 91);      //一次写入 91 个实数
    outfile.close();
}
```

说明：

① 在 write 函数中必须将输出数据强制转换成字符类型。数据长度单位是字节，输出其他类型数据时，应以输出数据在内存中实际占有的字节数来衡量。

② 由于二进制文件是以字节数来控制的，故各项数据间不必加入空白字符作为间隔。

使用读写二进制数据的成员函数，由于一次读写的字节数可以很大，从而减少了文件的读写次数，提高了存取文件的速度。

2. 二进制文件的读操作

二进制文件的读操作通过成员函数 read() 来实现：

read(字符数组或字符指针，字节数);

函数的作用是从文件中读取指定字节数的数据传送到第一个字符型参数所指存储单元中。

【例 10.9】从例 10.8 的程序建立的二进制文件 bin.dat 中读出数据，以每行 5 个数据的形式显示在屏幕上，数据输出到小数点后第 15 位。

```
//*****ex10_9.cpp*****
#include <iostream>
#include <fstream>
#include <iomanip>
using namespace std;
void main ()
{   double s[91];
```

```
        int i;
        fstream infile("bin.dat",ios::in | ios::binary);        //打开二进制文件 bin.dat
        if (!infile)
        {    cout<<"输入文件不存在\n";
            return;
        }
        infile.read((char* )s,sizeof(double)*91);        //一次读出 91 个实数
        for (i=0;i<=90;i++)
        {    cout<<setiosflags(ios::fixed)<<setprecision(15)<<s[i]<<'\t';
            if ((i+1)%5==0) cout<<endl;
        }
        infile.close();
}
```

说明：从二进制文件中读取非字符类的数据（如整型、实型或结构体类型）时，必须将输入变量强制转换成字符类型。

3. 测试文件结束

测试二进制文件结束位置可用成员函数 eof()实现，当到达文件结束位置时，该函数返回零值，否则返回非零值。

4. 返回读入数据的长度

返回最近一次输入所读入的字节数可用成员函数 gcount()实现。

【例 10.10】使用读写二进制的成员函数，实现文件的复制。

```
//*****ex10_10.cpp*****
#include <iostream>
#include <fstream>
using namespace std;
int main()
{   char fname1[20],fname2[20];
    char buff[4096];                              //建立 4K 缓冲区
    fstream infile,outfile;
    cout<<"输入源文件名:";
    cin>>fname1;
    infile.open(fname1,ios::in | ios::binary );
    if (!infile)
    {   cout<<"不能打开输入文件："<<fname1<<endl;
        return(1);
    }
    cout<<"输入目标文件名:";
    cin>>fname2;
    outfile.open(fname2,ios::in| ios::binary );
    if (!outfile)
            outfile.open(fname2,ios::out | ios::binary );
        else
    if (!outfile)
    {   cout<<"目标文件"<<fname2<<"已存在！"<<endl;
        return(2);
    }
    int n;
    while (!infile.eof())
    {   infile.read(buff,4096);
```

```
            n=infile.gcount();            //取实际读的字节数
            outfile.write(buff,n);        //按实际读的字节数写入文件
        }
        infile.close();
        outfile.close();
        return(0);
    }
```
说明：

① 该程序可实现任何类型的文件复制，如文本文件、图像文件、视频文件等。

② 由于从源文件中最后一次读出的数据不一定正好是 4096 个字节，所以使用成员函数 gcount()得到实际读入的字节数，并按实际读的字节数写到目标文件中去。

10.3.4 文件的随机读写

前面介绍的文件读写操作，都是按信息在文件中的存放顺序进行的。事实上，C++允许从文件中任何位置开始进行读或写数据，这种读写方式称为文件的随机访问或直接存取。例如：在二进制文件 letter.dat 中存放 26 个英文字母（如图 10-2 所示），用户可直接从文件第 0 个字节单元取出字母'A'，或从第 3 个字节单元中取字母'D'等。

为了实现对文件的随机访问，在打开文件时，系统为打开的文件建立一个变量 point，称为文件指针。该变量的初值为 0，指向文件的第 0 个单元。只要移动文件指针 point，使其指向不同的字节单元，就能实现对文件任一指定字节的读/写操作。C++是在文件流类的基类中定义了几个支持随机访问的函数来改变指针值，实现文件指针的定位。

C++ 的类库 fstream 中定义了两个与文件相联系的指针。一个是读指针，用于指定下一次读操作在文件中的位置；另一个是写指针，用于指定下次写操作在文件中的位置。每次执行输入输出操作完成时，指针会移动到该次输入输出的数据之后，下一数据之前。

C++的文件定位分为读位置和写位置的定位，对应的成员函数是 seekg()和 seekp()，seekg()是设置读位置，seekp 是设置写位置。

1. seekg 函数

文件读操作的定位是通过成员函数 seekg 实现的。函数的格式如下：

seekg(位移量 n);
seekg(位移量 n, 参照位置);

函数名 seekg 中的 g 是 get 的缩写，表示移动输入流文件指针。第一种格式专用于相对文件头指针移动 n 个字节，第二种格式用于相对参照位置指针移动 n 个字节。参照位置可取三个值：

① io3::beg 或 0：文件头。
② io3::cur 或 1：文件指针当前的位置。
③ io3::end 或 2：文件尾。

在移动指针时，必须保证移动后的指针值大于等于 0 且小于文件尾字节编号，否则将导致输入输出操作失败。

point →	0	'A'
	1	'B'
	2	'C'
	3	'D'
	4	'E'
	5	'F'
	...	...
	25	'Z'

图 10-2 文件指针 point

在图 10-2 所示文件中，假定已成功地打开了输入流对象 infile 和输出流对象 outfile，则调用下列函数的结果为：

infile.seekg(5);   //文件指针从文件头向后移 5 个字节
infile.seekg(-6,ios::cur);   //文件指针从当前位置向前移 6 个字节

```
infile.seekg(10,ios::beg);        //将文件指针移到文件中第 10 个字节处
outfile.seekg(-10,ios::end);      //文件指针从文件尾开始前移 10 个字节
```
使用 seekg 可以实现面向记录的数据管理系统，用固定长度的记录尺寸乘以记录号便得到相对于文件首的字节位置，然后读取这条记录。

2. seekp 函数

文件写操作的定位是通过成员函数 seekp 实现的。函数的格式如下：

seekp(位移量 n);

seekp(位移量 n, 参照位置);

函数名 seekp 中的 p 是 put 的缩写，表示移动输出流文件指针。位移量 n、参照位置的意义与 seekg 的参数意义相同。第一种格式专用于相对文件头指针移动 n 个字节，第二种格式用于相对参照位置指针移动 n 个字节。

3. tellg 函数

返回输入文件中文件指针的当前位置是通过成员函数 tellg 实现的，该函数的返回值为 streampos 类型。

利用 seekg 和 tellg 可以获取文件的大小。例如：

```
ifstream tfile(fname, ios::in | ios::nocreate);
tfile.seekg(0,ios::end);
long n=tfile.tellg();
cout<<"文件大小为"<<n-1<<"个字节";
```

4. tellp 函数

返回输出文件中文件指针的当前位置是通过成员函数 tellp 实现的，该函数的返回值为 streampos 类型。函数的格式如下：

tellp();

【例 10.11】假若文本文件 letter.txt 中连续存放有若干个英文字符，从键盘输入一个位置序号，读出并显示文件中该位置上的字符。

```
//*****ex10_11.cpp*****
#include <iostream>
#include <fstream>
using namespace std;
void main ()
{   int n,scount;
    char ch;
    ifstream infile("letter.txt", ios::in);
    if (!infile)
    {   cout<<"文件打开错误！";
        return;
    }
    cout<<"输入要输出的字母序号：";
    cin>>n;
    infile.seekg(0,ios::end);
    scount=infile.tellg();
    if (n>=scount) cout<<"输入的序号在文件中找不到\n";
    else{
```

```
            infile.seekg(n-1,ios::beg);
            infile.get(ch);
            cout<<ch<<endl;
        infile.close();
        }
}
```

10.4 字符串流

标准输入输出流是以标准输入输出设备为对象的数据流,文件流是以外存文件为输入输出对象的数据流,字符串流则是以内存中用户自定义的字符数组(字符串)为输入输出的对象,因此字符串流又称为内存流。本节介绍字符串流。

10.4.1 字符串流的概念

字符串流对应的是内存中的字符数组,在字符数组中可以存放字符,也可以存放整数、浮点数以及其他类型的数据。在向字符数组存入数据之前,要先将数据从二进制形式转换为 ASCII 码,然后存放在缓冲区,待缓冲区满或遇数据结束标志,再从缓冲区送到字符数组;从字符数组读数据时,字符数组中的数据送入缓冲区后,要先将 ASCII 码转换为二进制形式,再提取出来赋给有关变量。流缓冲区中的数据格式与字符数组相同。这种情况与标准输入输出设备的操作是类似的。键盘和屏幕都是按字符形式输入输出的设备,内存中的数据在输出到屏幕显示之前,先要转换为 ASCII 码形式,并送到输出缓冲区中。从键盘输入的数据以 ASCII 码的形式传送到输入缓冲区,在赋给变量前要转换为相应变量类型的二进制形式。

字符串流和文件流都是输入流类 istream 和输出流类 ostream 的派生类,所以对它们的操作方法基本相同,但有 3 点不同:
- 执行写操作时,字符串流不是流向外存文件,而是流向内存中的一个存储空间;执行读操作时,字符串流是从内存中的一个存储区流向另一个存储区。
- 字符串流对象关联的不是文件,而是内存中的一个字符数组,因此不需打开和关闭流对象。
- 每个文件的最后都有一个文件结束符,表示文件的结束。而字符串流所关联的字符数组中没有相应的结束符标志,用户要自己指定一个特殊字符作为其结束符,在向字符数组写入全部数据后,写入此字符表示结束。

字符串流类包括 istrstream、ostrstream 和 strstream。

字符串流类没有 open 成员函数,因此在定义字符串流的同时,须指定一个字符数组及缓冲区大小,通过自动调用相应的构造函数使之与该字符数组发生关联,以后对字符串流的操作实质上就是在该数组上进行的。

10.4.2 字符串流的输出操作

1. 字符串输出流的定义

定义字符串输出流,即建立存储所插入数据的数组对象的语句格式为:
ostrstream 字符串流对象(字符数组,缓冲区大小 n,操作模式);
strstream 字符串流对象(字符数组,缓冲区大小 n,操作模式);

n 用于指定缓冲区最多能存放的字符个数，一般设置与字符数组的大小相同。操作模式的可取值与 ofstream 类相同，ostrstream 流默认是从缓冲区头部开始添加新的字符。如果设置为 ios::app，则从缓冲区中的字符串的结束标志符处开始添加新的字符，结束标志符不后移，只是被简单地覆盖。例如：

  ostrstream ostr1(ch1, 20);

或 strstream ostr1(ch1, 20, ios::out);

该语句建立字符串输出流对象 ostr1，并使 ostr1 与字符数组 ch1 关联（通过字符串流将数据输出到字符数组 ch1），流缓冲区大小为 20。

2. 字符串输出流的操作

一个字符串输出流被定义后，可以调用相应的成员函数进行数据的输出操作，就如同使用文件流调用相应的成员函数进行有关操作一样。

ostrstream 类还提供了其他成员函数用于字符串的处理，常用的有：

（1）pcount()。用于返回当前字符数组中已经插入的字符个数。

（2）str()。用于返回存储在字符数组中的字符串。

【例 10.12】字符串流的输出操作。

```
//*****ex10_12.cpp*****
#include <iostream>
#include <strstream>
using namespace std;
void main()
{   char buf[50];
    //建立字符串输出流对象，与数组 buf 关联，缓冲区长 50 个字节
    ostrstream out1(buf,sizeof(buf));
    float PI=3.14159 ;
    out1<<"圆周率为："<<PI<<'\0';         //向字符数组中写入字符型、实型数据
    cout<<buf<<endl;
    cout<<"已插入"<<out1.pcount()<<"个字符"<<endl;
}
```

运行程序，输出结果如下：

圆周率为：3.14159

已插入 18 个字符

说明：

① 程序中，使用插入运算符向字符数组 buf 中写入了实型、字符型数据，即实现了数值型数据向字符类型的转换。

② 字符数组中的数据之间没有空格，连成一片，这是由输出方式决定的。如果以后想将这些数据读回赋给相应的变量，就会出现无法分隔两个相邻的数据。因此，程序中在向字符数组输出数据时加入了一些特殊符号（如逗号、制表符等）。

10.4.3 字符串流的输入操作

1. 字符串输入流的定义

定义字符串输入流，即初始化所创建的字符串输入流对象的语句格式为：

istrstream 字符串流对象(字符数组，缓冲区大小 n);

strstream 字符串流对象(字符数组，缓冲区大小 n, ios::in);

例如：
istrstream istr1(ch1,20);

或 strstream istr1(ch1,20,ios::in)

该语句建立字符串输入流对象 istr1，并使 istr1 与字符数组 ch1 关联，流缓冲区大小为 20。

2. 字符串输入流的操作

一个字符串输入流被定义后，可以调用相应的成员函数实现数据的输入操作。

【例 10.13】字符串流的输入操作。

```
//*****ex10_13.cpp*****
#include <iostream>
#include<strstream>
using namespace std;
void main()
{   char buf[]="7890 5.4321";
    int x;
    double y;
    istrstream ss(buf);
    ss>>x>>y;
    cout.setf(ios::fixed);
    cout.precision(6);
    cout<<x+y<<endl;
}
```

运行程序，输出结果如下：

7895.432100

使用提取运算符从字符数组读数据就如同从键盘读数据一样，可以从字符数组读入字符数据，也可以读入数值型数据。如果不用字符串流，只能从字符数组逐个访问字符，而不能按其他类型的数据形式读取数据。

与字符串流关联的字符数组相当于内存中的临时仓库，可以用来存放各种类型的数据（以 ASCII 码的形式存放），在需要时再从中读回来。它的用法相当于标准输入输出设备，但标准输入输出设备不能保存数据。字符串流的使用比外存文件使用方便，存取速度快，但其生命周期与所在的模块相同，该模块的生命周期结束后，字符数组也不存在了。因此字符串流只能作为临时的存储空间。

习题10

一、选择题

1. 以下函数中，（　　）是 istream 类提供的对读指针进行操作的函数。
   A．seek　　　　　　B．seekp　　　　　　C．seekg　　　　　　D．read
2. 关于提取符">>"、提取函数 get 的不正确说法是（　　）。
   A．提取符">>"能提取空白字符
   B．提取函数 get 能提取空白字符
   C．提取函数 get 可带参数，用以存储从流中得到的字符
   D．提取函数 get 的返回值为所提取的字符

3．下列语句不能以写方式打开文件的是（   ）。
   A．ofstream f("c1.txt");   B．ofstream f; f.open("c1.txt");
   C．fstream f("c1.txt");   D．fstream f; f.open("c1.txt",ios::out);

二、填空题

1．标准错误流的输出发送给流对象_____或_____。
2．C++中的输入/输出是以字节_____的形式实现的。
3．进行文件操作时，需要包含_____文件。
4．重载的流操作运算符经常定义为类的_____函数。

三、程序设计题

1．在文本文件 shu.txt 中写入 879～888 的十进制、八进制、十六进制数，每行一个数，共 10 行。
2．编程统计一个文本文件中大写英文字母的个数。
3．将 0.01,0.02,……0.99,1.0 这 100 个数的立方根写入二进制数据文件 data.dat 中。
4．从第 3 题产生的数据文件中读取二进制数据，并在屏幕上以每行 5 个数、每个数输出到小数点后第 4 位的形式显示。
5．编写程序实现将两个文本文件的内容合并。
6．编写程序实现将 str1 所指的字符串中偶数字节位置处的所有字符复制到 str2 所指的字符数组空间中。

参考文献

[1] 教育部考试中心．二级教程：C++语言程序设计．北京：高等教育出版社，2004．

[2] 郑莉，董渊．C++语言程序设计．3版．北京：清华大学出版社，2003．

[3] 戴光明，李向．Visual C++面向对象程序设计．北京：高等教育出版社，2005．

[4] 李敏，王刚，崔宝深．C++程序设计教程．天津：南开大学出版社，2005．

[5] 徐惠民．C++大学基础教程．北京：人民邮电出版社，2005．

[6] 陈维兴，林小茶．C++面向对象程序设计．北京：中国铁道出版社，2004．

[7] 龚沛曾，杨志强．C/C++程序设计教程．北京：高等教育出版社，2004．

[8] 严运国，赵海廷．C++程序设计基础．北京：科学出版社，2006．

[9] 谭浩强．C++面向对象程序设计．北京：清华大学出版社，2006．

[10] 吴乃陵，况迎辉，李海文．C++程序设计．北京：高等教育出版社，2003．

[11] 钱能．C++程序设计教程．北京：清华大学出版社，2000．

[12] 王燕．面向对象的理论与C++实践．北京：清华大学出版社，1997．

[13] 付灵，柴欣．Visual C++程序设计基础．北京：中国铁道出版社，2004．

[14] 林锐，韩永泉．高质量程序设计指南：C++/C语言．北京：电子工业出版社，2007．

[15] 李涛．C++面向对象程序设计．北京：高等教育出版社，2004．

[16] 杨长兴，刘卫国．C++程序设计．北京：中国铁道出版社，2008．

[17] 刘卫国，杨长兴．C++程序设计实践教程．北京：中国铁道出版社，2008．